L'Afrique face au débat du nucléaire

Mesmer TCHINANG

L'Afrique face au débat du nucléaire

L'Harmattan
Cameroun

Du même auteur

L'énergie pour le développement au Cameroun, Harmattan, 2011.

5-7, rue de l'Ecole-Polytechnique, 75005 Paris

http://www.editions-harmattan.fr

ISBN : 978-2-343-17455-6
EAN : 9782343174556

REMERCIEMENTS

La réalisation de cet ouvrage est sans doute pour l'instant le moment le plus gratifiant de mon existence, c'est pourquoi je tiens tout d'abord à adresser au nom de Jésus mon plus vif remerciement à Dieu le tout puissant et miséricordieux, qui m'a choisi comme son serviteur pour être l'auteur des travaux de cette recherche.

Ce livre est le fruit d'un travail de recherche, qui a duré quelques années. Maintenant, je veux adresser tous mes remerciements et reconnaissances aux personnes avec lesquelles j'ai pu collaborer et qui m'ont aidé à sa réalisation.

Professeur Alexis KEMAJOU : Maître de Conférences – Université de Douala, Thermique et Environnement. Je voudrais sincèrement vous remercier et vous témoigner toute ma reconnaissance, car j'ai eu beaucoup de chance de vous avoir comme coordonnateur de ce modeste travail de recherche.

Professeur Isaac TAMBA : Agrégé d'économie et spécialiste de sciences économiques, Maître de Conférences à l'Université de Yaoundé II ; directeur général de l'Économie, ministère de l'Économie, de la Planification et de l'Aménagement du territoire, République du Cameroun. Vous avez encadré et guidé mes premiers pas dans l'écriture scientifique, auprès de vous j'ai appris et cultivé le sacrifice, la générosité, le travail et la sobriété ; trouvez dans ce travail un hommage vivant à votre haute personnalité.

Professeur Fabien EBOUSSI BOULAGA : Maître de Conférences – Institut catholique de Yaoundé, philosophe camerounais. Vos conseils et critiques ont été déterminants dans la réalisation de notre travail de recherche : vous demeurerez une lumière pour l'Afrique de demain. Il restera de vous une larme tombée, un sourire germé sur les yeux de votre cœur ; il restera surtout de vous ce que vous avez offert entre les bras ouverts un matin au soleil : ce que vous avez semé en d'autres germera.

Théophile TCHAKOUA : physicien et atomicien, assistant chercheur à l'Agence nationale de radioprotection du Cameroun ; Ph.D Student Atomic and Molecular Physics. MIAPF (mathématique informatique appliquée physique fondamentale) Faculty of Science of University of Douala-Cameroon ; Ph.D candidate, Wiskunde en Natuurwetenschappen, Leiden Institute of Chemistry-LIC/Theoretical Chemistry. Votre assistance scientifique très compétente a été très essentielle ; je veux vraiment vous remercier pour cette aide précieuse.

Je tiens à remercier tous mes collaborateurs du Cabinet TCHIMES Sarl dont j'assure la coordination des activités pour leur assistance morale et intellectuelle.

C'est le lieu pour moi de rendre hommage à mes grands-parents, Papa Mangwa Thomas et Maman Tchouamou Monique, puis Papa Konguep André et Maman Samou Marthe ; mes parents, Papa Noumessi André et Maman Kombou Anne : sans lesquels je ne serais pas de ce monde.

Surtout, j'adresse mes plus sincères remerciements à mon épouse bien-aimée DJINOU Émilienne, mes enfants Noumessi Tchinang Selyan et Monthe Tchinang Kean Florian, tous mes proches et amis, qui m'ont accompagné, aidé, soutenu et encouragé tout au long de la réalisation de cet ouvrage.

LISTE DES ACRONYMES

µg/g : microgramme par gramme
µg/kg : microgramme par kilogramme
µg/m3 : microgramme par mètre cube
µg : microgramme
µSv/Bq : micro sieverts par *Becquerel*
AEN : Agence pour l'énergie nucléaire
AIE : Agence internationale de l'énergie.
AIEA : Agence internationale de l'énergie atomique
Am : américium
AN : Abondance naturelle
AVC : Accident vasculaire cérébral
Avt : Avant
BHT : barrière hématotesticulaire
Bombe H : bombe à hydrogène
Bq/l : becquerels par litre
Bq/mg : Becquerels par milligramme
Bq : (Becquerel), une désintégration par seconde.
BWR: Boiling Water Reactor
C/kg : Coulomb par kilogramme.
Cal : Calories.
Calc: Calculating uranium enrichment
CANDU : Canada Deutérium Uranium.
CaO : Oxyde de Calcium.
CEA : Commissariat à l'énergie atomique et aux énergies alternatives
CFA : Communauté financière africaine
Ci : (Curie), l'activité d'un gramme de radium.

CIA : Agence centrale du renseignement américain.

Cm : Curium

CNPC : China National Petroleum Corporation

CNTP : Conditions normales de température et de pression

CO_2 : Dioxyde de carbone

COP21 : la 21e Conférence des parties de la Convention-cadre des Nations Unies sur les changements climatiques à Paris

COP22 : la 21e Conférence des parties de la Convention-cadre des Nations Unies sur les changements climatiques à Marrakech

CPA : Cour pénale africaine

CPI : Cour pénale internationale

CRNT : Centre de recherche nucléaire de Téhéran

DC : Désintégration par émission de cluster

CE : Capture électronique

TI : Transition isométrique

FS : Fission spontanée

ddd : le débit de dose, l'énergie absorbée par kilogramme et par unité de temps

dem : dose équivalente maximale

DUA : diuranate d'ammonium

EDF : Électricité de France

ENR : Énergies renouvelables

EPR : Réacteur nucléaire pressurisé européen de troisième génération.

eV : l'énergie acquise par un électron soumis à un potentiel électrique de 1V

FA-VL : Déchets radioactifs de faible activité à vie longue

FMA-VC : Déchets radioactifs de faible et moyenne activité à vie courte

GES : Gaz à effet de serre

GPL : Gaz de pétrole liquéfié

GSM : Groupe spécial mobile

GW : Gigawatt

GWe nets : Gigawatts électriques nets

GWe : Gigawatt électricité

GWh/an : Gigawatt-heure par an

GWt : Gigawatt thermique

Gy/s : Gray par seconde

Gy : Gray.

HA : Déchets radioactifs de haute activité

HAVL : Déchets radioactifs de haute activité et à vie longue

HF : Acide fluorhydrique

Ifpen : Institut français du pétrole et des énergies nouvelles

IGSCC : Intergranular stress corrosion cracking

INES : Centre de référence européen sur l'énergie solaire et le bâtiment.

ISIS : Institut pour la science et la sécurité internationale

ITIE : L'Initiative pour la transparence des industries extractives

J : (Joule), $2{,}39\times10^{-4}$ kcal ou 1 $kg{\cdot}m^2{\cdot}s^{-2}$

K_2O : Oxyde de potassium

KBq/m^2 : Kilo becquerels par mètre carré

keV : kilo électronvolt

kWh/hab/an : kilowattheure par habitant par an

kWh : Kilowattheure

Liaison covalente : Liaison chimique dans laquelle deux atomes se partagent deux électrons (un électron chacun ou deux électrons venant du même atome) d'une de leurs couches externes afin de former un doublet d'électrons liant les deux atomes

Ma : Million d'années

MAEP : Mécanisme africain d'évaluation par les pairs

MA-VL : Déchets radioactifs de moyenne activité et à vie longue

MD : Model désintégration

MeV : Mégaélectronvolt

mg·kg-1·j-1 : milligramme par kilogramme joule

mg·l-1 : milligramme par litre

MINEPAT : ministère de l'Économie, de la Planification et de l'Aménagement du territoire

MJ : Mégajoules

MOX : Mélange d'oxydes d'uranium naturel ou appauvri, et de plutonium

mSv/h : milli sievert par heure

mSv : milli sievert

MW : Mégawatts

MWe : Mégawatts électriques

MWj/t : Mégawatts-jours par tonne

MWt : mégawatt thermique

Np : Neptunium

OCDE : Organisation de coopération et de développement économique

OEAI : Organisation de l'énergie atomique d'Iran

OMS : Organisation mondiale de la santé.

ONG : organisation non gouvernementale

ONU : Organisation des Nations Unies

OPEP : Organisation des pays exportateurs de pétrole

Orthorhombique : Se dit d'un cristal qui possède trois axes de symétrie binaires perpendiculaires entre eux

p.p.m : partie par million, 1 ppm = 1 mg/kg

PD : produit de désintégration

Peac : pool énergétique de l'Afrique Centrale.

PF : Produit de fission

PIB : Produit intérieur brut

pm : pico mètre = 10^{-12} m

PNUE : Programme des Nations Unies pour l'environnement

PWR : Réacteur à eau sous pression

Rad, Rem ou Sievert : L'unité de dose absorbée

Rad : Unité de dose absorbée de rayonnements ionisants, 10^{-2} gray
Rayon de covalence : La moitié de la distance entre deux noyaux atomiques identiques liés par une liaison covalente
Rayon de Van der Waals : Rayon d'une sphère géométrique théorique qui peut être utilisée, dans beaucoup de raisonnements adéquats, pour modéliser l'atome
Rayons X : Rayonnement électromagnétique de faible longueur d'onde, composé de photons de 5 pico mètres à 10 nanomètres
RBMK : Réacteur de grande puissance à tube de force, de conception soviétique
RCA : République centrafricaine
RDC : République démocratique du Congo
REB : Réacteur nucléaire à eau bouillante
rem : Unité d'équivalent de dose de rayonnement ionisant, qui vaut 1/100 de sievert
REP : Réacteur nucléaire à eau pressurisée
Rép : République
Rn : Radon
Roentgen : Nombre d'ionisations par kilogramme d'air
RPR : Ressources présumées récupérables
RRA : Ressources raisonnablement assurées
SCK-CEN : Centre de recherche pour les applications pacifiques de la radioactivité
SI : Système international
SONATREL : Société nationale de transport de l'électricité
SS : Sécurité sociale
t d'U : Tonne d'uranium
TEPCO : Compagnie de l'énergie électrique de Tokyo
TFA : Déchets radioactifs de très faible activité
TNP : Traité de non-prolifération nucléaire
TNT : Trinitrotoluène

TORCH : il englobe les pathogènes provoquant des infections dangereuses chez les nouveau-nés et les enfants à naître ; il désigne de nombreuses infections supplémentaires : la toxoplasmose

TU : Temps universel

TWh : Térawatt heure

U : Uranium

U_3O_8 : *(yellowcake),* sesquioxyde d'uranium

UCl_4 : Tétrachlorure d'uranium

UF4 : Tétra fluorure d'uranium

UF_6 : Hexafluorure d'uranium

UO_2 : Dioxyde d'uranium

UO_3 : Trioxyde d'uranium

URT : Uranium de recyclage ou de traitement

UTS : Unité de travail de séparation

V_2O_5 : Pentoxyde de vanadium

VVER : Réacteur nucléaire de puissance à caloporteur et modérateur eau, réacteur à eau pressurisée soviétique

WISE : Service mondial d'information sur l'énergie

Plusieurs décennies après les indépendances, l'Afrique tarde toujours à émerger ; la misère et la pauvreté sont enracinées sur ce continent, les différents modèles de développement appliqués jusqu'ici n'ont pas fonctionné. Une des causes de cet échec est que ces modèles ne prennent pas prioritairement en compte le développement du secteur énergétique ; ce qui fait du déficit de production d'énergie électrique la cause majeure du sous-développement en Afrique. En dépit des multiples ressources énergétiques dont ce continent dispose aujourd'hui pour transformer ce secteur, l'atome d'uranium apparaît comme une solution efficace et propre. Notre réflexion est basée sur la défense des avantages que constitue l'énergie nucléaire pour atteindre de nos jours une bonne croissance économique, et dans un bref délai en Afrique.

AVANT-PROPOS

L’énergie est le moteur de tout développement, il faut dire que l’essentiel des conflits dans le monde porte sur la conquête ou la conservation des ressources énergétiques ; c’est pourquoi l’Afrique doit faire de la production de l’énergie un impératif absolu, en tenant compte des paramètres de l’efficacité énergétique et du coefficient de pollution des sources énergétiques. Il en est de même des infrastructures de transport dont le développement accélère naturellement les échanges commerciaux, la mobilité, la création de richesses, etc.

Les infrastructures routières, ferroviaires, maritimes et aériennes sont les préalables à toute prétention vers l’émergence.

Hormis ses ressources naturelles, l’Afrique dispose également de nos jours d’un atout indéniable qui, mal exploité, peut paradoxalement devenir un objecteur au développement de ce continent ; il s’agit de son taux démographique. Selon le rapport publié en 2012 par les Nations unies sur les perspectives de la population globale, avec une jeunesse estimée à 65 % de la population, c’est le continent le plus jeune du monde ; un jeune sur sept dans le monde est africain, et dans 35 ans, 25 % de la population mondiale sera africaine.

Les états africains doivent mettre en place des mécanismes et politiques pour transformer cette croissance démographique en croissance économique ; à cet effet, les problèmes de chômage et d’emploi doivent être au cœur des préoccupations des gouvernements. Car il n’y a rien de plus explosif et déstabilisateur qu’une jeunesse désœuvrée et sans espoir ; pour y parvenir rapidement, il convient de restaurer autant que possible l’État social, les domaines de la santé et de la formation doivent à cet égard être prioritaires. Il importe également de créer des mécanismes d’aide pour les jeunes diplômés qui veulent développer des activités ; ceci favorisera à terme l’émergence d’une classe moyenne qui fait tant défaut au continent, en raison de l’hostilité classique des régimes forts par rapport à cette classe réputée contestataire et susceptible de faire basculer tout pouvoir.

Tous les pays africains doivent se doter de mécanismes susceptibles de favoriser des processus électoraux libres, transparents et non sujets aux contestations ; c'est un préalable non négociable et incontournable sur la voie de l'émergence. Des institutions politiques fortes garantissent une stabilité politique et une paix intérieure indispensables à toute émancipation économique ; la stabilité rassure les investisseurs, encourage les entrepreneurs et met en confiance les consommateurs, toutes choses nécessaires à un projet d'émergence. Dans cette perspective, les États africains doivent, sans délai, envisager les modalités permettant de conférer à la Commission de l'Union africaine des pouvoirs plus étendus et plus contraignants. Il doit en être de même pour d'autres institutions comme le MAEP (Mécanisme africain d'évaluation par les pairs), la Charte africaine de la démocratie, ou encore la Cour africaine des droits de l'homme, etc. Il faut développer des institutions africaines à la hauteur des ambitions vers l'émergence du continent.

Il est bon de créer les conditions de l'alternance des gouvernements en Afrique, ceci passe par la limitation des mandats présidentiels à deux maximum de quatre ou cinq années ; cette loi doit être gravée de façon immuable dans les constitutions de chaque pays, et considérée comme une norme absolue, intangible, non sujette à modification. Elle doit également être inscrite dans la Charte africaine de la démocratie, des élections et de la gouvernance. Ceci favorisera l'émergence de gouvernements responsables devant les peuples, garant avant tout des intérêts nationaux et non étrangers, et soucieux de respecter les droits humains ; il en résultera une plus grande autonomie des dirigeants africains qui pourront alors plus aisément développer les synergies régionales et continentales indispensables pour réaliser leur projet commun d'émergence.

Lorsqu'on aborde le problème du déficit énergétique qui plombe le développement économique de l'Afrique depuis près de soixante années, certains leaders africains font valoir à raison la thèse du riche potentiel énergétique sauvage inexploité du sol ; il s'agit de l'hydroélectricité, le solaire, la biomasse, la bioénergie, l'éolien, la tectonique, etc. Il faut retenir que selon une étude réalisée par la banque mondiale en 2014, deux Africains sur trois n'ont pas accès à l'énergie, ce qui entrave la croissance économique du continent et limite considérablement le bien-être et le potentiel humain. Si rien n'est fait, le nombre d'habitants de la région de l'Afrique subsaharienne sans électricité passera de 590 millions en 2013 à 655 millions en 2030. De ces faits, nous sommes aujourd'hui la dernière et la première génération consciente ayant toutes les connaissances, et qui doit agir fortement pour inverser de manière significative le sous-développement notoire des pays de l'Afrique ; ainsi si nous n'agissons pas maintenant, les populations jeunes déserteront les villes et villages africains pour migrer clandestinement vers l'occident, fuyant ainsi les grandes misères et pauvretés foudroyantes pour espérer enfin un monde meilleur.

Lorsque nous scrutons le potentiel énergétique du continent africain, nous constatons au regard des avancées technologiques des procédés de production énergétique qu'aucune ressource disponible en Afrique ne peut approcher l'électronucléaire ; plusieurs centrales hydroélectriques cumulées ne peuvent même pas fournir la capacité d'un seul réacteur nucléaire, à ce titre l'énergie électronucléaire apparaît comme la seule ayant une très grande capacité de production et une efficacité énergétique incomparable.

Les microcentrales et les centrales électriques à base de l'hydroélectricité, le solaire, et autres ressources énergétiques en Afrique ont des capacités de production allant de 500KW à 300 MW, tandis que les centrales électronucléaires ont en moyenne une capacité de production de 4500 MW ; de ce fait, nous pensons qu'au lieu d'investir sur près de cinq centrales à base des énergies nouvelles et renouvelables pour obtenir une capacité de production de 1000 MW, il serait plutôt bénéfique d'investir sur une centrale électronucléaire dont un seul réacteur possède une capacité moyenne de production de 1500 MW.

INTRODUCTION

Ce n'est pas à tort que la radioactivité de l'uranium est abordée le plus souvent sous l'angle des risques de ses déchets, mais lorsqu'on le fait sous l'angle de ses nombreuses applications, on est tenté de dire qu'elle a encore beaucoup de chemin à parcourir. Ainsi, la radioactivité serait restée une simple curiosité de laboratoire si les particules émises au cours de ce phénomène ne possédaient pas une très grande énergie : bien que l'homme ait réussi à maîtriser cette énergie, elle peut également provoquer des ravages. Il faut dire qu'elle est présente depuis des milliards d'années autour de nous : de ce fait, la radioactivité vient pour 2/3 du sol et de l'air ambiant et pour 1/3 des utilisations médicales en imagerie et en radiothérapie.

Toutefois, la riche histoire de cette grande découverte scientifique semble se réduire de nos jours à ces drames enregistrés à Tchernobyl et à Fukushima ; c'est pourquoi il nous a paru utile à partir de la présentation du phénomène physique de la radioactivité, de la compréhension de ce phénomène et de sa perception par la société, et enfin de ses multiples applications contemporaines ; de défendre la position stratégique de l'énergie nucléaire dans le concert des nations.

Le continent africain qui jusqu'ici est toujours resté en marge du modèle de développement à partir de l'économie nucléaire ; pourtant sous-développé depuis des décennies à cause de son énorme déficit énergétique en partie, ne devrait-il pas saisir une opportunité unique à travers les centrales nucléaires pour dynamiser ce secteur et parvenir enfin à l'émergence ? Avec de très bonnes ressources naturelles et humaines, un État ne devrait que connaître la croissance économique. Parmi les vecteurs au déclenchement de l'émergence dans une nation, le développement des secteurs primaires, secondaires et tertiaires de l'économie passe d'abord par les conditions de paix, de sécurité et de sûreté ; ensuite la croissance est fonction de la détermination et de la volonté du peuple, de l'élite intellectuelle, des leaders politiques et dirigeants, tous convergés vers l'union et l'esprit patriotique ; enfin, tout ceci ne serait possible que si et seulement si le secteur énergétique venait à être développé en priorité en tenant compte de l'efficacité et du caractère propre des ressources pour lutter contre les phénomènes de changement climatique et de pollution qui constitueront une grande menace pour l'humanité durant notre siècle.

À l'étape de fin de phase expérimentale et de développement des réacteurs nucléaires, l'accident de la fusion partielle du réacteur n° 2 dans la centrale nucléaire de Three Mile Island aux États-Unis en 1979, et classé au niveau 5 fût très vite évacué dans l'esprit de l'opinion internationale par les leaders du monde ; en effet, ceux-ci ont immédiatement compris qu'une erreur humaine dans la manipulation de l'énergie nucléaire civile peut produire des dégâts très effroyables en contaminant à des degrés divers les multiples espaces du monde.

Avec l'accident nucléaire de Tchernobyl survenu en avril 1986 et l'accident nucléaire de Fukushima Daiichi survenu en Mars 2011, tous deux classés à l'échelle du niveau 7 ; une certaine opinion internationale s'est constituée en dissimulant les faits et en désinformant le monde des mobiles profonds ayant occasionné ces deux accidents majeurs. Ces mobiles sont l'erreur humaine et la catastrophe naturelle. L'objectif de cette manipulation de la véritable information semble viser à décourager les États de ce monde qui ambitionnent de se lancer dans la construction des réacteurs électronucléaires ; nous pensons et nous disons que les centrales électronucléaires ne sont pas interdites, mais plutôt l'enrichissement du nucléaire à plus de 3 % à des fins militaires est fortement interdit. Ensuite, nous nous inscrivons en faux contre ceux qui pensent que l'énergie nucléaire civile est la première cause de décès dans le monde ; les méfaits du sous-développement, la misère accrue et la pauvreté incomparable disséminent les peuples africains chaque jour.

Faire comprendre à un peuple que tout ce qui concerne le nucléaire est interdit revient à l'éloigner des avantages énormes que procure cette technologie ; de la médecine, la géochronologie ou datation, à l'énergie électronucléaire, l'être humain du XXIe siècle a plus que jamais besoin de la technologie nucléaire pour avancer dans son univers : le nucléaire nous apporte des réponses propres et efficaces aux grands défis de notre temps.

Les hommes politiques africains doivent cesser de penser que parmi les différentes sources d'énergie qui apportent une contribution significative à l'offre mondiale, l'énergie nucléaire apparaît comme la plus complexe ; les grandes questions que nos sociétés se sont posées ces six dernières décennies au sujet de l'énergie nucléaire concernent la sûreté des installations, le stockage final des déchets radioactifs à vie longue, la contribution possible de cette forme d'énergie à la réduction des émissions de gaz à effet de serre, l'économie du cycle du combustible, en particulier sur des marchés de l'électricité libéralisés, et la non-prolifération des armes nucléaires. Dans ce débat que nous proposons aujourd'hui, nous présentons les éléments des derniers progrès de la technologie nucléaire, qui répondent ainsi aux multiples préoccupations des populations du globe terrestre parmi lesquels les Africains.

CHAPITRE I

URANIUM, DE LA RADIOACTIVITÉ À LA FISSION NUCLÉAIRE

C'est en 1789 que le chimiste prussien Martin Heinrich Klaproth met en évidence pour la première fois le minerai d'uranium, en examinant un morceau de roche qu'on lui a apporté de Saint Joachimsthal. Cette roche est de la pechblende (UO2), un minerai d'uranium. Heinrich Klaproth donna le nom de [Urane] ou [Uranite] au composé qu'il venait d'identifier, en référence à la découverte de la planète Uranus faite par William Herschel 8 années plus tôt en 1781.[1]

Ce n'est qu'en 1841 que le chimiste français Eugène Melchior Péligot établit que l'urane est composé de deux atomes d'oxygène et d'un métal qu'il isola et nomma uranium. Il estima alors la masse volumique de l'uranium à 19 g/cm3.

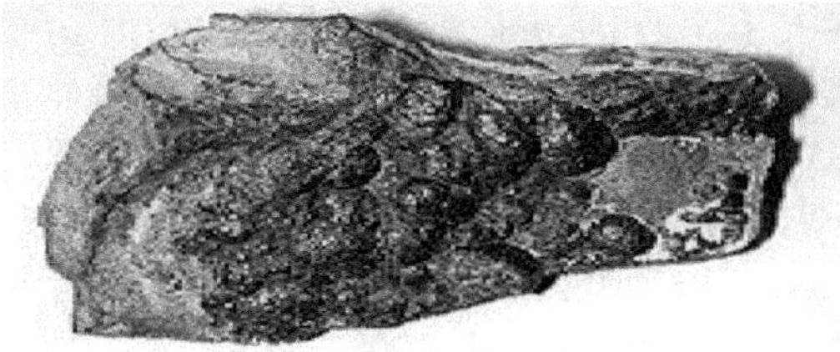

Morceau de pechblende.

Source : Joachimsthal,Bohemia,Czechoslovakia Creative commons http://minerals.no-ip.com/Minerals/html/Pichblende1.htm

Le minerai naturel d'uranium est la pechblende, qui peut apparaître sous forme de filons métallifères. Dans la nature, on distingue près de 300 formes de minéraux d'uranium différents, dont les cristallisations les plus remarquables sont les cristaux d'Autunite, Vanuralite, Boltwoodite, Sengierite, Francevillite, Guilleminite, Liebigite, Torbernite, Uranite, Pitchblende, Uranocircite, etc.

---

[1] Uranium 2007 — Ressources, Production et Demande de l'Uranium : un bilan de quarante ans. Éditions de l'OCDE 2007 ; OCDE/NEA no 6097 : P33.

I. Origine de la radioactivité

L'histoire de la physique contemporaine nous apprend que le 26 février 1896, Henri Becquerel découvre la radioactivité naturelle : ayant stocké des sels d'uranium à proximité de ses plaques photo qui lui permettait d'étudier les rayons X et la fluorescence des sels d'uranium, il reviendra quatre jours plus tard découvrir les empreintes générées dans ce lieu clos ou elles avaient été rangées ; la lumière du soleil n'ayant pu intervenir dans cette réaction, il en déduit que ce rayonnement provient de l'uranium. Il publie ses résultats le 2 mars 1896, la radioactivité naturelle est découverte[2]. Il en ressort sur le plan de la chimie que l'uranium est un métal lourd radioactif.

Le 18 juillet 1898, Pierre et Marie Curie, effectuant des recherches sur un minerai riche en uranium appelé pechblende, parviennent à en extraire un premier élément radioactif qu'ils vont nommer le polonium en hommage à leur pays d'origine la Pologne. Le 26 décembre 1898, le couple Curie en collaboration avec Gustave Bémont annonce avoir réussi à extraire un élément radioactif dans une pechblende : il s'agit du Radium, ceux-ci indiquent que la radioactivité dégagée par le radium est nettement supérieure à celle du Polonium.

La radioactivité naturelle est cette propriété qu'ont certains noyaux d'atomes de se désintégrer de manière naturelle et spontanée, pour donner un autre élément, en émettant des particules ou des rayonnements électromagnétiques ; elle constitue le mobile qui poussera les chercheurs à développer la radioactivité artificielle par le bombardement des noyaux des atomes.

La **radioactivité**, terme inventé vers 1898 par Pierre Curie, est donc un phénomène physique naturel au cours duquel des noyaux atomiques instables se désintègrent en dégageant de l'énergie sous forme de rayonnements divers, pour se transmuter en des noyaux atomiques plus stables. Les rayonnements ainsi émis sont appelés, selon le cas, des rayons α, des rayons β ou des rayons γ.

On parle de radioactivité**alpha** (α) pour désigner l'émission d'un noyau d'héliumou *hélion* :

$$\mathbf{{}_{Z}^{A}X \rightarrow {}_{Z-2}^{A-4}Y + {}_{2}^{4}He.}$$

[2] Uranium 2007 - Ressources, Production et Demande de l'Uranium : un bilan de quarante ans. Éditions de l'OCDE 2007 ; OCDE/NEA no 6097 : P33.

Ces hélions, encore appelés particules alpha, ont une 2e, et une masse de 4,001 505 8 unités de masse atomique

La **radioactivité bêta moins** (β^-) affecte les nucléides X présentant un excès de neutrons. Elle se manifeste par la transformation dans le noyau d'un neutronen proton, le phénomène s'accompagnant de l'émission d'un électron(ou particule bêta moins) et d'un antineutrino ν :

$$\mathbf{{}_Z^AX \rightarrow {}_{Z+1}^AY + {}_{-1}^0e + {}_0^0v.}$$

La **radioactivité bêta plus** (β^+) ne concerne que des nucléides qui présentent un excès de protons. Elle se manifeste par la transformation dans le noyau d'un proton en neutron, le phénomène s'accompagnant de l'émission d'un positon (ou positron, ou encore particule bêta plus) et d'un neutrinov :

$$\mathbf{{}_Z^AX \rightarrow {}_{Z-1}^AY + {}_1^0e + {}_0^0v.}$$

Les désintégrations α, β^- et β^+ sont toujours accompagnées de l'émission de photons de haute énergie ou rayons gamma, dont les longueurs d'onde sont généralement encore plus courtes que celles des rayons X, étant de l'ordre de 10^{-9} m ou inférieures.

Cette **émission gamma** (γ) résulte de l'émission de photons lors de transitions électroniques à partir de niveaux d'énergie excités avec des énergies mises en jeu de l'ordre du MeV.

Les rayonnements α, β et γ produits par la radioactivité sont des **rayonnements ionisants** qui interagissent avec la matière en provoquant une ionisation L'irradiation, d'un organisme entraîne des effets qui peuvent être plus ou moins néfastes pour la santé, selon les doses de radiation reçues et le type de rayonnementconcerné.

I.1. Les grandeurs physiques de la radioactivité.

Pour un isotope radioactif, la période radioactive, est la durée (exprimée le plus souvent en années) au cours de laquelle son activité radioactive décroît de moitié pour un mode de désintégration donné. Elle est le plus souvent appelée demi-vie. L'activité d'un corps radioactif à un instant donné est le nombre de désintégrations par secondeà cet instant, autrement dit l'intensité de sa **radioactivité**. L'activité d'un nombre donné d'atomes d'un isotope radioactif est proportionnelle à ce nombre et inversement proportionnelle à la période radioactive de l'isotope. L'activité d'un échantillon radioactif (source radioactive) se mesure en becquerels (Bq, en hommage à Henri

Becquerel), unité qui correspond au nombre de désintégrations en 1 seconde. On utilise quelquefois (en biologie par exemple) le nombre de désintégrations par minute. Le curie (Ci) était autrefois l'unité d'une source radioactive ; il se définit comme l'activité d'un **gramme de radium,** soit 37 × 10 désintégrations par seconde, soit 37 Bq = 1 nCi.

On peut également utiliser le **coulomb par kilogramme** (C/kg) qui mesure l'exposition aux rayonnements X et gamma (la charge d'ions libérée dans la masse d'air). L'ancienne unité équivalente était le **Roentgen** qui correspond au nombre d'ionisations par kilogramme d'air. Pour les rayonnements ionisants, la dose absorbée par la cible est définie comme l'énergie reçue par unité de masse, en joules par kilogramme, c'est-à-dire en Grays (Gy) dans le système SI. L'ancienne unité était le rad. 1 Gy = 100 rad.

Lors d'une exposition durable, on définit le **débit de dose,** c'est-à-dire l'énergie absorbée par kilogramme et par unité de temps. En effet, des phénomènes biologiques relativement lents peuvent être perturbés par les rayonnements, ainsi les cellules souches du système hématopoïétique en cour de divisions sont détruites si irradiés, mais ne sont pas affectées lorsque quiescentes. L'unité du débit de dose est le gray par seconde (Gy/s).

Ces grandeurs, activité, dose et débit de dose sont des grandeurs mesurables, qui peuvent être mesurées à l'aide d'appareils de **physique** (compteurs, calorimètres, horloges).

Conversion des différentes unités objectives :

1 Ci = 3,7 10^{10}Bqe

1 Bq = 0,027 nCi

1 rad = 0,01 Gy = 10 mGy

1 Gy = 100 rad

La première grandeur subjective est la **dose absorbée** par l'organisme. L'unité de dose de radiation absorbée du Système international (SI) est le **gray,** qui remplace le **rad**. Parmi les grandeurs subjectives de la radioactivité, certaines évaluent le risque pour la santé. Tous les rayonnements n'ayant pas la même nocivité, on définit une **dose équivalente** dans laquelle chaque rayonnement doit être pondéré pour tenir compte des différences.

Lorsque le **rad** était utilisé comme unité de dose absorbée, l'unité de dose équivalente était le **rem**, acronyme de **rad** équivalent **man**. Actuellement, le **rem** est remplacé par le **sievert** (Sv), qui correspond à **Gray** équivalent **Homme** et est une unité du système SI.

La dose équivalente n'est pas mesurable, mais elle est évaluée en fonction de la dose reçue, de la sensibilité du tissu irradié et de la nature du rayonnement.

E = D x S x Q

- E est la dose équivalente,
- D est la dose physique absorbée,
- S dépend de la sensibilité du tissu, faible pour les muscles ou la peau, mais important pour les gonades, le **système nerveux,** les cellules de la moelle osseuse ou de l'intestin,
- Q est un **paramètre** qui dépend de la nature du rayonnement.

Le débit de dose est égal à 1 pour les rayons gamma et bêta, à 5 pour les rayons alpha, et à 20 lors d'une irradiation par les neutrons.

Le **débit de dose** équivalente s'exprime en **sieverts par seconde.** Cette grandeur est pertinente pour évaluer les expositions professionnelles des travailleurs du **nucléaire,** des astronautes, ou des personnes vivant dans un **environnement** à risque. À titre d'exemple, les personnes vivant en Europe occidentale sont soumises à un débit de dose équivalente d'environ 3 mSv/an.

Conversion des différentes unités subjectives :

- 1 rad = 0,01 Gy
- 1 Gy = 100 rad
- 1 rem = 0,01 Sv = 10 mSv
- 1 Sv = 100 rem

La radioactivité a donc principalement pour origine les radio-isotopes existants dans la nature et produits lors des explosions des **supernovae.** On trouve des traces de ces éléments radioactifs et de leurs descendants dans notre environnement : un roc de granite contient des traces d'uranium qui, en se désintégrant, émettent du radon.

La radioactivité naturelle des atomes de notre corps se traduit aussi par environ 8 000 désintégrations par seconde (8 000 Bq), qui font 252 milliards par an sur les quelque 10^{27} atomes de notre corps. Le risque d'altération d'un **atome**est donc de 0,25 × 10^{-17}. L'exposition naturelle à la radioactivité représente 2,5 mSv sur le total de 3,5. Cette dose peut varier de 1 à 40 mSv, selon l'environnement géologique et les matériaux d'habitation.

La **Terre** est en permanence soumise à un flux de particules de haute énergie que sont les rayons cosmiques en provenance de l'espace et du **soleil**. Le **champ magnétique terrestre**dévie la majeure partie d'entre elles. L'atmosphère n'absorbant qu'une partie de ces particules de haute énergie, une fraction de celle-ci atteint le sol et **traverse** les couches rocheuses.

Le rayonnement **tectonique** dû aux roches (uranium, thorium et descendants) est de 0,40 mSv, mais il peut être dix fois plus important dans des régions granitiques comme certaines forêts noires, en particulier à cause de la présence du radon, un **gazradioactif.** La part due au rayonnement cosmique représente environ 0,40 mSv au **niveau de la mer**, mais double à 1 500 m d'**altitude.**

Pour mesurer la radioactivité, on utilise différentes unités : becquerel, gray, sievert et curie.

Le becquerel (Bq)

Un échantillon radioactif se caractérise par son activité qui est le nombre **de désintégrations de noyaux radioactifs par seconde** qui se produisent en son sein.

L'unité d'activité est le becquerel, de symbole Bq.

1 Bq = 1 désintégration par seconde.

Cette unité est très petite. L'activité de sources radioactives s'exprimera donc le plus souvent en multiples du becquerel :

- le kilo becquerel (kBq) = 1 000 Bq,
- le méga becquerel (MBq) = 1 million de Bq,
- le giga becquerel (GBq) = 1 milliard de Bq,
- le téra becquerel (TBq) = 1 000 milliards de Bq.

Le gray (Gy)

Cette unité permet de mesurer la quantité de rayonnements absorbés, ou dose absorbée par un organisme ou un objet exposé aux rayonnements.

Le gray a remplacé le rad en 1986.

1 gray = 100 rads = 1 joule par kilogramme de matière irradiée.

Le sievert (Sv)

Les effets biologiques des rayonnements sur un organisme exposé (selon sa nature et les organes touchés) se mesurent en sievert et s'expriment également en "**équivalent de dose**". L'unité la plus courante est le milli sievert, ou millième de sievert.

Le curie (Ci)

C'est l'ancienne unité de mesure de la radioactivité. Il avait été défini comme l'activité d'un gramme de radium, élément naturel que l'on trouve dans les sols avec l'uranium. Cette unité est beaucoup plus grande que le becquerel, car dans un gramme de radium, il se produit 37 milliards de désintégrations par seconde. Donc un curie est égal à 37 milliards de becquerels.

Pour détecter et mesurer les rayonnements émis par les isotopes radioactifs, on dispose de différents types de détecteurs à savoir :

Les tubes compteurs à gaz (compteur proportionnel, Geiger-Müller, chambre d'ionisation), les scintillateurs couplés à des photomultiplicateurs, les semi-conducteurs (silicium, germanium…). Ces détecteurs sont extrêmement sensibles et mesurent couramment des activités un million de fois inférieures aux niveaux qui pourraient avoir des effets sur notre santé.

I.2. Les principaux éléments radioactifs présents dans la nature

Les radioéléments les plus fréquents dans les roches terrestres sont l'isotope 238 de l'uranium(^{238}U), l'isotope 232 du thorium (^{232}Th), et surtout l'isotope 40 du potassium (^{40}K). Outre ces isotopes radioactifs naturels encore relativement abondants, il existe dans la nature des isotopes radioactifs beaucoup plus faibles. Il s'agit notamment des éléments instables produits à la suite de désintégrations des isotopes mentionnés, par exemple de divers isotopes du radium et du radon.

Un des radioéléments naturels les plus utilisés par l'homme est l'isotope 235 de l'uranium (^{235}U) qui se trouve dans la nature en concentrations très faibles associées à l'isotope ^{238}U, mais dont on modifie la concentration par des techniques d'enrichissement de l'uranium pour qu'il puisse servir à la production d'énergie nucléairecivile et militaire.

Un autre radio-isotopenaturel est le radiocarbone, c'est-à-dire l'isotope 14 du carbone (^{14}C). Ce dernier est constamment produit dans la haute atmosphèrepar des rayons cosmiques interagissant avec l'azote, et se détruit par désintégrations radioactives à peu près au même taux qu'il est produit, il se produit ainsi un équilibre dynamique qui fait que la concentration du ^{14}C reste plus ou moins constante au cours du tempsdans l'air et dans les organismes vivants qui respirent cet air. Une fois un organisme mort, la concentration en ^{14}C diminue dans ses tissus, et permet de dater le moment de la mort. Cette datation au radiocarbone est un outilde recherche très prisé en archéologie pour dater avec une bonne précision des objets organiques dont l'âge est compris entre cinquante et cent mille ans.

Parmi les éléments radioactifs présents dans la nature, nous distinguons les plus importants suivants :

- Curium ^{242}Cm et ^{244}Cm
- Américium ^{241}Am
- Plutonium ^{239}Pu et ^{241}Pu
- Uranium ^{235}U et ^{238}U
- Thorium ^{234}Th
- Radium ^{242}Ra
- Polonium ^{210}Po
- Césium ^{134}Cs, ^{135}Cs et ^{137}Cs
- Iode ^{129}I, ^{131}I et ^{133}I
- Antimoine ^{125}Sb
- Ruthénium ^{106}Ru
- Strontium ^{90}Sr
- Krypton ^{85}Kr et ^{89}Kr
- Sélénium ^{75}Se
- Cobalt ^{60}Co
- Chlore ^{36}Cl
- Soufre ^{35}S
- Phosphore ^{32}P
- Carbone ^{14}C
- Tritium ^{3}H

II. Le processus de la fission du noyau atomique de l'uranium

En janvier 1939, les travaux effectués par Otto Hahn, Fritz Strassmann, Lise Meitner et Otto Frisch mettent à jour la fission de l'uranium sous l'effet d'un bombardement des neutrons. Le noyau atomique de l'uranium est désintégré en deux noyaux de plus faible taille. Cette réaction permet de produire une énergie très importante. Au cours de la même année, Frédéric **Joliot-Curie**, physicien français gendre de Pierre et Marie Curie, découvre avec son équipe la fission secondaire des neutrons, autrement dit la réaction en chaîne que peut provoquer une fission nucléaire. En effet, pour provoquer la fission de l'uranium, on le bombarde avec un neutron, mais lors de cette fission, lui-même libère et projette des neutrons qui pourront provoquer la fission d'un autre atome d'uranium et ainsi de suite. Cette réaction en chaîne permet de produire une quantité d'énergie énorme. Toutefois, elle ne peut être réalisée que dans des conditions optimales. C'est la maîtrise de ces dernières qui permettra la création de centrales nucléaires et autres bombes atomiques.

À l'approche de la Deuxième Guerre mondiale, la maîtrise de l'énergie atomique s'avérera cruciale, ce qui incitera **Einstein** à envoyer sa célèbre lettre à Roosevelt. De même, Fermi Enrico (1901-1954), supposant que le processus s'accompagnait d'une émission neutronique, comprit que les neutrons ainsi produits pouvaient servir à déclencher d'autres réactions de fission. Cela rendait possible la séparation de l'uranium 235, isotope dont la fission est à l'origine de l'énergie nucléaire, de son isotope l'uranium 238 nécessite, quel que soit le procédé utilisé (diffusion ou ultracentrifugation), l'emploi d'un composé gazeux de l'uranium.

Cette méthode est utilisée industriellement pour l'Uranium, le gaz étant l'hexafluorure UF6 ; malgré les différences de masse minimes et les faibles dimensions des orifices diffusants, on arrive à produire, dans de gigantesques ensembles, des kilogrammes d'uranium 235 ou 238.

Dans la nature, la plupart des noyaux d'atomes sont stables. Cependant, certains atomes ont des noyaux instables, ce qui est dû soit à un excès des deux. Ils sont dits radioactifs et sont appelés radio-isotopes ou radionucléides.

Les noyaux d'atomes radioactifs se transforment spontanément en d'autres noyaux d'atomes, radioactifs ou non. Ainsi, de noyau radioactif en noyau radioactif, l'uranium 238 tend à se transformer en une forme stable, le plomb 206. Cette transformation irréversible d'un atome radioactif en un autre atome est appelée désintégration.

Elle s'accompagne d'une émission de différents types de rayonnements. Un élément chimique peut donc avoir à la fois des **isotopes** radioactifs et des isotopes non radioactifs. Par exemple, le carbone 12 n'est pas radioactif, alors que le carbone 14 est radioactif. La radioactivité ne concernant que le noyau et non les électrons, les **propriétés chimiques** des isotopes radioactifs sont les mêmes que celles des isotopes stables.

Très tôt, on a remarqué qu'un neutron possède une grande capacité de briser un noyau d'uranium 235 selon une réaction du genre : n + 235U→ X1 + X2 + kn + énergie. Les noyaux X1 et X2 résultant de cette fission nucléaire ont des masses intermédiaires et sont eux-mêmes radioactifs.

L'enrichissement de l'uranium est une étape essentielle du cycle du combustible nucléaire, grâce à laquelle la teneur en 235U, isotope fissile de l'uranium, peut être portée de 0,72 p. 100 (teneur naturelle) à la valeur nécessaire (de 3 à 4,5 p. 100) à l'alimentation des réacteurs à eau légère.

II.1. Présentation du minerai de l'uranium et ses composés

L'uranium est un élément chimique de symbole U et de numéro atomique 92. C'est un élément naturel assez fréquent, d'abondance supérieure à celle de l'argent, comparable à celle du molybdène ou de l'arsenic, quatre fois moins abondant que le thorium. Il se trouve partout à l'état de trace, y compris dans l'eau de mer.

C'est un métal lourd radioactif (émetteur alpha) de période très longue (environ 4,5 milliards d'années pour l'uranium 238 et environ 700 millions pour l'uranium 235). Sa faible radioactivité, additionnée à celle de ses descendants dans la chaîne de désintégration, génère une puissance de 0,1 watt par tonne, ce qui en fait, avec le thorium (quatre fois plus abondant, mais trois fois moins radioactif), la principale source de chaleur qui tend à maintenir les hautes températures de la croûte terrestre, en ralentissant de beaucoup son refroidissement.

L'isotope 235U est le seul isotope fissile naturel. Sa fission libère une énergie voisine de 200 MeV par atome fissionné. Cette énergie est plus d'un million de fois supérieure à celle des combustibles fossiles pour une masse équivalente.[3] Ce qui fait de l'uranium la principale matière première utilisée dans l'industrie nucléaire.

II.2. Propriétés physiques chimiques du minerai

Protactinium ← Uranium → Neptunium

Informations Générales	
Nom, symbole, numéro	Uranium, U, 92
Série chimique	Actinides
Groupe, période, bloc	L/A, 7, f
Masse volumique	19,1 g•cm-3
Couleur	Gris métallique
No CAS	7440-61-1
No EINECS	231-170-6

Propriétés atomiques	
Masse atomique	238,02891 ± 0,00003 u
Rayon atomique (calc)	175 pm
Rayon de covalence	1,96 ± 0,07 Å
Rayon de Van der Waals	186
Configuration électronique	[Rn] 7s2 5f3 6d1
Électrons par niveau d'énergie	2, 8, 18, 32, 21, 9, 2
État(s) d'oxydation	231-170-6
Oxyde	base faible
Structure cristalline	Orthorhombique

[3] Yves Chelet ; La radioactivité : manuel d'initiation, Édition Nucléon 2006, p. 115.

Propriétés physiques	
État ordinaire	Solide
Point de fusion	1 135 °C
Point d'ébullition	4 131 °C
Énergie de fusion	15,48 kJ•mol-1
Énergie de vaporisation	477 kJ•mol-1
Volume molaire	12,49×10-6 m3•mol-1
Pression de vapeur	1,63×10-8 Pa à 453,7 K
Vitesse du son	3 155 m•s-1 à 20 °C

Divers	
Électronégativité (Pauling)	1,38
Chaleur massique	120 J•kg-1•K-1
Conductivité électrique	3,8×106 S•m-1
Conductivité thermique	27,6 W•m-1•K-1

Énergies d'ionisation	
1re : 6,1941 eV	2ème : 10,6 eV

Isotopes les plus stables					
iso	AN	Période	MD	Ed MeV	PD
232U	{syn.}	68,9 a	α FS cluster	5,414 – ?	228Th PF Pb
233U	{syn.}	159,2 ka	α FS cluster	4,909 – ?	229Th PF Pb
234U	0,01%	245,5 ka	α FS cluster	4,859 – ?	230Th PF Pb ; Hg
235U	0,72%	703,8 Ma	α FS cluster	4,679 – ?	231Th PF Pb ; Hg
236U	{syn.}	23,42 Ma	α FS cluster	4,572 – ?	232Th PF 206Hg
238U	99,27%	4,4688 Ga	α FS	4,270 –	234Th PF

De symbole U, l'uranium est le dernier élément naturel du tableau périodique de Mendeleïev ; chaque atome d'uranium possède 92 protons et entre 125 et 150 neutrons. À l'état pur, l'uranium solide est un métal radioactif gris à blanc (voire argenté), qui rappelle la couleur du nickel ; il est dur et très dense. De plus, c'est l'atome le plus lourd (qui contient le plus de nucléons) présent naturellement sur la Terre. En raison de son affinité avec l'oxygène, l'uranium s'enflamme spontanément dans l'air à température élevée, voire à température ambiante lorsqu'il se trouve sous forme de micro-particules, il est donc pyrophorique.

L'uranium a quatre valences possibles (+III à +VI), les valences IV et VI étant les plus répandues dans les minerais. Les conditions de passage de la valence IV à la valence VI dépendent du potentiel d'oxydoréduction du milieu. Ainsi dans la nature, cet élément se retrouve toujours en combinaison avec d'autres éléments, tels l'oxygène, l'azote, le soufre, le carbone ; en oxydes, nitrates, sulfates ou carbonates. On le trouve, par exemple, en combinaison avec l'oxygène dans l'uranite et la pechblende, deux des principaux minerais d'uranium, constitués d'oxyde uraneux (UO2). Enfin, les ions uranyle (UO_2^{2+}) se dissolvent très bien dans la plupart des acides, comme dans l'acide nitrique ou fluorhydrique en donnant des sels d'uranyle tels que le nitrate d'uranyle. L'équation de la dissolution de l'ion uranyle en sel uranyle dans l'acide nitrique est la suivante :

$$UO_2^{2+} + 2NO_3^- \rightarrow UO_2(NO_3)_2$$

II.3. Les isotopes de l'uranium naturel

L'uranium a 17 isotopes, tous radioactifs, dont 3 seulement sont présents à l'état naturel : 238U ; 235U et 234U. On trouve dans une tonne d'uranium naturel pur 7,1 kg d'uranium 235 et 54 g d'uranium 234, le reste étant de l'uranium 238. Les isotopes 238 et 235 de l'uranium ont beaucoup d'applications, militaires notamment, mais aussi civiles, comme, par exemple, la datation de l'âge de la Terre à partir de la datation radiométrique à l'uranium-plomb ou à l'uranium-thorium.

Quelles que soient les teneurs en uranium des milieux, les proportions entre les deux principaux isotopes formant l'uranium naturel sont pratiquement les mêmes : 238U : 99,28 % ; 235U : 0,71 %. La proportion de l'uranium 235 décroît à l'échelle des temps géologiques. Leur rapport de formation dans une supernova est d'un à 1,65 ; c'était approximativement la proportion de l'uranium présent sur Terre il y a 4,5 milliards d'années, ce qui est juste inférieur à l'âge de la formation de ces isotopes. Il y a deux milliards d'années, lors de la période de fonctionnement du réacteur nucléaire naturel d'Oklo, la proportion de l'uranium 235 était encore de près de 4 %, ce qui a permis à ce gisement d'atteindre la criticité lors de la précipitation des composés dissous formant le nouveau minerai.

Le troisième isotope 234 de l'uranium appartient à la chaîne de désintégration de l'uranium 238. L'isotope 234 de l'uranium est toujours présent sur terre, à l'état de traces, bien qu'il ait une demi-vie de seulement 245 500 ans ; car il est constamment généré par désintégration radioactive de l'isotope 238 (après 3 étapes : une transition α donnant 234Th, puis deux transitions β- donnant 234 Pa, puis 234U). Quand il est à l'équilibre séculaire, la proportion entre

238U et 234U est égale au rapport des demi-vies, soit 0,0056 %. Cependant, les rapports isotopiques peuvent varier légèrement d'un gisement à l'autre, entre 0,005 % et 0,006 % pour l'uranium 234, du fait d'une légère différence de comportement dans le changement U6+ ↔ U4+. Le rapport isotopique 234U/238U peut être perturbé par différents processus environnementaux, tandis que le rapport 235U/238U reste assez largement constant.

L'industrie nucléaire produit deux autres isotopes artificiels de l'uranium, relativement stables à échelle humaine. L'isotope 236 est produit en réacteur par irradiation de l'isotope 235, qui dans près de 18 % des cas ne fissionne pas, mais absorbe un neutron. Il tend à s'accumuler dans l'uranium de recyclage, dont il augmente fortement la radioactivité et le potentiel énergétique.

Bien qu'ayant une demi-vie de 23 millions d'années, presque le centuple de celle de l'isotope 234, cet isotope a disparu depuis longtemps dans la nature ; son produit est le thorium 232, qui s'est confondu au thorium 232 initial et se trouve à présent majoritairement sous cette forme ainsi que des éléments de sa chaîne de désintégration. L'isotope 233 est un élément fissile produit en réacteur par irradiation du thorium, il est à la base du cycle du thorium ; sa demi-vie de 159 000 ans est largement supérieure à celle du plutonium.

II.4. Activité massique de l'uranium.

Le spectre gamma d'un minerai d'uranium permet d'identifier la présence des radionucléides 226Ra, 214 Pb, 214Bi de la chaîne de désintégration de l'uranium 238 (lui-même non-émetteur gamma)[4]. L'uranium pur est radioactif, son activité massique dépendant à la fois de son enrichissement, et de la fraîcheur de sa purification chimique. Si l'on considère les isotopes purs de l'uranium, le 238U a une activité massique de 12,4 Bq/mg, le 235U de 80 Bq/mg, et le 234U de 230 Bq/µg, soit 234 000 Bq/mg quatre ordres de grandeur au-dessus des précédents.

L'uranium naturel, quand il est chimiquement purifié (essentiellement composé de 235U et de 238U en équilibre avec son descendant 234U), a une activité spécifique de l'ordre de 25 Bq/mg ; en amont, à poids égal d'uranium, la radioactivité d'un minerai, où il est

---

[4] Maurice Pinta ; *Spectrométrie d'absorption atomique*, Tome 1, Édition ERREUR PERIMES Masson ORSTOM 1971, p. 74.

en équilibre avec tous les éléments radioactifs de sa chaîne de désintégration, est naturellement 3 (si le Radon peut s'échapper) à 7 fois plus importante.

L'uranium enrichi est plus actif, partiellement du fait de l'activité plus importante de 235U (6,33 fois plus radioactif que le 238U), mais surtout à cause de la concentration différentielle en 234U (10 000 fois plus radioactif que 238U), toujours présent à l'état de traces dans la chaîne de désintégration de l'isotope 238 ; elle atteint typiquement 2 500 Bq/mg pour un enrichissement de 90 % (uranium dit de qualité militaire). Pour les enrichissements de l'ordre de 3 %, destinés aux centrales nucléaires, l'activité spécifique est de l'ordre de 60 Bq/mg.

Inversement, l'uranium appauvri est presque entièrement débarrassé non seulement de sa fraction de l'isotope 235, mais également de son descendant l'isotope 234 ; immédiatement après l'enrichissement, son activité massique tend à se rapprocher de celle de 238U pur, c'est-à-dire de l'ordre de 12,5 Bq/mg (en pratique, un peu plus du fait de la présence résiduelle de l'uranium 235). Cependant, l'équilibre entre 238U et ses deux premiers descendants (le thorium 234 de période 24 jours, et le protactinium 234) est atteint rapidement, en 2 mois. La radioactivité spécifique de l'équilibre (avec ses deux premiers descendants) étant déjà de 41,5 Bq/mg.

CHAPITRE II

LE SUJET DES RÉSERVES MONDIALES DU MINERAI

Les ressources classiques d'uranium identifiées et connues se composent en ressources raisonnablement assurées (RRA) et en ressources présumées récupérables (RPR). Ces différentes ressources sont produites à des coûts inférieurs à 40 USD/kg d'U pour la première tranche, ou des coûts compris entre 40 USD/kg d'U et 80 USD/kg d'U pour la deuxième tranche ; de même, la troisième tranche représente des coûts compris entre 80 USD/kg d'U et 130 USD/kg d'U et la quatrième ceux compris entre 130 USD/kg d'U et 260 USD/kg d'U.[5]

Les principales ressources identifiées ont été enregistrées ces dernières années dans les états ci-après : Afrique du Sud, Australie, Brésil, Kazakhstan, Niger, Ukraine, Chine, Namibie, Russie, etc. De même, les activités mondiales de prospection de l'uranium en ces deux premières décennies du XXIe siècle ont été prépondérantes dans les pays comme l'Australie, le Canada, la France, la Suisse, les États-Unis, l'Inde, le Kazakhstan, l'Ouzbékistan, la Fédération de Russie, l'Argentine, le Brésil, la Finlande, la République Tchèque, l'Ukraine, l'Égypte, le Niger, la Namibie, l'Iran, l'Indonésie, les Philippines, le Viêt Nam, la Chine, etc. Ces activités visent non seulement à arroser les ressources identifiées et connues, mais aussi à améliorer les différents stocks déjà disponibles.

Les réserves 3P (prouvées + probables + possibles) d'uranium entre 2003 et 2015 ont évolué grâce aux activités de prospection dans le globe ; de 10,648 millions de tonnes en 2003, elles sont passées à 11,2935 millions de tonnes en 2005, puis 16,1777 millions de tonnes en 2013 et enfin 16,1316 millions de tonnes en 2015.

---

[5] AEN-AIEA ; Uranium 2016 : Ressources, Production et Demande. Éditions de l'OCDE 2016 ; AEN no 7301 : p. 16.

Tableau 1 : Évolution des ressources mondiales d'uranium entre 2003 et 2005, puis entre 2013 et 2015.

Ressources	Catégories de Ressources	2003	2005	2013	2015
Ressources identifiées totales (milliers de tonnes d'U)	<260 USD/kg d'U	0	0	7635,2	7641,5
	<130 USD/kg d'U	4 588	4 743	5 903	5 719
	<80 USD/kg d'U	3 537	3 804	1 957	2 125
	<40 USD/kg d'U	2 523	2 746	683	647
Ressources raisonnablement assurées (milliers de tonnes d'U)	<260 USD/kg d'U	0	0	4 587,20	4 386,40
	<130 USD/kg d'U	3 169	3 297	3 698,90	3 458,40
	<80 USD/kg d'U	2 458	2 643	1 211,60	1 223,60
	<40 USD/kg d'U	1 730	1 947,30	507,4	478,5
Ressources présumées récupérables (milliers de tonnes d'U)	<260 USD/kg d'U	0	0	3 048,00	3 255,10
	<130 USD/kg d'U	1 419	1 446	2 204	2 260,10
	<80 USD/kg d'U	1 079	1 161	745,1	901,1
	<40 USD/kg d'U	793	799	175,5	168,4
Ressources totales classiques		**10 648**	**11 293,5**	**16 177,7**	**16 131,6**

Sources : *OCDE-AEN-AIEA, Livres rouges*

L'uranium est une ressource énergétique non renouvelable, pas toujours facilement exploitable sans des conditions économiques acceptables. Il est répandu dans les profondeurs du globe terrestre. La désintégration d'uranium 238 et 235 et d'autres radionucléides entretient encore en énergie thermique le noyau de la planète, mais surtout le manteau rocheux terrestre, et donc toute la géothermie.

L'uranium est plus abondant dans la nature que l'or ou l'argent. Il est également présent dans toute l'écorce terrestre, surtout dans les terrains granitiques et sédimentaires, à des teneurs d'environ 3 g/tonne. Ainsi, le sous-sol d'un jardin sur un carré de 20 m de côté sur une profondeur de 10 m peut en contenir environ 24 kg.

Ce qui fait de l'ordre du millier de milliards de tonnes rien que pour l'écorce terrestre, sans compter le manteau ; en ce qui concerne la réserve mondiale, cependant, l'immense majorité de cette masse est bien sûr inexploitable dans les conditions économiques actuelles. La gamme de valeur est très large selon les roches, et varie de 0,1 ppm dans les carbonates à 350 ppm dans les phosphates.

L'eau de mer contient environ 3 mg d'uranium par m3 selon le CEA (Commissariat à l'énergie atomique et aux énergies alternatives), soit 4,5 milliards de tonnes d'uranium dissous dans les océans. Les eaux douces en contiennent souvent aussi en diverses concentrations.

À consommation constante, les réserves exploitables dans les conditions actuelles seront à sec dans moins d'un siècle, estiment les experts de l'Energy Watch Group. Et encore, c'est une prévision optimiste, tant la demande augmente chaque jour, amenant les pays producteurs à exploiter des gisements jugés peu rentables autrefois ; cependant, les quantités exploitables peuvent être multipliées par un facteur de l'ordre de 40 grâce à la surgénération, qui permet de recycler aussi bien l'uranium appauvri que les actinides produits.

I. Présence de l'uranium dans le globe terrestre

L'uranium a quatre valences possibles, les valences 4 et 6 étant les plus répandues dans les minerais ; les conditions de passage de la valence 4 à la valence 6 dépendent du potentiel d'oxydoréduction du milieu, elles sont voisines des conditions de passage du fer ferreux au fer ferrique. L'uranium hexa valent est beaucoup plus soluble que l'uranium tétravalent ; il forme des complexes, les plus fréquents étant les uranylcarbonates et les uranylsulfates. Dans la lithosphère, la teneur moyenne en uranium est de 3 à 4 parties par million (p.p.m.), mais l'éventail est très large selon les matériaux[6].

En dehors des minéraux d'uranium proprement dits, l'uranium se rencontre dans les minéraux majeurs ou accessoires sous forme d'inclusions ou d'additions isomorphiques, avec des teneurs en uranium de l'ordre de la fraction à la dizaine de p.p.m. pour les minéraux majeurs, et de l'ordre de la dizaine à la dizaine de milliers de p.p.m. pour les minéraux accessoires.

C'est dans les roches magmatiques acides que les teneurs en p.p.m. d'uranium sont les plus élevées : de 1 à 6 dans les granites et dans les syénites, de 2 à 7 dans les rhyolites et dans les trachytes, de 0,2 à 2 dans les gabbros et dans les diorites, de 0,2 à 4 dans les basaltes et dans les andésites, de 0,001 à 0,03 dans les roches ultrabasiques, de 0,1 à 30 dans les roches alcalines.

---

[6] *Marcel Roubault - Géologie de l'uranium,* Édition Paris Masson,1958, p 178.

L'altération des sources primaires d'uranium a pour effet de le libérer sous forme hexavalente stable en solution aqueuse ; après un déplacement plus ou moins grand, il est susceptible de se déposer avec certains sédiments et de se fixer épi génétiquement sous des formes qui dépendent des conditions chimiques du milieu, dans tous les types de roches, y compris les formations sédimentaires non consolidées. Les teneurs en p.p.m. d'uranium y sont de l'ordre de 1 à 13 dans les schistes, de 1 à 80 dans les schistes carburés, de 3 à 27 dans les bauxites, de 0,1 à 9 dans les carbonates, de 1 à 350 dans les phosphates.

L'uranium, présent dans les roches ignées avec la valence 4, tend à se concentrer fortement dans les magmas résiduels où il se fixe, comme Th, dans les minéraux accessoires (apatite, zircon, saphène, allanite), et peut former ses propres minéraux.

Le protactinium, le 231 Pa et le 234 Pa, existent dans la nature associée à la géochimie de l'uranium ; l'isotope de masse 231, émetteur α de demi-vie T1/2 = 32 760 ans, appartient à la famille radioactive 4n + 3 engendrée par l'uranium 235 et se trouve en quantité pondérable dans les minerais d'uranium.

Le polonium 210 est présent dans les minerais uranifères en équilibre radioactif à la concentration de $7{,}6 \times 10^{-11}$ grammes par gramme d'uranium. Son abondance dans l'écorce terrestre peut donc être évaluée à environ 10^{-13} p. 100. Sa période est assez longue pour que des traces puissent être extraites directement des minerais.

L'uraninite est le principal minerai d'uranium et de radium et doit son nom au premier de ces métaux. C'est un dioxyde d'uranium qui dans la nature est plus ou moins oxydé, ce qui fait que sa composition varie entre deux pôles : UO_2 et UO_3. Le trioxyde serait dû, en partie, à une auto oxydation.

II. Gisement d'uranium en Afrique

L'uranium de la bombe lancée sur Hiroshima provenait d'Afrique. À l'âge de l'équilibre de la terreur, pendant la guerre froide, Congo, Gabon, Madagascar, Niger, Afrique du Sud et Namibie ont fourni chaque année entre 20 et 50 % de l'uranium importé en Occident. Le gisement d'uranium d'Oklo, au Gabon, présente une particularité unique au monde : véritable curiosité géologique, il est constitué d'une quinzaine de réacteurs nucléaires naturels qui fonctionnent sur un principe équivalent de ceux qui sont réalisés par l'homme pour la production d'électricité[7].

C'est au sein des zones minéralisées en uranium qu'a été découverte en 1989 la pile nucléaire naturelle d'Oklo.

Le Niger possède des gisements importants d'uranium découverts à Arlit dans l'Aïr, dont l'exploitation a débuté depuis 1971, et à Hamani Diori qui a obtenu une stature internationale ; une grande variété d'autres minerais économiquement importants ont été trouvés dans l'Hoggar, l'Aïr, le Tibesti et les Eglab.

Le port en eau profonde est utilisé par la marine sud-africaine, qui exporte depuis 1976 l'uranium extrait dans l'une des plus grandes mines du monde, située à Rössing, 80 kilomètres au nord-est de Walvis Bay. Après son indépendance, la Namibie s'est développée en partie grâce à l'exploitation des gisements d'uranium présents dans son sol. Des gisements plus ou moins importants de manganèse et d'uranium existent au sud de Béchar en Mauritanie. En Algérie, l'uranium est un minerai qu'on retrouve dans son sol du Sahara.

Quelques gisements de minerais radioactifs sont observés dans plusieurs autres pays africains comme le Malawi, le Cameroun, la RCA, le Tchad, la RDC, la Somalie, le Zimbabwe, le Botswana, l'Égypte, le Mali, la Tanzanie, la Zambie, etc. Le groupe international français AREVA exploite les mines d'uranium présentes sur le sol du Niger. Les Sud-africains ont progressivement racheté des parts des sociétés à capitaux européens jusqu'à contrôler entièrement l'exploitation de la mine de Rössing près de Walvis Bay.

---

[7] Gabrielle Hecht ; *Uranium africain, une histoire globale*, Le Seuil, 2016, pp. 181-187.

Tableau 02 : Ressources mondiales d'uranium récupérables en 2005.

Items	**PAYS**	**Ressources mondiales d'uranium récupérables 2005**				**Ressources totales 2005**
		<40 USD/kg d'U	**<80 USD/kg d'U**	**<130 USD/kg d'U**	**<260 USD/kg d'U**	
1	**Afrique du Sud**	143 149	248 752	340 596	n.d.	732 497
2	**Algérie**	0	19 500	19 500	n.d.	39 000
3	**Allemagne**	0	0	7000	n.d.	7000
4	**Argentine**	7640	7740	15 640	n.d.	31 020
5	**Australie**	1 044 000	1 074 000	1 143 000	n.d.	3 261 000
6	**Botswana**	0	0	0	n.d.	0
7	**Belgique**					
8	**Brésil**	139 900	231 300	278 700	n.d.	649 900
9	**Bulgarie**	3315	12 170	12 170	n.d.	27 655
10	**Canada**	371 800	443 800	443 800	n.d.	1 259 400
11	**Chili**	0	0	1448	n.d.	1448
12	**Chine**	31 681	59 723	59 723	n.d.	151 127
13	**Congo, Rép. démocratique**	0	2625	2625	n.d.	5250
14	**Danemark**	0	0	32 250	n.d.	32 250
15	**Égypte**	0	0	0	n.d.	0
16	**Espagne**	0	2460	11 305	n.d.	13 765
17	**États-Unis**	0	102 000	342 000	n.d.	444 000
18	**Finlande**	0	0	1 125	n.d.	1125
19	**France**	0	0	11 740	n.d.	11 740
20	**Gabon**	0	0	5 830	n.d.	5830
21	**Grèce**	1000	7 000	7 000	n.d.	15 000

22	**Groenland**	0	0	0	n.d.	0
23	**Hongrie**	0	0	0	n.d.	0
24	**Inde**	0	0	64 840	n.d.	64840
25	**Indonésie**	0	318	5 777	n.d.	6095
26	**Iran, République islamique**	0	0	1 500	n.d.	1500
27	**Italie**	0	4 800	6 100	n.d.	10900
28	**Japon**	0	0	6 600	n.d.	6600
29	**Jordanie**	78 975	78 975	78 975	n.d.	236925
30	**Kazakhstan**	408 092	606 658	816 099	n.d.	1830849
31	**Madagascar**	0	0	0	n.d.	0
32	**Malawi**	0	8 775	8 775	n.d.	17550
33	**Mali**	0	0	0	n.d.	0
34	**Mauritanie**	0	0	0	n.d.	0
35	**Mexique**	0	0	1 800	n.d.	1800
36	**Mongolie**	16 200	61 950	61 950	n.d.	140 100
37	**Namibie**	123 378	237 598	282 359	n.d.	643335
38	**Niger**	172 866	225 459	225 459	n.d.	623 784
39	**Ouzbékistan**	90 764	90 764	115 526	n.d.	297054
40	**Pakistan**	0	0	0	n.d.	0
41	**Pérou**	0	2 482	2 482	n.d.	4964
42	**Pologne**	0	0	0	n.d.	0
43	**Portugal**	0	7 200	8 200	n.d.	15 400
44	**République centrafricaine**	0	6 000	12 000	n.d.	18 000

45	**République tchèque**	0	570	570	n.d.	1140
46	**Roumanie**	0	0	6 753	n.d.	6753
47	**Russie, Fédération**	79 102	172 402	172 402	n.d.	423 906
48	**Slovaquie**	0	0	0	n.d.	0
49	**Slovénie**	0	3 960	6 710	n.d.	10 670
50	**Somalie**	0	0	7 500	n.d.	7500
51	**Suède**	0	0	10 000	n.d.	10 000
52	**Tanzanie**	0	0	0	n.d.	0
53	**Tchad**	0	0	0	n.d.	0
54	**Thaïlande**	0	0	8	n.d.	8
55	**Turquie**	0	7 394	7 394	n.d.	14 788
56	**Ukraine**	34 518	75 838	89 836	n.d.	200 192
57	**Viêt Nam**	0	818	6 436	n.d.	7254
58	**Zambie**	0	0	0	n.d.	0
59	**Zimbabwe**	0	1 350	1 350	n.d.	2700
Totales ressources mondiales classiques		**2 746 380**	**3 804 381**	**4 742 853**	**n.d.**	**11 293 614**
Parts de l'Afrique dans le total des ressources mondiales classiques		**439 393**	**750 059**	**905 994**	**n.d.**	**2 095 446**
% des parts de l'Afrique dans les ressources mondiales classiques		**16 %**	**19,72 %**	**19,10 %**	**n.d.**	**18,55 %**

Sources *: OCDE-AEN-AIEA, Livres rouges*

Tableau 03 : Ressources mondiales d'uranium récupérables en 2015.

Items	PAYS	Ressources mondiales d'uranium récupérables 2015				Ressources totales 2015
		<40 USD/kg d'U	<80 USD/kg d'U	<130 USD/kg d'U	<260 USD/kg d'U	
1	**Afrique du Sud**	0	299 600	322 400	449 300	1 071 300
2	**Algérie**	0	0	0	19 500	19 500
3	**Allemagne**	0	0	0	7000	7000
4	**Argentine**	2400	9100	18 500	19 600	49 600
5	**Australie**	0	0	1 664 100	1 780 800	3 444 900
6	**Botswana**	0	0	73 500	73 500	147 000
7	**Belgique**					
8	**Brésil**	138 100	229 400	276 800	276 800	921 100
9	**Bulgarie**	0	0	0	0	0
10	**Canada**	251 200	321 900	509 000	703 600	1 785 700
11	**Chili**	0	0	0	1500	1500
12	**Chine**	98 900	206 200	272 500	272 500	850 100
13	**Congo, Rép. démocratique**	0	0	0	2700	2700
14	**Danemark**	0	0	0	0	0
15	**Égypte**	0	0	0	1900	1900
16	**Espagne**	0	0	0	33 900	33 900
17	**États-Unis**	0	17 400	62 900	138 200	218 500
18	**Finlande**	0	0	1200	1200	2400
19	**France**	0	0	0	0	0
20	**Gabon**	0	0	4800	5800	10 600
21	**Grèce**	0	0	0	7000	7000
22	**Groenland**	0	0	0	227 900	227 900
23	**Hongrie**	0	0	0	13 500	13 500

Items	PAYS	Ressources mondiales d’uranium récupérables 2015				Ressources totales 2015
		<40 USD/kg d’U	<80 USD/kg d’U	<130 USD/kg d’U	<260 USD/kg d’U	
24	**Inde**	0	0	0	138 700	138 700
25	**Indonésie**	0	1500	7200	7200	15 900
26	**Iran, République islamique**	0	0	3900	3900	7800
27	**Italie**	0	6100	6100	6100	18 300
28	**Japon**	0	0	6600	6600	13 200
29	**Jordanie**	0	0	47 700	47 700	95 400
30	**Kazakhstan**	97 500	667 200	745 300	941 600	2 451 600
31	**Madagascar**	0	0	0	0	0
32	**Malawi**	0	0	6200	14 300	20 500
33	**Mali**	0	0	13 000	13 000	26 000
34	**Mauritanie**	0	0	16 400	23 800	40 200
35	**Mexique**	600	1800	2700	3400	8500
36	**Mongolie**	0	141 500	141 500	141 500	424 500
37	**Namibie**	0	0	267 100	463 000	730 100
38	**Niger**	0	17 700	291 500	411 300	720 500
39	**Ouzbékistan**	58 200	58 200	130 100	130 100	376 600
40	**Pakistan**	0	0	0	0	0
41	**Pérou**	0	33 400	33 400	33 400	100 200
42	**Pologne**	0	0	0	0	0
43	**Portugal**	0	5500	7000	7000	19 500
44	**République centrafricaine**	0	0	32 000	32 000	64 000
45	**République tchèque**	0	0	1300	119 300	120 600

Items	PAYS	Ressources mondiales d'uranium récupérables 2015				Ressources totales 2015
		<40 USD/kg d'U	<80 USD/kg d'U	<130 USD/kg d'U	<260 USD/kg d'U	
46	**Roumanie**	0	0	6600	6600	13 200
47	**Russie, Fédération**	0	47 700	507 800	695 200	1 250 700
48	**Slovaquie**	0	12 700	12 500	12 500	37 700
49	**Slovénie**	0	5500	9200	9200	23 900
50	**Somalie**	0	0	0	7600	7600
51	**Suède**	0	0	9600	9600	19 200
52	**Tanzanie**	0	46 800	58 100	58 100	163 000
53	**Tchad**	0	0	0	2400	2400
54	**Thaïlande**	0	0	0	0	0
55	**Turquie**	0	6600	6600	6600	19 800
56	**Ukraine**	0	58 900	115 800	220 700	395 400
57	**Viêt Nam**	0	0	0	3900	3900
58	**Zambie**	0	0	24 600	24 600	49 200
59	**Zimbabwe**	0	0	0	1400	1400
Totales ressources mondiales classiques		**646 900**	**2 194 700**	**5 715 500**	**7 638 500**	**16 195 600**
Parts de l'Afrique dans le total des ressources mondiales classiques		**0**	**364 100**	**1 109 600**	**1 604 200**	**3 077 900**
% des parts de l'Afrique dans les ressources mondiales classiques		**0,00 %**	**16,59 %**	**19,41 %**	**21,00 %**	**19,00 %**

Sources : *OCDE-AEN-AIEA, Livres rouges*

Tableau 04 : Ressources mondiales futures identifiées d'uranium.

Items	Pays	Projet/Dépôt	RRA et ressources présumées (milliers de tonnes d'uranium)
1	Bulgaria	ISL mineable deposits	790
2	Cameroon	Poli	1 310
		Lolodorf	1 100
3	Columbia	Berlin	820
4	Egypt	Gabal Gutter	200
		Abu Zenima	10
5	Guinea	Firawa	750
6	Guyana	Kurupung	620
7	Paraguay	Yuty	430
8	Peru	Kihitian	1 120
		Triunfador	120
Total des ressources futures identifiées d'U			**7 270**
Parts de l'Afrique dans le total des ressources futures identifiées d'uranium			**3 370**

***Sources :** OCDE-AEN-AIEA, Livres rouges*

Les réserves prouvées réunies de toute l'Afrique représentaient en 2005 près de 18,55 % de la réserve mondiale, en 2015 elles ont représenté près de 19,00 % de la réserve mondiale, soit deuxième derrière l'Australie, 31 % de la réserve mondiale.

III. La question du développement de l'industrie nucléaire civile

Tout a commencé en 1957 au Royaume-Uni avec la mise en service du premier réacteur nucléaire civile à Calder Hall d'une puissance installée de 50 mégawatts électriques (MWe) lors de sa première année d'exploitation ; depuis ce départ, l'industrie nucléaire a connu un progrès considérable : les puissances installées dans les centrales nucléaires ont augmenté à un rythme annuel moyen d'environ 20 % entre 1956 et 2003, et tout ceci s'est opéré en trois étapes.

Dans un premier temps, les puissances électronucléaires installées ont progressé d'environ 55 % par an entre 1957 et 1973 ; ensuite entre 1973 et 1990 le rythme de croissance n'était que de 13 % par an ; puis entre 1990 et 2003, la croissance annuelle moyenne était inférieure à 1 %. Dans les trois grandes périodes de la première histoire des puissances nucléaires installées, on distingue : la période de croissance initiale (1957 à 1973), une période de fort développement (1973 à 1990) et une période de croissance lente (1990 à 2003).

Pendant la période de croissance initiale, les puissances nucléaires ont augmenté de 2 400 MWe en moyenne par an, et le nombre des réacteurs en service est passé de 02 en 1957 à 109 en 1973 ; entre 1973 et 1990, les puissances installées ont augmenté à un rythme annuel moyen de 16 060MWe et l'on est passé de 109 réacteurs en service en 1973 à 413 en 1990 ; pendant la période de croissance lente, la puissance installée n'a progressé en moyenne que de 2 315 MWe par an, durant cette étape 59 réacteurs ont été construits et 50 autres fermés, ce qui donne neuf réacteurs supplémentaires pour la période 1990-2003. Il faut noter que les premières fermetures des réacteurs nucléaires sont intervenues en 1968 et les arrêts se sont poursuivis par intermittence jusqu'en 2003, néanmoins les rapports entre les nouveaux réacteurs construits et mis en service et ceux arrêtés puis mis hors service sont le plus souvent positifs.

Ainsi, de 435 réacteurs en service pour une puissance installée supérieure à 359 400MWe assurant 16 % de la production l'électricité mondiale en 2003 ; on est passé au 1er janvier 2005 à près de 440 réacteurs nucléaires en service dans 30 pays avec 27 réacteurs en construction (19,3 GWe nets). Entre 2003 et 2004, 07 réacteurs ont été couplés au réseau (6,4 GWe nets) et 11 ont été définitivement arrêtés (2,4 GWe nets) ; ces centrales ont assuré une production d'électricité s'élevant à environ 2 524 TWh en 2003 et à environ 2 638 TWh en 2004 ; par ailleurs, les besoins mondiaux en uranium s'élevaient à environ 67 320 t d'U en 2004.

De même au 1er janvier 2015, un total de 437 réacteurs nucléaires commerciaux ont été reliés au réseau d'électricité dans 30 pays et 70 réacteurs étaient en construction (68.5 GWe). Entre 2013 et 2014, 10 réacteurs ont été reliés au réseau puis sept fermés en permanence ; la flotte globale des réacteurs nucléaires a produit une puissance de 2 262 TWh d'électricité en 2013, puis 2 432 TWh en 2014.

Tableau 05 : Puissances nucléaires mondiales identifiées en 2005.

Items	PAYS	Puissances nucléaires mondiales en 2005						
		Réacteurs en exploitation	**Puissance nucléaire installée (GWe net)**	**Besoins en uranium 2004 (t d'U)**	**Réacteurs en construction**	**Réacteurs mis en service en 2003 et 2004**	**Réacteurs arrêtés en 2003 et 2004**	**Réacteurs utilisant du MOX**
1	Afrique du Sud	2	1,8	280	0	0	0	0
2	Allemagne	18	20,6	3 000	0	0	1	9
3	Argentine	2	0,94	120	1	0	0	0
4	Arménie	1	0,38	90	0	0	0	0
5	Belarus	0	0	0	0	0	0	0
6	Belgique	7	5,8	1 125	0	0	0	1
7	Brésil	2	1,9	450	0	0	0	0
8	Bulgarie	4	2,72	840	0	0	0	0
9	Canada	17	12	1 700	0	0	0	0
10	Chine	9	6,7	1 260	2	2	0	0
11	Corée du Sud, Rép	19	16,72	3 200	1	1	0	0
12	Émirats Arabes Unis	0	0	0	0	0	0	0
13	Espagne	9	7,6	2 040	0	0	0	0
14	États-Unis	104	99,7	24 145	0	0	0	0
15	Finlande	4	2,68	535	0	0	0	0
16	France	59	63,3	7 185	0	0	0	20
17	Hongrie	4	1,8	370	0	0	0	0
18	Inde	14	2,55	240	9	0	0	3
19	Iran, Rép. islamique	0	0	0	1	0	0	0
20	Japon	54	43,91	7 140	3	1	1	0
21	Lituanie	1	2,76	315	0	0	1	0
22	Mexique	2	1,4	180	0	0	0	0
23	Pakistan	2	0,43	65	0	0	0	0
24	Pays-Bas	1	0,45	65	0	0	0	0
25	République slovaque	6	2,46	500	0	0	0	0
26	République tchèque	6	3,51	600	0	0	0	0
27	Roumanie	1	0,66	100	1	0	0	0
28	Royaume-Uni	23	11,9	1 910	0	0	8	0
29	Russie, Fédération	31	23,24	4 740	4	1	0	n.d.
30	Slovénie	1	0,68	160	0	0	0	0
31	Suède	11	9,4	1 600	0	0	0	0
32	Suisse	5	3,22	315	0	0	0	2
33	Ukraine	15	13,1	2 220	2	2	0	0
TOTAL		**434**	**364,31**	**66 490**	**24**	**7**	**11**	**35**

Sources *: OCDE-AEN-AIEA, Livres rouges*

Tableau 06 : Puissances nucléaires mondiales identifiées en 2015.

Items	PAYS	Puissances nucléaires mondiales en 2014						
		Réacteurs en exploitation	**Puissance nucléaire installée (GWe net)**	**Besoins en uranium 2014 (t d'U)**	**Réacteurs en construction**	**Réacteurs mis en service en 2013 et 2014**	**Réacteurs arrêtés en 2013 et 2014**	**Réacteurs utilisant du MOX**
1	Afrique du Sud	2	1,8	290	0	0	0	0
2	Allemagne	9	12	2 000	0	0	0	6
3	Argentine	2	0,9	120	1	1	0	0
4	Arménie	1	0,4	65	0	0	0	0
5	Belarus	0	0	0	2	0	0	0
6	Belgique	7	5,9	870	0	0	0	0
7	Brésil	2	1,9	400	1	0	0	0
8	Bulgarie	2	1,9	300	0	0	0	0
9	Canada	19	13,4	1 800	0	0	0	0
10	Chine	23	20,3	4 200	26	6	0	0
11	Corée du Sud, Rép	23	20,7	4 200	5	0	0	0
12	Émirats Arabes Unis	0	0	0	3	0	0	0
13	Espagne	8	7,5	1 120	0	0	0	0
14	États-Unis	99	97,9	18 575	5	0	5	0
15	Finlande	4	2,8	425	1	0	0	0
16	France	58	63,2	8 000	1	0	0	22
17	Hongrie	4	1,9	215	0	0	0	0
18	Inde	21	5,3	850	6	1	0	1
19	Iran, Rép. islamique	1	0,9	160	0	0	0	0
20	Japon	48	42,4	370	2	0	2	n.d.
21	Lituanie	0	0	0	0	0	0	0
22	Mexique	2	1,4	190	0	0	0	0
23	Pakistan	3	0,7	110	2	0	0	0
24	Pays-Bas	1	0,5	60	0	0	0	1
25	République slovaque	4	1,8	360	2	0	0	0
26	République tchèque	6	3,9	680	0	0	0	0
27	Roumanie	2	1,3	210	0	0	0	0
28	Royaume-Uni	16	9,2	1 500	0	0	0	0
29	Russie, Fédération	33	25,2	4 400	9	1	0	0
30	Slovénie	1	0,7	150	0	0	0	0
31	Suède	10	9,5	1 430	0	0	0	0
32	Suisse	5	3,3	250	0	0	0	0
33	Ukraine	15	13,8	2 480	2	0	0	0
TOTAL		**431**	**372,4**	**55 780**	**68**	**9**	**7**	**30**

Sources *: OCDE-AEN-AIEA, Livres rouges*

La production mondiale commence son expansion après 1945 et atteint les 10 000 tonnes dès 1953, 50 000 tonnes en 1958, puis décroît jusqu'à 30 000 tonnes en 1965, remonte jusqu'à un plafond de 65 000 tonnes en 1980, redescend jusqu'à 30 000 tonnes dans les années 1990 et remonte dans les années 2000.

Pendant les années 2012, 2013 et 2014, l'uranium a été produit dans 21 pays différents ; on note le premier groupe des producteurs (≥ 5000 tonnes d'uranium) constitué du Kazakhstan, du Canada et de l'Australie ; ici, le Kazakhstan dépasse la somme du Canada et de l'Australie.

Le deuxième groupe des producteurs (1000≤5000 tonnes d'uranium) est constitué du Niger, de la Namibie, de l'Ouzbékistan, de la Russie, des États-Unis et de la Chine.

Le troisième groupe des producteurs (100≤999 tonnes d'uranium) est constitué de l'Ukraine, de l'Afrique du Sud, de l'Inde, du Malawi, de la République tchèque.

Le quatrième groupe des producteurs (10≤99 tonnes d'uranium) est constitué de la Roumanie, du Brésil, du Pakistan, de l'Allemagne, de la République islamique d'Iran.

Le cinquième groupe des producteurs (1≤9 tonnes d'uranium) est constitué de la France, de la Hongrie.

Le Kazakhstan avec 22 781 t U en 2014 et 23 800 t U en 2015 demeure le plus gros producteur mondial d'uranium de ces dernières années ; le Canada et l'Australie représentent respectivement le deuxième et le troisième producteur mondial d'uranium.

Tableau 07 : Évolution des productions mondiales d'uranium entre 2002 et 2004 (tonnes d'U).

Items	Pays	Avt 2002	2 002	2 003	2 004
1	**Afrique du Sud**	156 027	828	763	747
2	**Algérie**	0	0	0	0
3	**Allemagne**	218 868	221	150	77
4	**Argentine**	2 631	0	0	0
5	**Australie**	98 877	6 854	7 573	8 982
6	**Botswana**	0	0	0	0
7	**Belgique**	680	0	0	0
8	**Brésil**	1 143	272	230	300
9	**Bulgarie**	16 735	0	0	0
10	**Canada**	352 486	11 607	10 455	11 597
11	**Chili**	0	0	0	0
12	**Chine**	26 229	730	730	730
13	**Congo, Rép. démocratique**	25 600	0	0	0
14	**Danemark**	0	0	0	0
15	**Égypte**	0	0	0	0
16	**Espagne**	6 119	37	0	0
17	**États-Unis**	354 814	902	769	878
18	**Finlande**	30	0	0	0
19	**France**	75 938	18	9	6
20	**Gabon**	25 403	0	0	0
21	**Grèce**	0	0	0	0
22	**Groenland**	0	0	0	0
23	**Hongrie**	21 066	10	4	4
24	**Inde**	7 503	230	230	230
25	**Indonésie**	0	0	0	0
26	**Iran, République islamique**	0	0	0	0
27	**Italie**	0	0	0	0
28	**Japon**	84	0	0	0
29	**Jordanie**	0	0	0	0
30	**Kazakhstan**	18 486	2 826	3 327	3 719
31	**Madagascar**	785	0	0	0
32	**Malawi**	0	0	0	0
33	**Mali**	0	0	0	0
34	**Mauritanie**	0	0	0	0
35	**Mexique**	49	0	0	0
36	**Mongolie**	535	0	0	0
37	**Namibie**	74 424	2 333	2 037	3 039
38	**Niger**	84 949	3 080	3 157	3 245
39	**Ouzbékistan**	20 220	1 859	1 603	2 087
40	**Pakistan**	853	38	40	40
41	**Pérou**	0	0	0	0
42	**Pologne**	660	0	0	0

43	**Portugal**	3 680	0	0	0
44	**République centrafricaine**	0	0	0	0
45	**République tchèque**	107 732	465	452	412
46	**Roumanie**	17 809	90	90	90
47	**Russie, Fédération**	26 213	2 850	3 073	3 280
48	**Slovaquie**	0	0	0	0
49	**Slovénie**	0	0	0	0
50	**Somalie**	0	0	0	0
51	**Suède**	91	0	0	0
52	**Tanzanie**	0	0	0	0
53	**Tchad**	0	0	0	0
54	**Thaïlande**	0	0	0	0
55	**Turquie**	0	0	0	0
56	**Ukraine**	8 300	800	800	800
57	**URSS**	0	0	0	0
58	**Viêt Nam**	0	0	0	0
59	**Zambie**	102	0	0	0
60	**Zimbabwe**	0	0	0	0
Total des productions mondiales d'U		**1 755 121**	**36 050**	**35 492**	**40 263**
Parts de l'Afrique dans le total des productions mondiales d'uranium		**367 290**	**6 241**	**5 957**	**7 031**
% des parts de l'Afrique dans les productions mondiales d'uranium		**20,93 %**	**17,31 %**	**16,78 %**	**17,46 %**

Sources *: OCDE-AEN-AIEA, Livres rouges*

Tableau 08 : Évolution des productions mondiales d'uranium entre 2012 et 2014 (tonnes d'U).

Items	Pays	Avt 2012	2 012	2 013	2 014
1	**Afrique du Sud**	157 946	467	531	566
2	**Algérie**	0	0	0	0
3	**Allemagne**	219 576	50	27	33
4	**Argentine**	2 582	0	0	0
5	**Australie**	176 230	7 009	6 432	4 976
6	**Botswana**	0	0	0	0
7	**Belgique**	686	0	0	0
8	**Brésil**	3 599	326	192	55
9	**Bulgarie**	16 364	0	0	0
10	**Canada**	456 491	8 998	9 332	9 136
11	**Chili**	0	0	0	0
12	**Chine**	35 349	1 450	1 500	1 550
13	**Congo, Rép. démocratique**	25 600	0	0	0
14	**Danemark**	0	0	0	0
15	**Égypte**	0	0	0	0
16	**Espagne**	5 028	0	0	0
17	**États-Unis**	367 807	1 667	1 792	1 881
18	**Finlande**	30	0	0	0
19	**France**	75 995	3	5	3
20	**Gabon**	25 403	0	0	0
21	**Grèce**	0	0	0	0
22	**Groenland**	0	0	0	0
23	**Hongrie**	21 061	1	3	2
24	**Inde**	10 243	385	385	385
25	**Indonésie**	0	0	0	0
26	**Iran, République islamique**	23	24	8	11
27	**Italie**	0	0	0	0
28	**Japon**	84	0	0	0
29	**Jordanie**	0	0	0	0
30	**Kazakhstan**	178 173	21 240	22 513	22 781
31	**Madagascar**	785	0	0	0
32	**Malawi**	1 613	1 103	1 132	369
33	**Mali**	0	0	0	0
34	**Mauritanie**	0	0	0	0
35	**Mexique**	49	0	0	0
36	**Mongolie**	535	0	0	0
37	**Namibie**	108 670	4 239	4 264	3 246
38	**Niger**	118 610	4 822	4 528	4 057
39	**Ouzbékistan**	120 391	2 400	2 400	2 700
40	**Pakistan**	1 304	45	45	45
41	**Pérou**	0	0	0	0

42	**Pologne**	650	0	0	0
43	**Portugal**	3 720	0	0	0
44	**République centrafricaine**	0	0	0	0
45	**République tchèque**	111 168	228	215	154
46	**Roumanie**	18 659	80	80	80
47	**Russie, Fédération**	149 856	2 862	3 135	2 991
48	**Slovaquie**	211	0	0	0
49	**Slovénie**	382	0	0	0
50	**Somalie**	0	0	0	0
51	**Suède**	200	0	0	0
52	**Tanzanie**	0	0	0	0
53	**Tchad**	0	0	0	0
54	**Thaïlande**	0	0	0	0
55	**Turquie**	0	0	0	0
56	**Ukraine**	126 912	1 012	926	954
57	**URSS**	102 886	0	0	0
58	**Viêt Nam**	0	0	0	0
59	**Zambie**	86	0	0	0
60	**Zimbabwe**	0	0	0	0
Total des productions mondiales d'U		**2 644 957**	**58 411**	**59 445**	**55 975**
Parts de l'Afrique dans le total des productions mondiales d'uranium		**438 713**	**10 631**	**10 455**	**8 238**
% des parts de l'Afrique dans les productions mondiales d'uranium		**16,59 %**	**18,20 %**	**17,59 %**	**14,72 %**

Sources *: OCDE-AEN-AIEA, Livres rouges*

Selon les Projections réalisées par l'OCDE-AEN-AIEA à travers ses livres rouges, la puissance électronucléaire installée devrait s'accroître, passant d'environ 377 GWe nets en 2015 à environ 418 GWe nets voir 683 GWe nets d'ici à 2035. Représentant une croissance de près de 11 % à environ 81 % par rapport à la puissance installée depuis 2015.

C'est la région de l'Asie de l'Est qui devrait, d'après ces projections, connaître la plus forte croissance ; d'ici à 2035, le parc nucléaire de cette région s'enrichira de nouveaux réacteurs représentant une puissance de l'ordre de 48 à 166 GWe ; tandis qu'en Europe centrale, orientale et du Sud-est, la puissance nucléaire installée progresse considérablement, la nouvelle puissance additive installée prévue atteindra entre 21 à 45 GWe d'ici à 2035. Puis, parmi les autres régions susceptibles de connaître une croissance de l'électronucléaire, figurent le Moyen-Orient, l'Asie méridionale, l'Amérique centrale et du Sud, l'Afrique et l'Asie du Sud-est. Quant à l'Amérique du Nord, l'accroissement de la puissance nucléaire installée projeté d'ici à 2035 varie d'environ 11 % seulement. Toutefois, ce n'est qu'en Europe occidentale que la puissance nucléaire installée est en train de décroître notablement à mesure que les plans annoncés de sortie progressive du nucléaire sont mis en œuvre en Allemagne, en Belgique, Espagne et en Suède, malgré les nouvelles tranches en cours de construction ou programmées en Finlande et en France. Il est prévu dans cette région des baisses de puissance installée d'environ 7 % à 14 % d'ici à 2035.

Les projections des puissances nucléaires installées indiquent naturellement que les besoins mondiaux en uranium des réacteurs d'ici à 2035 devraient s'accroître pour atteindre entre 66 995 t d'U à 104 740 t d'U, soit des hausses représentant entre 18 % et 85 % par rapport à 2014. La demande d'uranium dépendra toujours en majorité du rapport des réacteurs nucléaires installés, et surtout de la variation entre le nombre des réacteurs en construction et celui des réacteurs définitivement mis en arrêt de fonctionnement. C'est pourquoi cette demande est fondamentalement régie par le nombre de réacteurs nucléaires en exploitation, lequel, en dernier ressort, est régi par la demande d'électricité.

Le Niger a produit 4 057 tU en 2014, c'est-à-dire un peu plus que la Namibie qui était à 3 246 tU ; les cinq plus grands pays producteurs de l'uranium entre 2014 et 2018 sont le Kazakhstan, le Canada, l'Australie, le Niger et la Namibie. Ces cinq états représentent 80 % de la production mondiale ; le Kazakhstan (41 %), le Canada (17 %), Australie (9 %), Niger (7 %), Namibie (6 %).

En ajoutant la Russie (5 %), l'Ouzbékistan (5 %), la Chine (3 %), les États-Unis (3 %), le Malawi (1 %) et l'Ukraine (1 %), on observe que 11 états sur 21 produisent près de 97 % de la production mondiale ces dernières années. Une production qui est passée de 0,1 %, soit de 58 411 tU en 2012 à 59 445 tU en 2013. Elle a baissé en 2014 à 55 975 tU, une baisse de 6 % par rapport à 2013, elle s'est observée dans la production des pays comme l'Australie, le Canada, le Brésil, le Malawi, la Namibie et le Niger ; en 2015 cette production mondiale est légèrement remontée à 60 000 tU.

En 2001, le Canada est demeuré au premier rang des producteurs d'uranium, avec une production annuelle évaluée à environ 600 millions de dollars, a atteint le niveau record de 12 522 tonnes d'uranium métallique. Au Canada, les ressources récupérables connues ont totalisé 452 000 tonnes en 2002 ; à l'avenir, ce pays demeurera dans le peloton de tête, car 85 % de ses ressources sont exploitables à coût modique. De plus en plus aujourd'hui, la demande d'uranium a augmenté en raison de la demande en Asie, de l'amélioration de l'exploitation des centrales à travers le monde et du prolongement de la durée d'exploitation des réacteurs.

Le Canada produit entre 17 % et 30 % de l'uranium mondial et exporte 80 % de sa production ; pour suivre le rythme, il accélère la production dans les mines existantes, met en valeur des gisements plus petits et déjà connus et prospecte de nouveaux gisements. Rassemblant la moitié des réserves et de la production d'uranium du monde, l'Australie et le Canada reconnaissent que l'énergie nucléaire peut aider à relever le défi posé par les changements climatiques.

Toutes les mines d'uranium exploitées au Canada sont situées au Saskatchewan. La mine de Mc Arthur River y a des teneurs de 19 à 25 %, elle renferme plus de 150 000 tonnes d'uranium titrant en moyenne 18 % ; elle est à 550 mètres sous terre, perdue dans les forêts du nord-ouest, et l'on y accède par avion charter et une heure de piste. C'est la plus importante mine d'uranium à haute teneur au monde et sa pureté est de 21 % d'uranium, soit 100 fois la teneur moyenne mondiale, avec certains morceaux qui dépassent 60 % de pureté.

Cigar Lake, un autre gisement, renferme 135 000 tonnes d'uranium pur (soit environ 90 000 tonnes titrant en moyenne 15 % d'uranium), dans un bloc de 50 mètres sur 300, à 500 m de profondeur. Mais une inondation y est survenue en 2006 qui a poussé à la hausse les valeurs marchandes mondiales ; le coût de l'accident est estimé à un milliard de dollars, et les réparations ont pris des années.

La société Cameco, dont le siège est à Saskatoon, est le plus important producteur d'uranium au monde ; les actions de Cameco se négocient aux bourses de Toronto et de New York. L'entreprise a procédé à la remise en état de la mine de Cigar Lake à la suite d'une venue d'eau le 23 octobre 2006 qui a inondé les ouvrages souterrains ; cet événement aurait été l'une des causes de l'envolée des prix de l'uranium en 2007.

La première étape comportait le forage de trous jusqu'à la venue d'eau, le pompage de béton par les trous de forage, l'étanchéité de la zone d'infiltration et le forage de trous d'évacuation de l'eau. Les étapes ultérieures comportaient l'évacuation de l'eau, la congélation du sol dans le secteur de l'infiltration d'eau, la remise en état des secteurs souterrains et la reprise du développement minier.

En 2008, la mine a subi une nouvelle inondation, alors même qu'elle était en cours d'assèchement ; ce n'est qu'en 2010 que les travaux pour aménager la mine ont pu reprendre. Ainsi, l'ouverture de l'exploitation de la mine de Cigar Lake a été régulièrement reportée, en 2011, 2013 et finalement 2014. Cameco a obtenu en 2013 un permis d'exploitation qui court jusqu'en 2021.

Après des années de tabou, il ne se passe plus un jour sans que le sujet de l'uranium soit évoqué en Australie ; la production, l'ouverture de nouvelles mines et la gestion des déchets font l'objet d'un débat qui divise l'opinion. Le seul réacteur nucléaire australien d'avant les années 2000 a 50 ans d'âge et est situé à Lucas Heights, près de Sydney ; il est destiné à la recherche scientifique et aux applications médicales, un nouveau réacteur a été inauguré en 2007.

En 2004, l'Australie assurait un quart de la production mondiale et possédait le tiers des réserves mondiales connues ; la presque totalité du *yellowcake* produit, soit 11 000 tonnes, est exportée vers les États-Unis, le Japon, la Corée du Sud et la France, et représente moins de 1 % des exportations de ressources minérales. Trois sites importants sont en exploitation ; d'abord en Australie-Méridionale, Olympic Dam, tout près des mines d'opales (cuivre, uranium, or, argent, etc.) et Beverley Mine ; ensuite dans le Territoire-du-Nord, le site de Ranger.

En 2007, l'Australie a signé un partenariat avec la Chine qui donne accès à cette dernière aux réserves d'uranium de l'île-continent ; il est estimé qu'environ 20 000 tonnes d'uranium sont exportées vers la Chine chaque année. La part du nucléaire dans le mix énergétique chinois, de 2 % en 2006, devrait passer à 4 % en 2020.

La Namibie, pays fait de plaines arides et de reliefs déchiquetés, recèle d'importants gisements d'uranium ; on y trouve aussi du cuivre, du zinc, du plomb, de l'étain et du vanadium. Elle compte environ 1 350 000 habitants en 2017 ; bien que peu de gens y vivent, beaucoup l'ont convoitée : des missionnaires, des marchands, les Allemands (avec un protectorat établi en 1885), etc. En 1920, la Société des Nations confie le pays à l'Afrique du Sud, qui refuse de reconnaître le statut de ce territoire ; la situation se débloque avec les accords de Brazzaville en 1988 et son indépendance.

La Namibie compte trois régions principales : le désert du Namib ; le plateau central (atteignant 2 000 m) ; et le Kalahari (sable et dépressions salées). La population blanche est afrikaner, ou d'origine allemande ; les Blancs vivent dans les villes et leur niveau de vie contraste terriblement avec celui des Noirs. Le courant de Benguela fait de la côte l'une des plus riches : on y pêche les maquereaux, thons, sardines, etc. L'exploitation minière est prometteuse (diamant et uranium, entre autres) et de grands projets sont en cours.

La société Rio Tinto, propriétaire majoritaire de la mine d'uranium de Rössing, envisageait d'augmenter sa production, pour passer de 4 000 tonnes d'oxyde d'uranium par an à 4 500 tonnes dès 2008, pour tirer profit de la montée en flèche des prix de l'uranium (multiplié par 13 en trois ans). En 2010, la mine faisait partie des trois plus grandes mines en exploitation dans le monde ; la plus vieille société partenaire envisage de prolonger ses opérations jusqu'à 2021, au lieu de 2009.

Un programme de gestion par étapes est en cours avec l'extension de la mine à ciel ouvert, l'installation d'une unité de triage radiométrique, et la réouverture d'une usine d'acide.

La mine d'uranium est située à 60 km dans l'arrière-pays de Swakopmund à une altitude de 320 m, et a nécessité un pipeline d'adduction d'eau de 65 km. La suite des granites de Salem, granites rouges à grains fins et moyens, de la veine au pluton, contient des alaskites uranifères. Ils appartiennent aux granites du Damara, qui forment un batholite composite de 74 000 km^2 et couvrent des périodes de 200 millions à plus de 540 millions d'années ; quelques petites formations, dont celles contenant les alaskites, sont situées dans la southern margin zone et sont donc post-tectoniques. De très hautes températures, pendant de longues périodes, ont facilité la concentration en uranium et en étain dans les terrains exploités depuis 1976 et âgés de 470 millions d'années ; le minerai exploité est UO_2, transformé sur place en U_3O_8 et exporté, en France entre autres.

La mine à ciel ouvert est gigantesque : 3 x 1,2 km et 300 m de profondeur ; on procède par explosion, avec des trous de 38 cm de diamètre, de 18 m de profondeur, rempli de nitrate d'ammonium. Chaque explosion libère de 200 000 à 600 000 tonnes de roches chargées dans des camions de 180 tonnes, à raison de godets de 35 à 50 tonnes chacun.

Les trucks sont assistés électriquement pour monter, pour raisons d'économie ; en effet, la consommation sans trolley s'élève à une tonne de diesel par jour et par camion, et il y en a 11 ; seul le contenu d'un camion sur trois est raffiné. La détection de la richesse du minerai se fait par passage dans un portique pour connaître la teneur en UO_2 ; il y a aussi un camion mouilleur pour lutter contre la poussière.

La mine a un très grand souci de gestion d'eau : diminution de la consommation d'un tiers en quatre ans pour l'eau neuve, le reste étant recyclé sur place ; pour lequel, on note une diminution de 20 % de la consommation d'énergie sur la même période. L'optimisation de l'exploitation est aussi passée par la diminution de 50 % des pertes de temps de travail par accident en trois ans, malgré un accident mortel en l'an 2000 dû à une perte de maîtrise de son truck par un employé qui s'est écrasé en bas de la rampe. La productivité est restée la même en dix ans, malgré une baisse de 50 % du nombre d'employés.

Pour motiver le personnel, une boîte à idées est mise à disposition ; celles retenues sont primées et le montant économisé par l'entreprise est affiché et réactualisé en continu à l'entrée de l'usine. Malgré une assistance médicale complète de ses employés et de leur famille puis leur suivi médical continu, l'entreprise est compétitive sur le plan international même avec le Canada et l'Australie ; elle assure aussi une retraite à son personnel et dépense beaucoup d'argent pour être un modèle d'exploitation industrielle, ce qu'elle parvient à faire, même si elle extrait de l'uranium du sous-sol. La production de la mine de Rössing n'est pas constante, mais adaptée au marché, pour avoir les meilleures conditions de vente ; l'ordre de grandeur est de 3 000 tonnes de U_3O_8 en 1999 par exemple, à un prix alors à peu près constant depuis trois ans.

CHAPITRE III

CONSÉQUENCES ET DANGERS DE LA RADIOACTIVITÉ

Les dangers de la radioactivité pour la santé ne furent pas immédiatement reconnus. En 1896, Nikola Tesla (1856-1943) soumit volontairement en 1896 ses propres doigts à une irradiation par des rayons X et constata que les effets aigus de cette irradiation étaient des brûlures qu'il attribua à la présence d'ozone. Par ailleurs, les effets mutagènes des radiations, en particulier les risques de cancer, ne furent découverts qu'en 1927 par Hermann Joseph Muller (1890-1967). Avant que les effets biologiques des radiations ne soient connus, des médecins et des sociétés attribuaient aux matières radioactives des propriétés thérapeutiques : le radium, en particulier, était populaire comme tonifiant, et fut prescrit sous forme d'amulettes ou de pastilles. Marie Curie s'est élevée contre cette pratique, arguant que les effets des radiations sur le corps n'étaient pas encore bien compris ; au courant des années '30, les nombreuses morts reliées à l'utilisation de produits contenant du radium ont fait passer cette mode.

Les conséquences de la radioactivité sur la santé sont complexes : elles dépendent non seulement de l'intensité du rayonnement et de la durée d'exposition, mais également du type de tissu concerné. Les organes reproducteurs sont 20 fois plus sensibles que la peau. Les effets sont différents selon le **vecteur** de la radioactivité :

- exposition à des rayonnements ionisants par une source radioactive à distance ;
- contamination radioactivesi l'on avale ou l'on respire un produit radioactif[8].

[8] AEN/OCDE-AIEA-FAO-OIT-OMS-OPS : Normes fondamentales internationales de protection contre les rayonnements ionisants et de sûreté des sources de rayonnements ; collection sécurité N° 115, imprimé par l'AIEA en septembre 1997 ; pp. 103-107.

Les normes internationales, basées sur les conséquences épidémiologiques de l'explosiondes bombes d'Hiroshima et Nagasaki, partent du principe que le risque pour la santé est proportionnel à la dose reçue et que toute dose de rayonnement comporte un risque cancérigène et génétique.

La réglementation pour la protection contre les radiations ionisantes est basée sur trois recommandations fondamentales :

1. **Justification** : on ne doit adopter aucune pratique conduisant à une irradiation à moins qu'elle ne produise un bénéfice suffisant pour les individus exposés ou pour la société, compensant le préjudice lié à cette irradiation.
2. **Optimisation** : l'irradiation doit être au niveau le plus bas que l'on peut raisonnablement atteindre.
3. **Limitation** de la dose et du risque individuels : aucun individune doit recevoir des doses d'irradiation supérieures aux limites maxima autorisées.

De récentes études ont montré que les effets de la contamination radioactive chronique, même à de faibles doses, ne sont pas négligeables et pourraient provoquer différentes pathologies atteignant certaines fonctions physiologiques (système nerveux central, respiration, digestion, reproduction).

L'environnement naturel émet un rayonnement inférieur 0,00012 mSv/h. L'exposition peut devenir dangereuse à partir de 0,002 mSv/h, selon le temps auquel on y est soumis.

Les doses actuellement tolérées dans les différents secteurs contrôlés des centrales nucléaires françaises sont :

- zone bleue : de 0,0025 à 0,0075 mSv/h
- zone verte : de 0,0075 à 0,02 mSv/h
- zone jaune : de 0,02 à 2 mSv/h
- zone orange : de 2 à 100 mSv/h
- zone rouge : > 100 mSv/h

La **dose équivalente** est la mesure de dose cumulée d'une exposition continue aux radiations ionisantes durant une année, avec des facteurs de pondération. Jusqu'en 1992, les doses équivalentes n'étaient pas mesurées de la même façon en Europe et aux États-Unis ; aujourd'hui, elles sont standardisées.

La dose cumulée d'une source radioactive artificielle devient dangereuse à partir de 500 mSv (ou 50 rem), dose à laquelle on constate les premiers symptômes d'altération sanguine. En 1992, la **dose équivalente maximale (dem)** pour une personne travaillant sous rayonnements ionisants était fixée à 15 mSv sur les **12 derniers** mois en Europe et à 50 mSv sur les 12 derniers mois aux États-Unis. Depuis août 2003, la **dem** est passée à 20 mSv sur les 12 derniers mois.

Lors d'un scanner médical, le patient reçoit une dose de 0,05 mSv à 15 mSv suivant les organes. Pour éviter tout symptôme d'altération sanguine, on se limite à un maximum de trois examens de ce type par an. En France, la réglementation fixe les limites annuelles de radiation à 20 mSv (2 rem) pour les travailleurs et à 1 mSv (0,1 rem) pour la population.

Les facteurs qui protègent des radiations sont :
- Distance (éviter de mettre la tête sur la source),
- Activité (réduire au mieux le ddd),
- Temps (rester le moins longtemps près de la source),
- Écran (plomber, immerger, bétonner... la source).

Certains comportements sont susceptibles d'entraîner une surexposition à la radioactivité : un patient qui effectue 5 radiographies aux rayons X subit une dose d'environ 1 mSv ; les passagers et les pilotes des avions de ligne, et les astronautes en orbitesubissent aussi de l'ordre de 1 mSv lors d'une éruption solairetrès intense. S'ils répètent ces voyages ou effectuent des missions de longues durées, une exposition prolongée accroît le risque d'irradiation.

Les missiles de croisière et autres, prétendument non nucléaires, mais en réalité souvent très radioactifs puisqu'ils sont produits à partir de l'uranium appauvri, source de graves pollutions radioactives avec la volatilisation dans l'atmosphère de l'uranium (même appauvri en son isotope 235) ayant augmenté la radioactivité reçue par les combattants, et les non-combattants.

S'agissant des contaminations radioactives sur les aliments, la Communauté européenne a fixé des doses de radioactivité à ne pas dépasser dans les aliments : pour le lait, le seuil à ne pas dépasser est de 500 Bq/l pour l'iode 131. Dans certains länder allemands, les normes sont beaucoup plus sévères (100 Bq/l en Sarre, 20 Bq/l en Hesse et Hambourg).

I. La toxicité de la radioactivité

L'uranium présente une toxicité comparable à celle d'autres métaux lourds, du même ordre que celle du plomb. La dose **létale** pour l'homme semble être de quelques grammes. La majeure partie de l'uranium pénétrant dans l'organisme (plus de 95 %) n'est pas absorbée et s'élimine par **les fesses**. Environ 67 % de l'uranium sanguin est filtré par les reins et excrété avec les urines dans les 24 heures[9].

Le système digestif absorbe globalement entre 0,2 et 2 % de l'uranium présent dans l'eau et les aliments ; les composés solubles de ce métal sont plus facilement absorbés que ceux insolubles. Le contenu normal d'un corps humain en équilibre avec son environnement est de l'ordre de 90 à 150 µg d'uranium, résultant d'un apport journalier de l'ordre de 1 à 2 µg/jour par l'eau courante et l'alimentation ; les deux tiers s'accumulent dans les os, 16 % dans le foie, 8 % dans les reins et 10 % dans les autres tissus.

Le rein est l'organe critique pour la toxicité chimique. Les études à long terme portant sur des professionnels exposés à l'uranium ont signalé certains troubles de la fonction rénale selon l'intensité de l'exposition. Il semblerait néanmoins d'après certaines données que ces troubles puissent être transitoires et que la fonction rénale revienne à la normale après élimination de la source d'une exposition excessive ; le seuil de toxicité chimique rénale est estimé à 70 µg/kg de poids corporel ou 16 µg/g de rein (limite de 3 µg/g de rein pour la protection des travailleurs).

Quel que soit son enrichissement, la radioactivité de l'uranium est toujours du type alpha de l'ordre de 4,5 MeV ; sa radio toxicité dépend donc de son activité massique et faiblement de sa composition. Elle est de l'ordre de 0,6 µSv/Bq à 7 µSv/Bq en inhalation, 0,05 µSv/Bq à 0,008 µSv/Bq en ingestion, les poumons et les os étant alors les organes critiques ; la radio toxicité de l'uranium serait du même ordre de grandeur que celle de la toxicité chimique : elle l'emporte pour des enrichissements supérieurs à 6 %, la toxicité chimique étant prépondérante.

---

[9] Marc Ammerich, *La radioactivité sous surveillance et autres notions en radioprotection.* Édition. EDP Sciences,2006, pp. 111-115.

I.1. Les dangers des substances radioactives

L'uranium est aussi toxique pour la reproduction à travers notamment un effet délétère sur les organes reproducteurs ; soit du fait de sa radioactivité, soit du fait de sa chimio toxicité ou des deux. L'uranium a chez l'animal des effets démontrés sur le système reproducteur. Chez le rongeur de laboratoire, la barrière hémato testiculaire (ou BHT) qui était réputée protéger le testicule peut en être franchie par le plutonium, l'américium et le polonium au moins grâce à la transferrine[10].

De l'uranium est significativement trouvé dans les testicules de rats ayant reçu un implant d'uranium dans le muscle d'une des pattes. Les récepteurs à la transferrine présents dans l'épithélium séminifère humain pourraient donc expliquer la présence d'uranium dans le sperme de soldats blessés par des munitions à l'uranium appauvri.

Des rats ayant des implants sous-cutanés d'uranium, et des souris abreuvées d'eau contenant de l'uranium produisent des cellules de Leydig altérées, ce qui perturbe la production d'hormones stéroïdes et se traduit par un sperme dégradé (spermatozoïdes moins nombreux et moins mobiles), expliquant les observations faites dès 1949 de diminution du nombre de portées et du nombre de petits par portée chez plusieurs espèces d'animaux ayant régulièrement ingéré de faibles doses de nitrate d'uranyle.

Il induit une toxicité fœtale et embryonnaire chez la souris chez laquelle un implant d'uranium a été posé dans le muscle d'une patte. Il est tératogène à doses plus élevées, avec mort de l'embryon exposé à une concentration 50 mg·kg-1·j-1 durant 9 jours, 20 % inférieure à la dose létale pour l'adulte. Une souris gestante abreuvée avec une eau correspondant à une ingestion de 25 mg d'uranium/kg/j produit moins de jeunes. Ceux-ci ont ensuite des problèmes de développement et de survie.

La plupart des études et réglementations se fondent sur les effets sur l'animal. Or, les premières études ex vivo permises par les nouvelles techniques de culture cellulaire laissent penser que les gonades humaines seraient plus sensibles à l'uranium que ne le sont celles des

---

[10] Jean-Claude AMIARD, *Le risque radioactif : devenir des radionucléides dans l'environnement et impact sur la santé*. Édition LAVOISIER/TEC ET DOC, 2013, pp. 72-79.

rongeurs utilisés en laboratoire. Le testicule fœtal humain pourrait aussi être plus sensible que ceux des rongeurs de labo.

Il n'y a pas de consensus sur les normes ni la dose sans effet nocif observé de l'uranium, mais certains estiment que les effets délétères de la radioactivité peuvent exister quelle que soit la dose. Pour la potabilité de l'eau, l'OMS a fixé une teneur maximale de 1,4 mg·l-1, tout en recommandant dans ses lignes directrices une concentration en uranium cent fois plus faible, inférieure à 15 µg/l, pour les eaux de boisson courante.

Un des problèmes majeurs des centrales nucléaires est qu'elles produisent de l'énergie électrique en émettant des substances radioactives constituées des déchets et autres matières ; pour 8 000 tonnes d'uranium naturel utilisées chaque année pour fabriquer le combustible, 1 000 tonnes sont enrichies en isotope fissile 235U, le reste contribuant au stock d'uranium appauvri. L'uranium enrichi est mis sous forme d'oxyde. L'Uranium 235 peut en outre être stocké massivement, sans problème technique en raison de son faible volume. De plus, les gisements majeurs d'uranium sont totalement indépendants des pays de l'O.P.E.P.

Il sépare le plutonium et l'uranium des produits de fission et des actinides mineurs (Np, Am, Cm), considérés comme des déchets nucléaires ; l'extractant qui était le phosphate de bismuth, a été remplacé depuis par le tributyle phosphate [$(C_4H_9)_3PO$]. En zone contaminée par des poussières radioactives, on se protège par une hygiène très stricte : nettoyage des surfaces de travail, précautions pour éviter de soulever la poussière, tenues adéquates de protection, confinement et isolation des particules dangereuses.

I.2. Les directives, symboles, et unités du SI & CNTP

Ce symbole indique la présence d'un élément radioactif

T+ Indique la présence d'une substance très toxique.

R33 signifie que la substance présente un Danger à la suite des effets cumulatifs.

R53 signifie que la substance peut entraîner des effets néfastes à long terme sur l'environnement aquatique.

R26/28 signifie que la substance est très toxique par inhalation et par ingestion.

S45 signifie qu'en cas d'accident ou de malaise, il faut consulter immédiatement un médecin (si possible, lui faire prendre connaissance de cette étiquette).

S61 signifie qu'il faut éviter de rejeter cette substance dans l'environnement ; de même qu'il faut lire les instructions spéciales sur sa fiche de données de sécurité.

S1/2 signifie qu'il faut conserver cette substance sous clef et hors de portée des enfants.

S20/21 signifie qu'il ne faut pas manger, ni boire ou fumer pendant la manipulation ou l'utilisation de cette substance.

/Ce symbole indique la présence d'un danger grave, voir mortel

H300 signifie que la substance est mortelle en cas d'ingestion.

H330 signifie que la substance est mortelle en cas d'inhalation.

H373 signifie que la substance présente un risque présumé d'effets graves pour les organes (il faut indiquer tous les organes affectés, s'ils sont connus) à la suite des expositions répétées ou d'une exposition prolongée (il faut indiquer la voie d'exposition s'il est formellement prouvé qu'aucune autre voie d'exposition ne conduit au même danger).

H413 signifie que la substance peut entraîner des effets néfastes à long terme pour les organismes aquatiques.

L'uranium est une matière nucléaire dont la détention est réglementée par l'article R1333-1 du code de la défense.

II. Les avantages énergétiques des éléments radioactifs

À masse égale régissante, la fission de l'uranium 235 ou du plutonium 239 est dix-huit millions de fois plus énergétique que celle d'un explosif courant, comme le T.N.T. (trinitrotoluène) ; mais la rapidité de l'explosion met si vite la charge fissile en configuration non critique que le rendement n'est que d'un à quelques dixièmes ; on réserve l'appellation noyaux fissiles à ceux qui sont fissiles à toute énergie (235U, 233U, 239Pu, 241Pu) ; les noyaux 232Th, 238U, 240Pu, qui ne sont fissiles qu'aux énergies supérieures à 1 MeV et qui, dans les réacteurs, contribuent nettement moins.

Pour assurer cette mise en condition ; parmi les matériaux fissiles, les plus intéressants sont l'isotope 235 de l'uranium, qui se trouve en faible proportion (0,7 p. 100) dans l'uranium naturel, et l'isotope 239 du plutonium, qui, n'existant pas dans la nature, est produit par un réacteur nucléaire en quantité variable suivant le type de fission.

Le plutonium 239 se forme dans les réacteurs nucléaires alimentés à l'uranium ; la capture radiative d'un neutron par l'uranium 238 conduit à un isotope de masse supérieure, l'uranium 239. Celui-ci, instable, se transmute par émission β en neptunium 239 avec une demi-vie de 23,45 minutes. De l'ordre de 200 MeV pour des nucléides avec A = 240, ce dernier isotope est également émetteur. β Cela signifie que la fission d'un gramme d'uranium (U) produit autant d'énergie que la combustion de 2,5 tonnes de charbon. La fission spontanée concerne peu de noyaux ; en revanche, on peut provoquer la fission en irradiant par des neutrons un élément dit fissile.

Le radium est un radionucléide de masse 226 qui appartient à la famille radioactive naturelle de l'uranium, sa demi-vie est 1 600 ans ; il émet des rayons α de 4,78 MeV, en donnant naissance à un gaz radioactif, le radon 222. Un gramme de radium 226 émet 3,62 × 1010 particules α par seconde.

Par calcination des oxalates (terres rares) ou du thorium, on obtient les oxydes ; la seconde méthode débute avec une attaque par la soude à 140 °C, qui dissout la gangue et donne un précipité d'hydroxydes de thorium. Le phosphate hydraté d'uranium, de formule chimique : $CuO(UO)_2(PO4)_2$, 12 H_2O ; à l'analyse, la torbernite (ou chalcolite) apparaît, composée de 7,7 p. 100 de CuO, de 57,5 p. 100 de UO_3, de 14,5 p. 100 de P_2O_5 et de 20,3 p. 100 d'H_2O.

Le vanadate hydraté d'uranium, de formule chimique $Ca(UO_2)_2(VO_4)_2H_2O$, la tyuyamunite apparaît, à l'analyse, composée de CaO à 5,87 p. 100 ; de UO3 à 59,96 p. 100 ; de V_2O_5 à 19,06 p. 100 ; d'H_2O à 15,11 p. 100. L'eau est sous forme zéolitique. L'autre composé est le vanadate hydraté d'uranium et de potassium de formule chimique : $K_2(UO_2)$ 2(VO_4) 23H_2O, qui doit son nom de carnotite au savant français

Marie Adolphe Carnot (1839-1920). À l'analyse chimique, elle apparaît composée de 10,4 p. 100 de K_2O, de 63,4 p. 100 d'UO_3.

Les isotopes 238 et 235 de l'uranium et le thorium 232 sont radioactifs ; dans les trois cas, les produits radiogéniques formés sont des isotopes du plomb : 238U = 206 Pb + 84He

(T = 4,51 × 109 ans), 235U = 207 Pb + 74He (T = 7,13 × 108 ans).

II.1. L'évolution des coûts de production du minerai d'uranium

Le prix de l'uranium a baissé dans les années 1980 et 1990 pour plusieurs raisons : les politiques d'économie d'énergie ont permis de limiter la consommation d'électricité, des gisements d'uranium économiquement exploitable ont été découverts, les stocks d'uranium militaire constitués dans le contexte de la guerre froide ont été convertis en stocks civils et utilisés dans les réacteurs nucléaires à la suite de l'assouplissement des tensions américano-soviétiques.

Le prix de l'uranium a progressivement augmenté depuis 2001 pour atteindre un pic à 135 dollars en juin 2007 ; ce pic s'explique par la diminution des stocks, la faible augmentation de production, et par des événements ponctuels tels que l'inondation de la mine de Cigar Lake au Canada et l'incendie de la mine Olympic Dam en Australie. L'uranium est redescendu à 46,50 dollars en août 2010 ; en janvier 2011, il se situait à environ 63 dollars ; il est à prévoir une tendance à la hausse en raison de l'épuisement des stocks militaires.

Le prix de revient du kWh est peu sensible au prix de l'uranium ; certes, le coût du cycle du combustible représente environ 20 % du prix de revient du kWh, mais ce cycle comprend toutes les transformations physiques et chimiques qu'il faut faire subir à l'uranium naturel pour en faire un combustible utilisable. En conséquence, le prix du minerai d'uranium ne dépasse guère 7 % du coût total du kWh ; cependant, des études économiques montrent que le prix de l'uranium commence à avoir un effet significatif sur le coût du kWh d'électricité nucléaire à partir de 50 ou 100 euros par livre d'U_3O_8.

II.2. Les procédés de transformation de l'uranium

Deux étapes sont nécessaires à la transformation :

1) Le raffinage

Le minerai d'uranium pulvérisé (yellowcake) est dissous dans l'acide nitrique, fournissant une solution de nitrate d'uranyle $UO_2(NO_3)_2$.

2) La filtration

Le nitrate d'uranyle pur est obtenu par extraction d'un solvant, avec une solution de TBP ; cette étape permet d'obtenir un nitrate d'uranyle $UO_2(NO_3)_2$ de grande pureté (>99,95 %).

3) La conversion en elle-même

On procède à une précipitation du nitrate d'uranyle par l'ammoniac gazeux pour obtenir du diuranate d'ammonium $(NH_4)_2U_2O_7$ (DUA), on passe ensuite à une calcination du diuranate d'ammonium, vers 400 C, pour produire l'UO_3, après on effectue une réduction de l'UO_3 par l'hydrogène pour obtenir de l'UO_2, puis on réalise l'hydrofluoration d'UO_2 par l'acide fluorhydrique HF dans un four pour produire du tétra fluorure d'uranium UF_4, on termine par la Réduction de l'UF_4 avec le calcium pour finalement obtenir du métal pur. L'uranium 235 est le seul nucléide naturel qui soit fissile, ou fissible, autrement dit il peut, par capture de neutron, se scinder en deux noyaux fils avec émission de neutrons (fission nucléaire).

Par la suite, l'uranium enrichi en cet isotope est aujourd'hui utilisé comme combustible nucléaire dans les réacteurs nucléaires ou encore dans les armes nucléaires, que ce soient les bombes atomiques, ou comme amorce dans les bombes H.

Au contraire de l'uranium 235, l'uranium 238, lorsqu'il capture un neutron, ne fissionne pas (sauf dans le cas des réacteurs à neutrons rapides) ; il devient de l'uranium 239 instable qui, par désintégration β, va se transformer en neptunium 239. Or ce dernier est lui aussi radioactif β, et va alors donner naissance à un nouveau noyau, le plutonium 239 ; ce radio-isotope est fissile, comme l'uranium 235. L'uranium 238 est alors un isotope fertile, qui peut produire des produits fissiles. L'uranium 234 n'est ni fissile ni fertile, et provient de la décomposition radioactive de l'uranium 238 comme indiqué dans la précédente section. La fission d'un atome d'uranium 235 libère de l'ordre de 200 MeV (la valeur exacte dépendante des produits de fission) ; de même, la fission d'un atome de plutonium 239 libère de l'ordre de 210 MeV.

Ces valeurs sont à comparer avec celles de la combustion de carburants fossiles, qui libèrent de l'ordre de 5 eV par molécule de CO_2 produit ; l'ordre de grandeur des énergies libérées par les combustibles nucléaires est un million de fois plus important que celle des énergies fossiles chimiques.

Le potentiel d'énergie de l'uranium n'est exploité que très partiellement dans les réacteurs actuels, mais la différence reste nette : 1 kg d'uranium naturel permet la production d'environ 500 000 MJ dans un réacteur conventionnel, de loin supérieur à ce qu'offre le gaz naturel, le pétrole ou le charbon comme le montre ce tableau.

Potentiel Energétique des Minerais	
1 Kg de Uranium 235	500 000 MJ
1 Kg de Plutonium 239	525 000 MJ
1 kg de Gaz Naturel	49 MJ
1 kg de Pétrole	45 MJ
1 kg de Charbon	30 MJ

4) Extraction de l'uranium

La solubilité de l'uranium est liée aux conditions d'oxydoréduction du milieu. Dans des conditions oxydantes (augmentation de la concentration en oxygène dissous), l'uranium devient plus facilement soluble (passage de la valence IV à la valence VI). Les conditions oxydantes favorisent le caractère complexe de l'uranium en solution avec certains ligands. Les principaux ligands sont, par ordre d'affinité décroissante :

- Les carbonates ;
- Les groupements hydroxyles ;
- Les phosphates.

L'uranium présente une très forte affinité pour les oxyhydroxydes de fer ; cette **adsorption** peut s'effectuer très rapidement lors de changements des conditions d'oxydoréduction, une diminution de la teneur en oxygène (condition réductrice) engendre une précipitation rapide de l'uranium sous forme d'oxyde (UO_2) : C'est une telle précipitation qui est par exemple à l'origine du gisement d'Oklo. Le minerai d'uranium est appelé uraninite, ou pechblende. Il est extrait notamment au Congo, au Canada, en Russie, au Kazakhstan, en Namibie et au Niger. Néanmoins, il est trop peu concentré en isotope fissile pour être utilisé directement dans les centrales nucléaires de type Pressurized Water Reactor ; c'est la raison pour laquelle il doit être purifié sous forme de yellowcake puis enrichi en uranium 235 dans des centrifugeuses. Les centrales de type CANDU utilisent l'uranium naturel, mais exigent beaucoup d'eau lourde comme modérateur.

III. Les domaines d'applications des sources radioactives

Les applications de la radioactivité sont diverses. **Les** rayonnements **des sources radioactives** sont capables d'agir sur la matière et modifier ses propriétés physico-chimiques et permettre, par exemple, de soigner certaines maladies[11]. Ensuite les rayonnements sont détectables et mesurables ; ils peuvent donc transmettre des informations sur les tissus vivants et la matière inerte. En plus, le temps que met chaque atome pour perdre sa radioactivité ne varie pas. Il permet, par exemple, de dater n'importe quel objet en mesurant la radioactivité qui lui reste comparée à celle qu'il avait au début.

Ces trois propriétés ont permis d'utiliser les rayonnements dans de nombreux domaines, principalement en chimie, en biologie, en médecine, en archéologie, dans les sciences de la terre et de l'univers, en agroalimentaire, en histoire, en télécommunication…

L'énergie contenue dans les noyaux d'uranium est exploitée pour la production d'électricité dans les centrales nucléaires à partir des réacteurs à eau pressurisée (REP).

III.1. Les premières applications du minerai

Le minerai d'uranium a été utilisé comme pigment dans la verrerie, la céramique et la faïence, sous forme de diuranate de sodium ou d'ammonium. Dans le verre, l'uranium est typiquement utilisé à des

---

[11] CEA ; De la radiologie à la radioprotection : L'homme et les rayonnements. Commissariat à l'énergie atomique et aux énergies alternatives, publication 2014 Direction de la communication ; pp. 18-23.

concentrations de 0,1 % à 2 % en masse, et produit un jaune fluorescent ou légèrement vert facile à identifier ; il a été utilisé pour colorer des céramiques dentaires à de très faibles concentrations ; il produit une pigmentation jaune à faibles concentrations, puis crème, orange, brun, vert, ou noir, quand la concentration augmente. Il sert également de catalyseur dans certaines réactions chimiques spécialisées et dans des films photographiques.

L'uranium appauvri a également été utilisé pour ces emplois physico-chimiques ; sous forme d'acétate d'uranyle et de zinc (réactif de Blanchetière), il donne des cristaux jaune-vert fluorescents avec les ions sodium Na+. Il permet donc de caractériser facilement ce métal lors des analyses en chimie minérale.

Historiquement, le premier usage du minerai d'uranium par l'industrie nucléaire a été d'en extraire le radium, pour des applications médicales ; le principal usage contemporain de l'uranium exploite ses propriétés nucléaires. L'uranium 235 est le seul isotope fissile naturel, ce qui permet son exploitation dans les réacteurs nucléaires (après un éventuel enrichissement), ainsi que dans la fabrication d'armes nucléaires (après un fort enrichissement).

L'uranium 238 est à la fois fissible dans les réacteurs à neutrons rapides et fertile par capture neutronique. Il se transforme finalement en plutonium 239, fissile ; il est envisagé d'exploiter cette double possibilité dans le cycle du combustible nucléaire, pour des cycles fondés sur la combustion du plutonium. L'uranium 233, qui peut être artificiellement produit par irradiation du thorium, est également fissile en neutrons thermiques. Cette possibilité est à la base d'un cycle surgénérateur fondé sur le thorium.

III.2. Les applications militaires du minerai

L'uranium appauvri, un sous-produit de l'enrichissement de l'uranium, est très prisé pour sa dureté, sa densité et son caractère pyrophorique. Il est employé comme arme antichar dotée d'un fort pouvoir à la fois pénétrant et incendiaire : à très haute vitesse, il perfore aisément les blindages en s'enflammant lors de l'impact, provoquant un incendie qui fait exploser le véhicule touché. Ainsi, des munitions à base d'uranium appauvri (obus de 20 à 30 mm des avions ou hélicoptères chasseurs de chars) ont été utilisées lors des guerres du Golfe (au Koweït, en Irak et du Kosovo).

Dans ses emplois militaires, l'uranium appauvri est également utilisé pour faire des plaques de blindages ou comme contrepoids en aviation, sur les premiers Boeing 747, les McDonnell Douglas DC-10, les Lockheed L-1011 Tristar par exemple, ce qui pose le problème du recyclage de ces avions qui, pour beaucoup, arrivent en fin de vie. Dans cet emploi, il est progressivement remplacé par le tungstène. La quille de certains voiliers de compétition a contenu ce matériau. Il est également plus efficace que le plomb pour les écrans de protection radiologique. Avec un complément de plutonium, l'uranium appauvri constitue un combustible nucléaire appelé **combustible MOX** ; il sert d'élément fertile dans les réacteurs, où l'uranium 238 se transforme par irradiation en 239Pu fissile.

On désigne sous le nom de Manhattan Project le premier programme américain de réalisations scientifique et technique destinées à la fabrication de bombes atomiques à Uranium 235 et à plutonium, élaboré par les autorités américaines en 1943 ; les travaux entrepris ont mobilisé un grand nombre de savants de différents pays. Par l'impact d'un projectile, souvent d'un neutron ; pour certains (les isotopes 233 et 235 de l'Uranium, le plutonium 239 par exemple), il suffit que ce neutron soit absorbé ; pour d'autres (l'isotope 238 de l'Uranium, le thorium 232), il faut qu'il apporte une énergie cinétique minimale. Le processus donne en général naissance à deux noyaux.

III.3. Les applications civiles du minerai

La première centrale nucléaire civile de la filière R.E.P. (réacteur à eau pressurisée) produisant de l'électricité de manière industrielle a été mise en service, aux États-Unis, le 2 décembre 1957 à Shippingport, près de Pittsburgh (Ohio) ; celle-ci utilisait un réacteur nucléaire de 60 mégawatts électriques (MWe). Les réacteurs nucléaires à sels fondus permettant de ralentir la vitesse des neutrons pour assurer une réaction en chaîne efficace. Les installations aujourd'hui en exploitation sont dites de génération II (la première génération regroupant les réacteurs construits avant 1970), principalement représentées par des réacteurs refroidis à l'eau, utilisant de l'uranium comme combustible.

De nos jours, avec l'évolution de la technologie, les centrales nucléaires utilisent la technique de l'eau pressurisée, avec de l'eau sous pression comme modérateur et comme caloporteur : on parle des réacteurs à eau pressurisée (REP) ; le combustible est l'uranium enrichi à un pourcentage admissible. L'ensemble du processus conduit à la production de déchets, dont un dixième présente une radioactivité à longue période, ce qui impose un traitement et un stockage complexes.

Une centrale nucléaire classique contient un ou plusieurs réacteurs nucléaires, qui constituent le siège de la production d'énergie ; à l'état initial, elle est sous forme de chaleur, et cette chaleur est convertie en électricité grâce à un ensemble de mécanismes. Dans le réacteur, une fois la réaction initiée, elle s'auto entretient, car les noyaux brisés produit des neutrons qui brisent les noyaux voisins à leur tour : C'est la réaction en chaîne, que l'on maîtrise en descendant des barres de contrôle en métal qui absorbent une partie des neutrons ; la conversion en électricité de la chaleur produite est réalisée de la manière suivante : L'échauffement de l'eau produit de la vapeur qui fait tourner une turbine, laquelle génère de l'électricité.

Le rendement varie entre 30 et 40 %. Les puissances électriques produites sont souvent de l'ordre de 1 000 mégawatts. La radiographie médicale (traitement par les rayonnements ionisants) utilise la capacité des rayons X à traverser le corps ; une radiographie permet de voir par contraste le squelette et, par exemple, d'observer une fracture ; elle permet également de regarder si des tissus sont endommagés par une maladie. Les radiations ionisantes peuvent détruire préférentiellement les cellules tumorales et constituent une thérapeutique efficace contre le cancer.

L'irradiation agroalimentaire permet de détruire à froid les micro-organismes ; elle permet une meilleure conservation des produits en empêchant la germination des bulbes et tubercules ; en éliminant les insectes parasites des céréales, des fruits et des légumes frais ; puis en pasteurisant et en débactérisant le poisson et la viande.

Avec la stérilisation par rayonnement gamma, les traitements stérilisants sont utilisés pour l'éradication d'insectes nuisibles, comme la mouche Tsé-tsé (à travers la stérilisation des mâles) ; de nombreuses applications existent pour la stérilisation des objets tels que le matériel médicochirurgical ; le traitement par les rayons gamma est également utilisé pour la conservation et la restauration d'objets d'art en ethnologie et en archéologie.

Les **détecteurs à ionisation** tels que les détecteurs d'incendie : une petite source radioactive ionise les atomes d'oxygène et d'azote contenus dans un faible volume d'air ; l'arrivée de particules de fumée modifie cette ionisation. **La radiographie industrielle X ou** gamma permet de repérer des défauts sans détruire le matériau, par exemple pour la vérification des soudures de pièces métalliques, dans le bâtiment, en aéronautique, etc.

Les détecteurs de fuite et les jauges de niveau : l'introduction d'un radioélément dans un circuit permet de suivre les déplacements d'un fluide, de détecter des fuites sur un barrage ou une canalisation souterraine ; le niveau d'un liquide dans un réservoir et la densité d'un produit chimique dans une cuve peuvent être tous les deux fournis par des jauges radioactives.

L'irradiation industrielle provoque, dans certaines conditions, des réactions chimiques qui permettent l'élaboration de matériaux plus légers et plus résistants (prothèses, câbles électriques, pièces pour l'aéronautique).

La datation archéologique au carbone 14 permet de déterminer l'âge d'objets de moins de 50 000 ans ; d'autres méthodes de datation utilisent différents isotopes permettant de donner un âge aux événements qui décrivent l'histoire de la Terre, de son climat et des êtres vivants qui l'ont habitée jusqu'à nos jours.

L'alimentation en énergie des satellites. Les batteries fonctionnent grâce à de petites sources radioactives au plutonium 239, cobalt 60 ou strontium 90 ; elles permettent l'alimentation en énergie des satellites et peuvent fonctionner sans entretien pendant plusieurs années.

La technologie des téléphones GSM utilise les minerais comme le tungstène, le coltan qui est l'association de deux minéraux, la colombite (ou colombite) [(Fe, Mn) Nb_2O_6] et la tantalite [(Fe, Mn) $(Ta, Nb)_2O_6$], en proportion variable.

IV. Les étapes du cycle d'enrichissement de l'uranium

Après l'extraction des minerais naturels contenant l'uranium sous forme d'oxydes ou d'uranates dans les mines, on procède à la transformation du yellowcake en tétra fluorure d'uranium (UF_4), puis parle procédé de fluoration on passe du tétra fluorure à l'hexafluorure d'uranium : L'UF6 ainsi produit sera à la base de l'enrichissement de l'uranium dans les usines d'enrichissement.

IV.1. Les différents procédés d'enrichissement de l'uranium

L'uranium naturel extrait des mines est principalement composé de deux isotopes : l'uranium 238 de masse 238 (ou 0,720 en poids), et l'uranium 235 de masse 235 (ou 0,711 en poids). L'uranium 235, fissile, est très moins abondant dans la nature que l'uranium 238 qui est à 99,2745 % : ainsi, il ne représente que 0,720 0 % de l'uranium naturel.

Ces deux isotopes sont en équilibre radioactif avec l'uranium 234 qui est à 0,0055 % ; les demi-vies de 235U et 238U sont respectivement **7,1 × 10exp8 et 4,5 × 10exp9 ans**. Aujourd'hui, la plupart des réacteurs utilisent comme combustible de l'uranium enrichi entre 3 et 6 % en uranium 235 : L'enrichissement de l'uranium est une technique qui consiste donc à augmenter la proportion d'uranium 235[12].

De nos jours, plusieurs types de procédés d'enrichissement de l'uranium ont été développés, on distingue :

i) Le procédé électromagnétique de spectrographie de masse.

Ici, les propriétés nucléaires différentes des isotopes de masse 235 et 238 sont précisées sur des échantillons séparés ; ce qui permet d'effectuer un tri des matériaux hétérogènes. Les ions U+ émis à vitesse thermique par une source alimentée en UCl_4 sont accélérés électro statiquement à 15 keV. Leur trajectoire est courbée dans un champ magnétique intense selon un rayon inversement proportionnel à la masse.

ii) Le procédé aérodynamique de diffusion gazeuse

L'uranium, sous forme de gaz (UF6), circule dans des diffuseurs qui vont effectuer un tri entre uranium 235 et uranium 238 en tirant parti leur différence de masse. Deux flux sont ainsi créés : l'un enrichi et l'autre appauvri en isotope 235.

Le procédé d'enrichissement de l'uranium par diffusion gazeuse utilise ainsi un composé gazeux de l'uranium : l'hexafluorure d'uranium (UF6). Les molécules de 235UF6 (de masse 349) se déplacent plus vite que les molécules de 238UF6 (de masse 352), et durant un même intervalle de temps, elles viennent frapper un plus grand nombre de fois la paroi du récipient qui les contient. Dans ces conditions, si l'on fait diffuser de l'UF6 gazeux à travers une paroi

---

[12] CEA ; Mémento sur L'énergie ; édition CEA 2017 ; p. 50.

poreuse, on trouvera en aval de la barrière une fraction de gaz légèrement plus enrichi en 235U que ne l'était la totalité du gaz injecté en amont de celle-ci.

iii)Les procédés aérodynamiques de centrifugation du gaz UF6, vortex, et tuyère

Ces procédés consistent à faire tourner à très haute vitesse un bol cylindrique contenant du gaz UF6. Les molécules les plus lourdes se concentrent à la périphérie, tandis que les plus légères migrent préférentiellement vers le centre.

Un cylindre allongé tourne à très haute vitesse dans un carter étanche. Ce cylindre est construit en matériaux métalliques à haute résistance mécanique ou en composite à base des fibres de carbone. L'uranium est introduit sous forme d'hexafluorure d'uranium UF6 comme en diffusion gazeuse. Par l'effet de la force centrifuge, les particules les plus lourdes sont envoyées à la périphérie, créant un effet de séparation isotopique. De façon à accroître l'effet isotopique, ce gaz est mis en circulation axiale par des mécanismes physiques.

Le gaz enrichi en isotope léger, et situé plus au centre du cylindre est transporté vers le haut de la machine tandis que le gaz enrichi en isotope lourd descend vers le bas. Les produits enrichis et appauvris sont récupérés aux deux extrémités de la machine.

iv)Les procédés d'excitation sélective par laser

Dans un séparateur, une source de vapeur d'uranium envoie un jet d'atomes neutres dans une cellule de séparation dans laquelle un faisceau de lumière laser ionise sélectivement l'isotope 235U du jet atomique ; l'extraction des ions 235U++ formés dans cette zone d'irradiation est faite au moyen de deux plaques métalliques latérales ; enfin, un système de collection des atomes 235U extraits conduit à 235U sous forme métallique ou sous forme gazeuse UF6 ; à l'extérieur de cette enceinte se trouve le système des lasers d'irradiation conduisant à l'ionisation sélective de 235U : ce sont les procédés d'ionisation des atomes d'uranium, de dissociation sélective d'UF6, de la réaction chimique sélective.

On utilise donc un rayonnement laser pour exciter sélectivement les atomes 235U au sein d'une vapeur d'uranium métallique à très haute température, afin de les séparer ensuite par un champ électrique.

v) Les procédés de l'échange chimique entre les valences 3 et 4, ou 5 et 6 de l'uranium.

Une colonne garnie d'une membrane changeuse d'ions est balayée du haut en bas, successivement, par :

- une solution aqueuse oxydante ;
- une solution aqueuse d'ions U (IV) et U (VI) dont les ions en U (IV) sont oxydés en U (VI) et fixés sur la membrane ;
- une solution aqueuse réductrice qui réduit U (VI) en U (IV) ;
- quand la bande U (VI) adsorbée, limitée par ces deux fronts oxydant et réducteur, a balayé toute la membrane, le cycle recommence en continu.

Les solutions oxydante et réductrice sont régénérées par barbotage d'oxygène et d'hydrogène dans deux colonnes annexes.

De même, dans la colonne de séparation, 238U se concentre dans les ions U (III) d'une phase aqueuse descendante, contenant U (III) et U (IV), et l'uranium 235 dans une phase organique ascendante (tri-n-butyl-phosphate dilué dans un benzène alkylé), qui ne contient que le composé U (IV). L'ion U (IV) est transformé en U (III) dans le reflux de tête et l'inverse a lieu dans le reflux de queue. Les phases aqueuse et organique sont recyclées dans des colonnes annexes.

vi) Les procédés électromagnétiques de séparation par plasmas, calutrons, résonance cyclotron ionique.

Il s'agit de la séparation isotopique d'ions neutralisés dans un plasma en rotation où les ions sont séparés par la différence de leur vitesse de rotation. Cette vitesse peut atteindre des valeurs très supérieures à celles possibles dans une centrifugeuse à gaz neutre (plus de 2 300 m/s au lieu de 800 m/s), et donc par la différence de leurs accélérations centrifuges.

Bien entendu, il faut tenir compte de l'effet non séparatif des collisions entre ions dès qu'augmente la densité du plasma, ce qui diminue le rendement de la séparation et en accroît le coût de ce procédé[13].

Pour le principe de la séparation par résonance cyclotron ionique, les atomes d'uranium sont arrachés d'une plaque d'uranium massif dans la

---

[13] Frederic P. Miller, Agnes F. Vandome ; Enrichissement de l'uranium : Isotope, Uranium, Fission nucléaire, Réacteurs à eau pressurisée, Armes atomiques, Masse atomique, Spectrométrie de masse ; *Éditeur* : Alphascript Publishing 2010 ; pp. 42-45.

source de plasma d'uranium, et ionisés par des électrons excités e– par une onde électromagnétique oscillant à la fréquence de résonance cyclotron électronique ωCE.

Le jet de plasma émis par cette source traverse un espace de tri où sont superposés un champ magnétique très intense B et un champ électrique E oscillant à la fréquence cyclotron ionique $\omega Cl = qB/(2\pi m5)$ de l'ion 235U de masse m5 (en CGS) et de charge q.

Le rayon de giration de Larmor r8 de l'ion non résonnant 238U s'annule périodiquement, tandis que celui de l'ion résonnant $r5 = Et/B$ s'accroît avec le temps de transit t dans l'espace de tri. Les trajectoires en hélices divergentes des ions résonnants sont interceptées par des fanons parallèles au jet de plasma. Les ions non résonnants passent entre les fanons et sont recueillis sur une plaque d'impact perpendiculaire au jet de plasma.

Le principe de séparation isotopique qui fait appel à une différence entre les propriétés des isotopes à séparer est à la base de tout procédé d'enrichissement de l'uranium ; ainsi, la différence entre les masses des noyaux de l'uranium est à la base des procédés aérodynamiques, et électrodynamiques : la différence entre les spins des noyaux d'uranium (0 pour l'uranium 238 et 7/2 pour l'uranium 235) n'est pas beaucoup prise en compte dans les différents procédés.

Certains procédés sont fondés sur la déformation, par les noyaux de masses différentes, du système des électrons périphériques de l'uranium (laser atomique) ou de molécules contenant de l'uranium (laser moléculaire, échanges chimiques et ioniques, distillation de UF6). Dans les procédés de séparation thermodynamique où l'on place dans une enceinte fermée les différents isotopes de l'uranium, ceux-ci parviennent à une distribution en équilibre entre deux phases, soit par centrifugation ou distillation, on parvient à séparer les isotopes. Soit C et 1-C les concentrations respectives de l'uranium 235 et de l'uranium 238, la richesse en uranium 235 est définie par : R=C/1-C.

Une opération d'enrichissement fait passer les concentrations C° et 1-C° du mélange de départ à des concentrations C'° et 1-C'° caractéristiques du procédé. L'enrichissement obtenu pourrait être caractérisé par la différence des concentrations R°=C'°-C° ou par leur rapport des concentrations R°=C'°/C°. Le facteur de séparation élémentaire est défini par le rapport des richesses α°=R »°/R°.

L'uranium enrichi produit permet de fabriquer les combustibles à usage civil ou militaire.

IV.2. Le processus de transformation énergétique de l'uranium

De nos jours, les combustibles fabriqués pour la production d'électricité sont essentiellement de deux types : UO_2 (oxyde d'uranium) et MOX (oxyde mixte d'uranium et de plutonium).

1- Le combustible UO_2 (oxyde d'uranium).

L'hexafluorure d'uranium enrichi est transformé en poudre d'oxyde d'uranium puis compacté sous forme de pastilles. Les pastilles sont introduites dans les gaines métalliques, assurant leur maintien, pour constituer les assemblages combustibles.

2- Le combustible MOX (oxyde mixte d'uranium et de plutonium)

On obtient le combustible MOX en procédant au mélange de poudre d'oxyde d'uranium et de poudre d'oxyde de plutonium ; l'uranium utilisé dans la fabrication du combustible MOX est de l'uranium appauvri, le plutonium est issu du traitement des combustibles. Ces deux types de combustibles constituent les ressources primaires pour la production de l'électricité dans les centrales nucléaires à travers le monde.

Les gisements d'uranium sont exploités à ciel ouvert, ou en profondeur. On trouve un concentrateur attenant dans lequel on broie la roche. On y concentre l'uranium qui s'y trouve. La plus grande part de cette roche broyée est rejetée sous forme de sable et de boue qu'on appelle résidus ; ceux-ci sont naturellement radioactifs, moins que le minerai puisqu'on a enrichi ce dernier. Le concentré d'uranium, appelé yellowcake, subit ensuite plusieurs transformations chimiques en oxyde d'uranium ou en hexafluorure d'uranium.

Le mystère qui entoure ce qui concerne l'uranium fait oublier au public que c'est un métal, et qu'à ce titre, il est justiciable d'une technique de métallurgie avec ses impératifs financiers. Si la métallurgie est complexe, cela tient avant tout à plusieurs faits dont seul le métal ultrapur est intéressant ; la purification du métal élaboré est très délicate, voire impossible : il faut purifier le minerai avant de produire l'uranium métallique ; jamais dans la métallurgie classique, l'on a exigé une pureté comparable[14].

Le yellowcake, ou concentré d'uranium, doit son nom à sa couleur caractéristique. En le chauffant par calcination, l'hexafluorure d'uranium passe à l'état gazeux et peut être enrichi. On utilise l'uranium enrichi dans presque tous les réacteurs de recherche, dans la plupart des réacteurs servant à produire de l'électricité et dans les bombes atomiques. Pour 6 kg d'uranium qui entrent dans une usine d'enrichissement, un seul est expédié sous forme de combustible enrichi. Le reste, qu'on appelle Uranium appauvri, a d'importantes applications militaires.

Le minerai concentré (U_3O_8, ou yellowcake) est dissous dans l'acide nitrique, à chaud, dans de grandes cuves en acier inoxydable. On obtient alors le nitrate d'uranyle $UO_2(NO_3)_2$. On ajoute donc du carbonate de soude à la solution, ce qui précipite, sous forme de carbonates insolubles, la plus grande partie des impuretés.

La filtration permet d'obtenir une solution très purifiée de carbonate d'uranium. Si l'uranium était destiné comme les autres métaux à des usages quelconques, la pureté réalisée, supérieure à 99 %, serait convenable. C'est tout à fait insuffisant pour l'industrie atomique.

Avec l'extraction par solvant, le sel d'uranium se dissout, les impuretés demeurent en solution. Il ne reste plus qu'à séparer et évaporer pour obtenir la pureté requise. On obtient un nitrate d'uranyle $UO_2(NO_3)_2$ pur à plus de 99,95 %. Ensuite, on effectue une précipitation du nitrate d'uranyle par l'ammoniac gazeux pour obtenir du diuranate d'ammonium $(NH_4)_2U_2O_7$, aussi appelé DUA ; après on procède à une calcination vers 400 °C, pour produire l'UO_3.

Le procédé de réduction de l'UO_3 par l'hydrogène permet d'obtenir UO_2 ; puis l'hydro fluoration d'UO_2 par HF dans un four permet d'avoir UF_4, et enfin l'oxydation par le fluor de l'UF_4 dans un réacteur à flamme permet d'obtenir de l'UF_6. Cette forme est très peu stable à 56,4 °C, il se transforme en gaz. L'hexafluorure est un composé chimique très actif et nocif qui réagit violemment avec l'eau, incluant l'humidité de l'air, et est corrosif sur la plupart des métaux. La norme Iso 7195:2005 spécifie les exigences qui s'appliquent à l'emballage de

[14] Paul Reuss ; L'énergie nucléaire : Que sais-je ? *Éditeur* : Presses universitaires de France 2012 ; PP53-56.

l'hexafluorure d'uranium (UF_6) en vue de son transport. Elle s'applique aux colis conçus pour contenir 0,1 kg d'hexafluorure d'uranium ou plus, à la conception, à la fabrication, au contrôle et à l'essai des cylindres et systèmes de protection neufs ainsi qu'à leur réparation, au contrôle en service et aux exigences d'essai.

Pour alimenter les réacteurs, il faut un combustible dont la proportion d'uranium 235 se situe entre 3 et 5 %, car seul cet isotope peut subir la fission nucléaire libératrice d'énergie. Dans 100 kg d'uranium naturel, il y a seulement 0,7 % d'uranium 235 fissile. L'opération consistant à augmenter la proportion d'uranium 235 est appelée enrichissement. Mais ^{235}U et ^{238}U se ressemblent. On peut les différencier grâce à leur légère différence de masse. ^{235}U est un peu plus léger que ^{238}U.

Le procédé par diffusion gazeuse consiste à faire passer l'UF_6 à l'état gazeux à travers des membranes percées de micro trous. Les molécules plus légères traversent un peu plus vite, ce qui permet d'enrichir peu à peu l'uranium. Mais au vu de la masse très voisine des deux isotopes, le ralentissement de l'uranium 238 est très faible par rapport à celui de l'uranium 235.

Cet autre procédé est utilisé à moins grande échelle par Urenco en Allemagne, aux Pays-Bas et au Royaume-Uni. Ce principe utilise une centrifugeuse qui projette plus vite à sa périphérie l'hexafluorure d'uranium 238. On peut ainsi augmenter petit à petit la concentration en uranium 235 ; à ce niveau, de nombreuses étapes successives sont nécessaires.

Dans le réacteur, l'énergie fournie est évacuée par un fluide de refroidissement. Le combustible doit être conditionné de manière à assurer l'échange de chaleur avec le fluide et ne pas le polluer. Dans les réacteurs à eau pressurisée, le combustible est UO_2 sous forme de pastilles de 8,2 mm de diamètre et de 13,5 mm de hauteur. UO_2 est un matériau réfractaire qui fond à 2 800 °C. L'UF_6 enrichi est transformé en poudre d'oxyde d'uranium, comprimé en pastilles cylindriques cuites au four. Ces pastilles sont introduites dans des tubes en alliage de zirconium (transparent aux neutrons et avec une excellente tenue à la corrosion à 350 °C par l'eau de refroidissement) remplis d'hélium et soudés hermétiquement.

Ces tubes, appelés crayons, contiennent environ 300 pastilles et constituent la première barrière d'étanchéité : ils doivent résister à de fortes contraintes thermiques et mécaniques. Le faisceau de 264 crayons est l'unité que l'on charge dans les réacteurs.

IV.3. Le traitement des déchets de l'uranium ou recyclage

Le recyclage des déchets provenant de l'exploitation de l'uranium dans les centrales consiste à traiter des combustibles usés ; après quelques années de refroidissement dans les piscines des réacteurs, on procède à la séparation des matières valorisables :

- **L'uranium de recyclage**

L'uranium séparé se présente sous forme de nitrate d'uranyle (liquide). Il est expédié vers les unités de transformation dans les usines.

- **Le plutonium**

Le plutonium séparé se présente sous forme de poudre d'oxyde de plutonium. Il sert à la fabrication du combustible MOX.

- **La conversion de l'uranium appauvri**

C'est au cours du processus d'enrichissement du minerai que l'uranium appauvri est produit, ce processus met en œuvre de l'uranium sous forme d'hexafluorure ; pour faciliter sa manutention, on procède à une défluoration en transformant l'hexafluorure d'uranium en sesquioxyde stable et appauvri (U_3O_8).

L'U_3O_8 se présente sous la forme d'une poudre gris noir, peu radioactive, de densité 2 à 3,7 suivant son compactage ; cette poudre, stable jusqu'à 1 300°, incombustible, non corrosive et insoluble, est tout à fait comparable à l'oxyde d'uranium naturel présent dans les gisements exploités.

L'U_3O_8 appauvri est stocké dans les conditions de sécurité haute pour attendre le recyclage, car cette matière contient encore de l'uranium 235 à une teneur de l'ordre de 0,3 %.

L'uranium appauvri est utilisé pour la fabrication de combustible MOX d'une part, de même en fonction des conditions technico-économiques du moment, il est souvent intéressant d'enrichir à nouveau l'uranium appauvri, en particulier lors de la hausse du cours de l'uranium naturel : le stock de l'uranium appauvri représente donc une réserve stratégique considérable.

L'uranium de recyclage ou de traitement (URT) est produit au cours du processus de traitement des combustibles usés, il se trouve sous forme de nitrate d'uranyle. Pour faciliter sa manutention, on procède à une dénitration et une oxydation en le transformant en sesquioxyde stable (U_3O_8).

- **La valorisation des déchets de l'uranium**

L'uranium extrait des combustibles usés dans les usines de traitement constitue environ 95 % de la masse du combustible usé et contient toujours une part significative d'isotope 235 ; l'enrichissement résiduel en ^{235}U est de l'ordre de 0,7 % à 0,8 % pour des combustibles à eau légère avec des taux de combustion de 45 à 55 000 MWj/t. La valeur énergétique de l'URT est donc comparable à celle de l'uranium naturel. Le principe de gestion des matières et déchets radioactifs se repose sur le niveau d'activité des éléments radioactifs contenus et leur période (sous les appellations vie courte, vie longue avec une coupure à la période de 30 ans). L'autorité mondiale de sûreté nucléaire s'appuie sur ce principe pour organiser les différentes catégories de déchets et leurs filières.

✓ **Les déchets en amont du cycle.**

Les processus de conversion, d'enrichissement et de fabrication du combustible produisent des déchets d'exploitation radioactifs faiblement ou très faiblement contaminés en uranium. Leur niveau de contamination est suffisamment faible.

✓ **Les déchets en aval du cycle.**

Les déchets produits au cours des premières transformations et de la conversion de l'uranium sont constitués par :

- Les déchets issus des combustibles usés. Ils appartiennent à deux catégories :
    - Les produits de fission et actinides mineurs : ceux-ci, de type HA sont séparés de l'uranium et du plutonium, puis calcinés et incorporés dans une matrice de verre dans des conteneurs standards de déchets vitrifiés.
    - Les déchets de structures de type MA-VL qui sont, pour la filière eau légère, les composants métalliques (tubes de

gainage, grilles, embouts) assurant le confinement et l'assemblage des pastilles de combustible.

- Les déchets occasionnés par l'usage des installations de traitement ou de fabrication de combustible MOX qui comprennent :
    - Des déchets de maintenance, des types MA-VL, FMA-VC, TFA (outillages, gants de travail, filtres, outils, matériels usagés, films, vinyles…) ou de traitement des eaux de piscines (résines, filtres, boues), qui sont conditionnés dans différents types de conteneurs en fonction de leur nature, de leur niveau d'activité et de leur filière de gestion.
    - Des futurs déchets de démantèlement des installations qui seront essentiellement des catégories FMA-VC et TFA.

L'UTS entendez unité de travail de séparation est utilisée comme standard international pour quantifier les besoins en enrichissement des réacteurs et la capacité des usines d'enrichissement, quelle que soit la technologie utilisée. Il faut un peu plus de 100 000 UTS pour enrichir l'uranium nécessaire à l'alimentation d'un réacteur à eau pressurisée de 900 mégawatts (MW) pendant un an à raison de 5 UTS/kg d'uranium enrichi à 3,7 % à partir de 8 kg d'uranium naturel.

CHAPITRE IV

LES ACCIDENTS DANS LES CENTRALES NUCLÉAIRES

Un accident est un événement aléatoire et fortuit qui survient ponctuellement dans l'espace et dans le temps, à la suite d'une ou plusieurs causes, et qui entraîne des dommages vis-à-vis des personnes, des biens ou de l'environnement. Il est qualifié de grave lorsqu'il blesse ou tue un individu en entraînant des dégâts matériels coûteux. Lorsqu'il touche un très grand nombre de personnes, on parle de catastrophe.

En 1979, lors de l'accident avec la fusion partielle du réacteur N° 2 dans la centrale nucléaire de Three Mile Island aux États-Unis, le monde découvre pour la première fois avec effroi que l'énergie nucléaire civile mal contrôlée peut produire les mêmes dégâts. Cet accident fut classé niveau 5.

I. L'accident de Tchernobyl

La centrale de Tchernobyl correspond en fait à l'installation de la centrale nucléaire Lénine située le long de la rivière Pripyat, à 14,5 km au nord-ouest de Tchernobyl ; il s'agit d'une centrale nucléaire thermique. Elle se situe en Ukraine à 16 km de la frontière Sud du Belarus, à 110 km au nord-ouest de Kiev et à 670 km au sud-est de Moscou. Son premier réacteur fut installé en 1977, et l'installation du quatrième réacteur fut terminée en 1983 ; les réacteurs cinq et six étaient en construction au moment de l'accident en 1986. Cette centrale utilisait quatre réacteurs du type RBMK-1000 (réacteurs à tubes de grande puissance) dont la première fonction fut de produire du combustible pour les armes nucléaires soviétiques ; ces réacteurs seront adaptés à l'usage civil à partir de 1980 avec la transformation en centrale électrique.

Ce sont des réacteurs qui possèdent de longs tubes de force (7 m) sous pression et qui permettent de repousser la température de l'ébullition de l'eau à 290 °C, ces tubes qui contiennent chacun un faisceau de combustible contenant un élément d'uranium faiblement enrichi sont contenus dans des blocs de graphites jouant le rôle de modérateur.

La centrale de Tchernobyl exploitait donc quatre réacteurs. Chacun était équipé de deux turbines de 500 MWe (mégawatts électriques d'énergie brute, soit 1,6 GW thermique) ; le combustible utilisé était le dioxyde d'uranium faiblement enrichi (2 % d'U-235), modéré par du graphique et refroidis par eau. C'est une centrale qui produisait 4 GWe (12.8 GWt), et était construite pour avoir une durée de vie de près de 50 ans. Elle produisait ainsi du courant électrique qui était ensuite injecté dans le réseau électrique national pour son transport et sa distribution ; l'accident s'est produit lors d'un exercice qui avait pour but de prouver que l'on pouvait relancer la centrale d'elle-même à la suite d'une coupure ou d'une perte totale du réseau électrique.

La centrale était pourvue de générateurs diesel, mais ceux-ci mettaient 15 secondes pour démarrer et de 60 à 75 secondes pour arriver à leur puissance maximale. Ce laps de temps étant considéré comme trop élevé, l'objectif était d'utiliser l'énergie cinétique du turboalternateur pour relancer les pompes de circulation primaire pendant cette période.

Récit des événements de l'accident nucléaire de Tchernobyl

Très tôt le matin du 25 avril 1986, sur ordre du responsable d'exploitation, le responsable de la salle de commande de la centrale, le contremaître Anatol Dyatlov prit la décision de procéder à un test du réacteur N° 4, il faut noter que le même test avait déjà été effectué sur le réacteur N° 3 et avait échoué. Ce test aurait dû être effectué avant la mise en service du réacteur N° 4 en 1983. Il consistait à couper l'alimentation électrique de la turbine afin de vérifier si elle allait continuer à tourner sur son inertie et aurait la puissance nécessaire pour permettre le démarrage des pompes à eau qui servaient à envoyer de l'eau vers le cœur du réacteur pour le refroidir ; il faut indiquer que sans eau, c'est la surchauffe assurée comme dans une bouilloire dont l'eau se serait évaporée : en théorie, 40 secondes après l'arrêt de la turbine, des turboalternateurs de réserve devaient prendre la relève.

Quelques erreurs humaines vont constituer des déterminants ayant occasionné le fameux accident ; le 25 avril à 14 h heure locale, en prévision dudit test le dispositif d'alarme du système de refroidissement du réacteur fut bloqué et débranché, en violation avec les principes élémentaires de sécurité : il n'avait plus de retour d'information sur l'état de refroidissement du système.

Par la suite, le crew-change qui s'est opéré à minuit entre les différentes équipes a favorisé les erreurs menant à l'accident. En effet, le test prévoyait que la puissance du réacteur soit située entre 700 et 1 000 MW. La puissance de 700 MW est atteinte le 26 avril 1986 à 0 h 5, mais continue à baisser. Lorsqu'elle atteint environ 500 MW, le 26 avril à 0 h 28 du matin, le responsable du régime du réacteur, Leonid Toptunov commet une erreur en insérant les barres de commande trop loin. Ceci conduit à la chute de la puissance de sortie du réacteur N° 4 qui atteint 30 MW, provoquant un empoisonnement du réacteur au xénon. Les opérateurs essaient alors de rétablir la puissance, mais le xénon-135 accumulé absorbe les neutrons et limite la puissance à 200 MW. Cet élément jouant le rôle de modérateur à la place du graphite, empêchant la reprise de la fission. Autrement dit, outre le problème technique, la centrale ne pouvait presque plus produire de l'électricité dans de telles conditions.

Ainsi, le contremaître Anatol Dyatlov exigea que la puissance soit rétablie sans maîtriser exactement ce qui se passait réellement dans le cœur du réacteur où les scientifiques n'avaient pas installé de détecteurs. Pour débloquer cette situation, les opérateurs retirent les barres de carbure de bore qui servent à piloter la température du réacteur au-delà des limites de sécurité autorisées.

De nos jours, nous savons que le problème de puissance vint du fait que le xénon-135, produit de la fission, s'était dégradé en absorbant abondamment des neutrons. Pour y remédier, il fallait augmenter la température pour réactiver la fission ; pour ce faire, il fallait remonter les barres en carbure de bore servant à contrôler la réaction en chaîne et indirectement la température.

Le contremaître exigea que l'on change les paramètres de l'essai et qu'on retire les barres de contrôle au-delà du seuil de sécurité. En théorie, la consigne standard de sécurité exige de laisser au moins 30 barres de contrôle dans le réacteur, mais Dyatlov décida de n'en laisser que 6 à 8 dans le réacteur pour assurer le contrôle ; les techniciens s'y opposèrent, mais il leur fit du chantage et tout le monde finit par exécuter cet ordre. Ainsi, le retrait des barres a effectivement compensé l'accumulation de xénon modérateur, mais lorsque la puissance du réacteur remonta, Dyatlov décida de poursuivre l'essai sans redescendre les barres de contrôle dans le réacteur. Dès cet instant, s'il y avait un surcoût de puissance, tous les employés savaient qu'il faudrait 20 secondes pour redescendre les barres de contrôle. Or en 20 secondes, ils savaient très bien que la réaction nucléaire avait 20 fois le temps de s'emballer hors de tout contrôle. En d'autres termes, ils savaient tous qu'à partir de ce moment, pour la moindre erreur il ne faudrait que quelques secondes pour que le réacteur se transforme en une petite bombe atomique... Les techniciens avaient donc de bonnes raisons de s'inquiéter.

Le 26 avril 1986, entre 1 h 3 et 1 h 7, deux pompes supplémentaires du circuit de refroidissement sont enclenchées pour essayer de faire augmenter la puissance du réacteur. Le flot entraîne une hausse de la température dans les échangeurs de chaleur. À 1 h 19, pour stabiliser le débit d'eau arrivant dans les séparateurs de vapeur, la puissance des pompes est encore augmentée et dépasse la limite autorisée. Le système demande à ce moment-là l'arrêt d'urgence. Les signaux sont bloqués et les opérateurs décident de continuer. Il y a donc eu une augmentation du débit de l'eau du réfrigérant (celle qui refroidit les barres de combustible) dont les vapeurs alimentent également les turbines générant l'électricité ; ce changement de régime a provoqué une chute de la pression de la vapeur. Si le système d'arrêt d'urgence avait été activé, il se serait déclenché et aurait stoppé le réacteur ; mais pour maintenir la puissance, les techniciens ont été contraints de retirer les dernières barres de contrôle plongées dans le réacteur.

À 1 h 23 min 4 s heure locale, Dyatlov ordonna de commencer le test sans remettre dans le réacteur les barres de contrôle. Le chef d'équipe Alexander Akimov voulut interrompre le test, mais Dyatlov exigea que l'on poursuive l'opération, car pour lui tout serait terminé une ou deux minutes plus tard. Un opérateur coupa l'électricité pour simuler un black-out, le dernier système de sécurité qui aurait pu sauver le réacteur ne réagit pas. Les pompes à eau n'étant plus alimentées que par le système d'urgence, la puissance de la turbine chuta ; à la suite de cette réduction du débit d'eau, les pompes ont fourni moins d'eau de refroidissement au réacteur : aussitôt la température de ce dernier se mit à monter.

À 1 h 23 min 31 s, la puissance du réacteur augmenta, mais également la pression et la température ; en constatant ce qui se passait, les techniciens déclenchèrent l'alarme, mais il était déjà trop tard, le manque d'eau surchauffant toute l'installation, générant de la vapeur dans le réacteur et dans les tubes de refroidissement.

À 1 h 23 min 35 s, le chef d'équipe Akimov déclencha manuellement l'arrêt d'urgence du réacteur ; toutes les barres de contrôle précédemment retirées furent replongées dans le réacteur sans grand effet : vu qu'il était déjà bien trop chaud, ce qui a déformé les canaux destinés aux barres de commande ; celles-ci ne sont descendues qu'à 1,50 m au lieu des 7 m normaux, et selon le SCK-CEN certaines barres seraient restées bloquées. Cette manipulation eut une conséquence dramatique liée à une erreur de conception du modèle RBMK-1000. En effet, les têtes des barres de contrôle étaient recouvertes de graphite ce qui provoqua immédiatement une augmentation de la réaction en chaîne et une montée en puissance du réacteur plutôt que sa diminution ; après ceci, les techniciens ont dû procéder à des réglages pratiquement pendant chaque seconde et ne sont plus parvenus à stabiliser la réaction. Ils accumulèrent ainsi des erreurs de manipulations. Les vannes d'alimentation en vapeur de la turbine sont fermées, ce qui fait augmenter la pression dans le circuit primaire. Les générateurs diesel démarrent et atteignent leur puissance nominale à 1 h 23 et 43 s.

Durant ce temps, l'alimentation des pompes était fournie par l'inertie des turboalternateurs. Le débit d'eau passant dans le réacteur décroît au fur et à mesure de la baisse de régime des turboalternateurs, ce qui provoque la formation de bulles dans le liquide de refroidissement, à cause du coefficient de vide positif, le réacteur entre dans une rétroaction positive, entraînant une rapide montée de la puissance du réacteur.

À 1 h 23 min 43 s, la température du réacteur dépassa le seuil de tolérance et augmenta de manière irréversible ; le point de non-retour était franchi. L'eau de refroidissement subissant une pression titanesque sous la chaleur, les têtes individuelles des faisceaux de combustibles situés sur le bouclier biologique supérieur commencèrent à se soulever alors que chaque barre pesait plus de 350 kg, libérant par leurs interstices de la vapeur radioactive dans le hall de la centrale. Il faut indiquer que derrière les murs de cette enceinte, il n'y avait aucune autre protection, c'était directement le monde extérieur.

Vers 1 h 23 et 44 s, la radiolyse de l'eau conduit à la formation d'un mélange détonant d'hydrogène et d'oxygène. De petites explosions se produisent, éjectant les barres permettant le pilotage du réacteur. En cinq secondes, la puissance du réacteur s'est multipliée au moins par dix, les 1 200 tonnes de la dalle de béton recouvrant le réacteur sont projetées en l'air et retombent de biais sur le cœur de réacteur, qui est fracturé par le choc. Un incendie très important se déclare, tandis qu'une lumière aux reflets bleus se dégage du trou formé.

En principe à 1 h 23 min 44 s, le fait d'avoir réintroduit toutes les barres de contrôle simultanément dans le réacteur augmenta instantanément sa puissance de 200 MW à 100 000 MW, soit 100 fois la puissance de production normalement développée par le réacteur ; à ce moment-là et selon les simulations, 50 barres de contrôle sur les 211 se disloquèrent. Sous la chaleur, une partie des barres de combustibles se rompirent et les blocs de graphite prirent feu. C'est alors que des poussières de combustible chauffées à blanc sont entrées en contact avec l'eau, provoquant une détente explosive de vapeur.

La première réaction fit exploser le fond du réacteur où la température était la plus élevée, proche de 2500 °C. L'uranium fondant à 1130 °C, il se transforma aussitôt en un magma visqueux radioactif qui détruisit le béton (le béton fond entre 1400 et 1500 °C selon les impuretés et le zircon à 1850 °C) et se mêla aux autres éléments contenus dans l'enceinte.

À 1 h 23 min 45 s, une deuxième détonation fut provoquée par l'embrasement de l'hydrogène. Elle souleva le bouclier de protection biologique de 1400 tonnes protégeant le réacteur, exposant à l'air son cœur en fusion et incontrôlable. Des dizaines de tonnes de vapeur à haute pression, brûlante et radioactive ainsi que des vapeurs de combustible mêlées d'iode-131 et de césium-137 envahirent ce qui resta du complexe et s'échappèrent dans l'atmosphère.

Selon le Département de l'Énergie américain, l'explosion de Tchernobyl eut lieu le 25 avril 1986 à 21h23h44s TU, la deuxième explosion eut lieu 1 seconde plus tard. Les stations du réseau sismique CSE ukrainien situées à plus de 110 km de distance du site n'ont pas enregistré les explosions.

Selon Brian Sheron, ancien directeur de la Nuclear Reactor Regulatory Research, « L'énergie de l'explosion de Tchernobyl a été de l'ordre de 320 GW par seconde, soit l'équivalent de 75 t de TNT, c'est-à-dire 50 fois plus que le maximum qu'une enceinte de réacteur à eau pressurisé (PWR ou REP) serait capable de contenir. »

Les techniciens présents sur place, ainsi que Brioukhanov qui est réveillé à 1 h 30, ne saisissent pas immédiatement l'ampleur de la catastrophe. Ce dernier appelle le ministère de l'Énergie à 4 h en déclarant que « Le cœur du réacteur n'est probablement pas endommagé ». Il reçoit pour ordre de maintenir le refroidissement par eau du réacteur ; cet ordre, que Brioukhanov persistera à appliquer toute la journée, n'aura pour effet que de libérer plus de radioéléments dans l'atmosphère et de noyer les installations souterraines communes aux réacteurs 3 et 4, menaçant gravement le fonctionnement et l'intégrité du réacteur 3. L'ingénieur en chef responsable du réacteur 3 prendra, au cours de la journée et contre les directives de Brioukhanov, la décision de faire passer ce réacteur en arrêt à froid, permettant ainsi de le sauver d'une destruction certaine, au vu de la destruction progressive des installations.

De nos jours, nous sommes à même d'en donner les causes exactes. Les explosions de vapeur/combustible et d'hydrogène sont les plus probables. Selon les experts qui rédigèrent le rapport TORCH, l'explosion libéra des débris du bâtiment et du réacteur jusqu'à 7 et 9 km d'altitude, affectant probablement la composition de la stratosphère. 30 % de combustible du réacteur s'échappèrent dans les environs immédiats de la centrale. 1 à 2 % soit environ 50 tonnes de gaz radioactif furent éjectés dans l'atmosphère, l'équivalent de 200 fois ce qui retomba sur Hiroshima et Nagasaki. Dans les années 1996, 0,5 à 1 % du combustible restant s'échappa dans l'air sous forme de gaz radioactif dans un rayon de 100 m autour de la centrale. Les réacteurs RBMK sont instables à faible puissance avec du combustible peu enrichi comme c'était le cas. Ce qui a conduit à une puissance trop faible et en plein pic Xénon et Iode : l'on qualifie ce phénomène d'empoisonnement du réacteur, normalement la conduite à tenir à ce stade aurait été d'arrêter le réacteur pendant 1 à 2 jours en maintenant un refroidissement permanent le temps que l'iode et le xénon se désintègrent naturellement.

Le réactif de l'explosion est un liquide caloporteur, en l'occurrence de l'eau légère. La chaleur aurait provoqué la radiolyse de l'eau, puis la recombinaison de l'hydrogène et de l'oxygène libérés aurait provoqué l'explosion qui a soulevé la dalle de béton recouvrant le réacteur. Selon d'autres experts, l'explosion serait une explosion de vapeur, conduisant aux mêmes conséquences. Le graphite incandescent après l'explosion a fait fondre la gaine des crayons d'uranium, en zirconium et s'en est suivie la fusion de l'uranium lui-même qui dégagea des gaz et particules hautement radioactifs qui ont contribué à la contamination des nuages.

L'incendie a été entretenu après par la combustion du graphite. L'explosion n'a rien de nucléaire, car, même si le point de départ est bien une réaction nucléaire en chaîne, c'est bien une réaction chimique, et non nucléaire qui a provoqué la catastrophe. À la suite de l'accident, de grandes quantités de radio-isotopes (des radioactifs extrêmement toxiques) ont été libérées dans l'atmosphère. L'accident qui s'est produit à la centrale nucléaire de Tchernobyl dans le réacteur n° 4 est ainsi classé au niveau le plus élevé (le niveau 7) dans l'échelle INES qui mesure la gravité des accidents nucléaires.

L'un des techniciens de la centrale, Sacha Yuvchenko expliqua aux journalistes qu'il vit les murs en béton épais de 1 m de son bureau se gondoler comme du caoutchouc, il échappa à la mort, mais il reçut une dose de radiations de 3,9 Sv qui pendant le reste de sa vie sur terre a eu des effets sur sa santé et son métabolisme. Il a reçu 15 greffes de peau. Ses blessures ne guérissant pas, son sang coagulant difficilement, il ne pouvait plus toucher de l'huile, de la graisse ou de l'essence sans parler des autres séquelles et maladies avec lesquelles il dit avoir malheureusement appris à vivre.

Deux heures après l'accident, les techniciens de la centrale qui avaient survécu éprouvèrent les premiers symptômes de la contamination radioactive (malaises, vomissements, vertiges, diarrhées, brûlures, etc.). À 6 h du matin, leur état fut si alarmant qu'ils furent conduits à l'hôpital. Plusieurs d'entre eux moururent les jours qui suivirent. Parmi les survivants de cette nuit cauchemardesque, il y avait Yuri Korneev. Le journal télévisé soviétique présenté au soir du 26 avril 1986 annonça sans émotion qu'une explosion suivie d'un incendie avait eu lieu à la centrale proche de Tchernobyl et que les techniciens faisaient leur possible pour remédier à la situation, mais la présentatrice n'évoqua nullement le risque nucléaire.

Ce n'est que le lendemain matin, le 27 avril que les habitants de la région de Pripyat, Opachichi, Tchernobyl et les villes avoisinantes seront prévenus et qu'on leur donnera les premiers comprimés d'iode pour empêcher l'iode radioactif de se fixer sur leur glande thyroïde. Le gouvernement confia à la population le minimum d'information et leur consentit deux heures pour évacuer la ville, leur confirmant qu'ils pourraient y revenir deux ou trois jours plus tard. L'exode dura une semaine. Au total, 336 000 habitants seront évacués dans le plus grand secret. Ils comprirent plus tard qu'ils ne pourraient plus jamais retourner chez eux et retrouver leurs souvenirs. 60 000 animaux seront également déplacés.

Faute de données officielles, 60 heures après la catastrophe, le gouvernement du Président Mikhaïl Gorbatchev n'avait toujours pas annoncé l'accident au public. C'est le gouvernement suédois qui découvrit l'accident le 28 avril, soit 3 jours plus tard, en s'inquiétant du taux de radioactivité relevé dans l'air et en analysant les photos satellites prises en infrarouge. C'est alors qu'ils découvrirent un point chaud à l'endroit exact de la centrale nucléaire de Tchernobyl. Le soir même, les Russes informèrent le monde.

Les semaines qui suivirent, sur l'avis des scientifiques, le Président Gorbatchev décréta une zone d'exclusion de 30 km autour de la ville, une distance fixée arbitrairement. Mais la plupart des personnes déplacées étaient déjà contaminées, et ce, dans un rayon de 300 km autour de la centrale. Pendant ce temps, le nuage radioactif continua à s'étendre et contamina gravement (> 40 KBq/m^2) une superficie d'environ 160 000 km^2 dans la région de Kiev, touchant sournoisement tous les êtres vivants.

Entraîné dans une circulation atmosphérique complexe dominée par des vents de N-NO et S-SE, le nuage se propagea à travers l'Europe. Le nuage radioactif qui ressemblait à un nuage bas ou une sorte de brouillard épais survola tout d'abord le Belarus puis la Scandinavie pour se diriger ensuite vers l'Europe de l'Ouest, mais paraît-il, il s'arrêta juste à la frontière française selon son gouvernement. Très probablement, le nuage traversa en fait la France puis remonta vers le Luxembourg et la Belgique. Une partie du nuage se déplaça ensuite vers les Pays-Bas et l'Écosse tandis qu'une autre partie s'étendit vers la Corse, la Tunisie, la Grèce et la Turquie.

En quelques semaines, le nuage radioactif recouvrit une superficie évaluée à 3,9 millions de Km^2 soit environ 40 % de la superficie de l'Europe avec du césium-137 d'une activité supérieure à 4000 Bq/m^2 et localement 10 à 25 fois plus importante. Finalement, le nuage enveloppa tout l'hémisphère nord et l'on retrouva même de la poussière radioactive au-dessus d'Hiroshima, située à près de 7000 km de distance. Suivant le récit des événements de l'accident nucléaire de Tchernobyl, il ne souffre d'aucune contestation que des centaines de milliers de personnes d'Europe occidentale ont été exposées à des doses supérieures au seuil d'innocuité et que certaines personnes ont contracté des cancers des années plus tard.

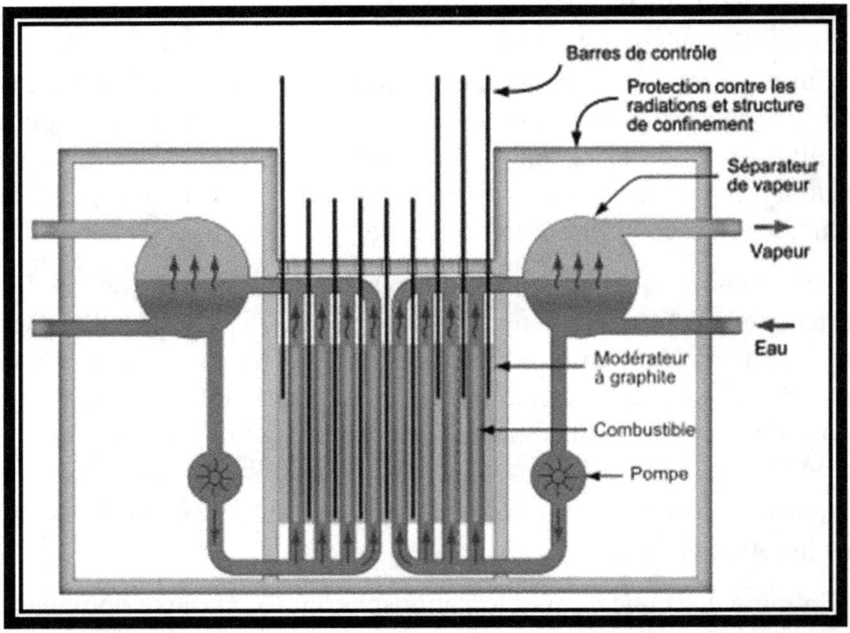

Schéma simplifié d'un réacteur nucléaire

Source : https://commons.wikimedia.org/wiki/File:RBMK_reactor_schematic-fr.svg?uselang=fr

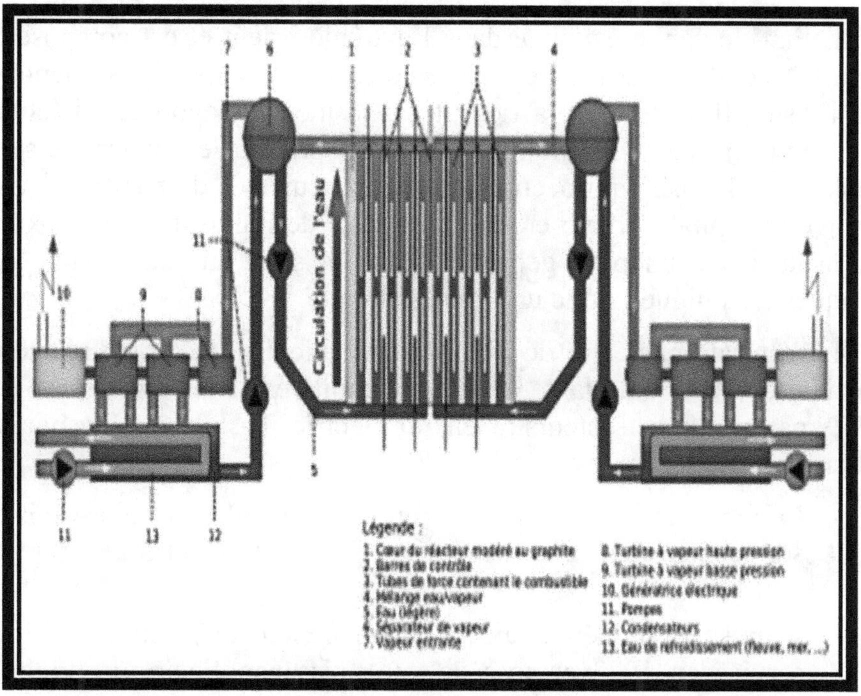

Schéma simplifié d'un RBMK

Source : https://commons.wikimedia.org/wiki/File:RBMK_fr.svg?uselang=fr

Légende :

1- Cœur du réacteur modéré au graphite
2- Barres de contrôle
3- Tubes de force contenant le combustible
4- Mélange eau/vapeur
5- Eau légère
6- Séparateur de vapeur
7- Vapeur entraînée
8- Turbine à vapeur haute pression
9- Turbine à vapeur basse pression
10- Générateur électrique
11- Pompes
12- Consécrateurs
13- Eau de refroidissement (fleuve, mer…)

II. Accident nucléaire de Fukushima Daiichi

L'État du Japon est situé dans l'extrême orient et est composé de 3400 îles et îlots dispersés en arc de cercle au large des côtes orientales de l'Asie ; il est entouré à l'ouest par la mer du Japon et à l'est par l'océan Pacifique. On dénombre quatre îles principales du nord au sud : Hokkaido, Honshu qui occupe les trois cinquièmes du territoire où se trouve la capitale Tokyo et surtout la ville de Fukushima, Shikoku et Kyüshü. C'est un pays géographiquement situé sur une chaîne des plaques tectoniques, donc une zone sismique.

La centrale nucléaire de Fukushima Daiichi possède six réacteurs nucléaires à eau bouillante (REB) construits entre les années 1967 et 1979 par trois constructeurs : Général Electric, Toshiba et Hitashi avec pour maître d'œuvre la société TEPCO.

- Le réacteur numéro un construit par Général Electric est mis en service en 1970 et possède une puissance électrique brute de 460 MWe.
- Le réacteur numéro deux construit par Général Electric est mis en service en 1973 et possède une puissance électrique brute de 784 MWe.
- Le réacteur numéro trois construit par Toshiba est mis en service en 1974 et possède une puissance électrique brute de 784 MWe.
- Le réacteur numéro quatre construit par Hitashi est mis en service en 1978 et possède une puissance électrique brute de 784 MWe.
- Le réacteur numéro cinq construit par Toshiba est mis en service en 1978 et possède une puissance électrique brute de 784 MWe.
- Le réacteur numéro six construit par Général Electric est mis en service en 1979 et possède une puissance électrique brute de 1100 MWe.

Dans cette centrale, les réacteurs sont du type à eau bouillante : le fluide qui traverse le cœur des réacteurs est de l'eau déminéralisée qui, portée à ébullition au contact des barres de combustible, se transforme en vapeur et actionne des turboalternateurs pour produire de l'électricité.

La centrale de Fukushima Daiichi est exploitée par l'entreprise Tokyo Electric Power Company (TEPCO), une des dix compagnies d'électricité du Japon. Elle est installée sur une superficie de 350 hectares et s'étend environ sur 225 km au nord-est de Tokyo et

45 km au nord de Iwaki, 45 km au sud de Sōma ; ainsi, sa puissance installée est de 4 696 MWe. Les cuves des 6 réacteurs de la centrale ont été fabriquées par la société Japan Steel Works, entreprise créée en 1907 et restructurée juste après la Deuxième Guerre mondiale.

Le réacteur numéro trois de Fukushima Daiichi a cette spécificité qu'il a été rénové pour recevoir du combustible MOX, son enceinte de confinement primaire du cœur a été changée à la fin des années 1990, de même que d'autres composants principaux internes ; les matériaux en acier inoxydable du type 304 (SS) sont remplacés par les pièces en acier spécial à faible teneur en carbone du type (IGSCC), exposées à une radioactivité, des pressions et températures élevées dans l'eau.

Billet retour sur l'accident nucléaire de Fukushima Daiichi

Le vendredi 11 mars 2011, entre 14 h 46 min 23 s et 14 h 47 min 23 s heure locale, a lieu un important séisme au Japon ; son épicentre se situe à 130Km à l'est de Sendai, chef-lieu de la préfecture de Miyagi, dans la région du Töhoku, ville située à près de 300 km environ au nord-est de Tokyo. Ce même jour à 15 h 38 min 23 s heure locale, un tsunami provoqué par le tremblement de terre se déclenche sur la côte orientale, les vagues d'eau atteignent une hauteur estimée à plus de 30 m par endroits, parcourant jusqu'à 10 km à l'intérieur des terres, ravageant près de 600 km de côtes et détruisant soit partiellement ou totalement plusieurs villes et zones portuaires.

Quatre centrales nucléaires se situant sur la côte nord-orientale et qui étaient en fonctionnement s'arrêtent automatiquement à la suite des premières secousses : il s'agit des centrales nucléaires de Fukushima Daiishi, Fukushima Daini, Onagawa et Tokai.

- La centrale nucléaire de Fukushima Daiishi est située à 145 km de l'épicentre et exploitée par l'opérateur TEPCO ;

- Celle de Fukushima Daini est située à 145 km de l'épicentre et exploitée par l'opérateur TEPCO.

- Celle d'Onagawa est située à 80 km de l'épicentre et exploitée par l'opérateur TÖHOKU.

- Celle de Tokai est située à 225 km de l'épicentre et exploitée par l'opérateur TÖHOKU

Au moment du séisme et du déclenchement du Tsunami le 11 mars 2011, les réacteurs 4, 5, 6 de la centrale nucléaire de

Fukushima étaient en arrêt pour des raisons de maintenance. Les premières secousses du séisme déclenchent l'arrêt des réacteurs 1, 2 et 3 par insertion automatique des grappes de commande dans les cœurs ; avec le tsunami, une vague de quinze mètres atteint la centrale nucléaire de Fukushima Daiishi qui est construite à une hauteur maximale de dix mètres et dont l'entreprise TEPCO avait érigé un mur de sécurité pouvant résister à un tsunami d'une hauteur maximale de 5,7 mètres. Ainsi, à la suite du tsunami tous les groupes électrogènes diesel de secours des quatre premiers réacteurs sont hors service à partir de 16 h 36 heure locale, car noyés par les eaux des vagues ; il ne reste plus que le dernier système de secours fonctionnant sur batterie grâce à la vapeur circulant entre la chambre sèche et la chambre humide qui est opérationnel avec une autonomie limitée.

Dès cet instant, la course pour rétablir les circuits de refroidissement s'impose avec comme priorité les réacteurs 1, 2 et 3 en fonction des niveaux d'eau estimés dans les cuves. Le directeur de la centrale monsieur Masao Yoshida utilise les camions pompiers pour injecter de l'eau par les circuits anti-incendie, mais la pression de l'eau délivrée par ces camions était insuffisante pour pénétrer dans les enceintes des réacteurs à cause de la pression de vapeur qui y régnait ; monsieur Masao comprit qu'il était nécessaire d'éventer ces enceintes pour diminuer la pression de la vapeur.

Face à cette situation, il a demandé à TEPCO de lui envoyer des camions des groupes électrogènes et certains matériels d'intervention ; 70 camions générateurs d'électricité des forces armées arrivent sur le site, mais devant l'ampleur des dégâts, cela s'avère insuffisant.

Parlant du courant continu nécessaire au fonctionnement des instruments de mesure et de faire circuler l'eau contenue dans les tores situés dans la partie inférieure des bâtiments. Puis se trouvant au pied des cuves des réacteurs, les techniciens de la centrale eurent l'idée géniale de démonter et utiliser les batteries de leurs voitures, cette initiative sera d'un apport capital pour la situation finale.

Il est urgent d'ouvrir la vanne de dépressurisation de la chambre sèche ; les opérateurs du réacteur savent le faire, mais ils se heurtent au manque d'air comprimé pour ouvrir la vanne pneumatique, et d'énergie pour ouvrir la vanne mécanique. La possibilité d'une ouverture manuelle existe, mais dans des conditions de radioactivité trop importantes, il n'est pas bon de prendre de tel risque et danger. C'est la course au refroidissement : l'eau se vide progressivement des cuves, lorsque la température atteint 900 °C à 18 h 10 heure locale, les gaines des éléments combustibles se déforment et commencent à se rompre, ceci entraîne la dégradation du combustible et le début du relâchement des produits de fission dans le circuit primaire.

Vers 1200 °C le Zirconium des gaines réagit avec la vapeur d'eau surchauffée, ce qui a pour effet de faire augmenter la température et de provoquer un dégagement d'hydrogène ; à 1800 °C certains constituants métalliques du cœur se sont fondus en se vaporisant vers 18 h 50 heure locale, la fusion de l'oxyde d'uranium est survenue vers 2700 °C, puis à 20 h 36 heure locale il s'est formé un mélange chaud, le curium, qui s'est accumulé dans la cuve et l'a percée par fusion. Avec la cuve percée, tout ce qui est volatil, ce qui peut être lessivé par l'eau ou la vapeur d'eau, s'est échappé rapidement dans l'enceinte de confinement.

Toute la nuit sans lumière, les lampes de poche seront le seul moyen d'éclairage des techniciens, ceux-ci débuteront le samedi 12 mars 2011 vers 5 h 46 heure locale l'injection d'eau douce dans le premier réacteur.

Un compresseur en état de marche est trouvé sur le site par l'équipe de monsieur Masao et installé vers 9 h, heure locale ; quelque temps après le système de refroidissement du cœur du réacteur en situation d'isolation s'arrête à 11 h 36 heure locale, puis les opérateurs vont réunir un certain nombre de batteries chargées pour effectuer finalement l'éventage vers 14 h 30 heure locale.

Pendant près d'une heure, malgré la chute de pression dans le cœur du premier réacteur, l'opération d'éventage va libérer de l'hydrogène qui finira par s'accumuler dans les superstructures du bâtiment ; vers 15 h heure locale les capteurs vont détecter du Xénon 133 dans le site et à 15 h 36 heure locale on note une grande déflagration de la partie supérieure dudit bâtiment produisant une propagation horizontale des nuages de poussière blanche : c'est la première explosion d'hydrogène dans le bâtiment du premier réacteur, le bilan est d'un mort et plusieurs blessés.

Malgré cette explosion, les enceintes de confinement et la cuve du premier réacteur vont résister grâce à l'éventage et la possibilité d'injection d'eau de mer dans le cœur du premier réacteur. Cette explosion qui a mis hors service l'un des camions de sapeur-pompier qui servait à l'injection d'eau de mer va déclencher un découragement du personnel engagé dans un combat presque titanesque ; en dépit d'un ordre reçu du siège pour arrêter l'injection d'eau de mer à 19 h 4 heure locale, monsieur Masao décide de poursuivre cette opération à 20 h 20 heure locale en y ajoutant de l'acide borique, ce qui va permettre finalement de stabiliser la situation du premier réacteur. Les instruments détectent un accroissement de l'iode et le césium 137, puis du niveau de rayonnement de gaz ou liquides sortant de l'usine respectivement par la cheminée d'échappement et le canal de décharge. La situation du premier réacteur étant maîtrisée, il faut désormais s'occuper des réacteurs 2 et 3 ; l'équipe de Masao sait maintenant que l'opération d'éventage est incontournable malgré le risque élevé d'explosion qu'elle comporte, le personnel d'intervention est très réduit et les pompiers qui auraient pu amener les camions-citernes sont évacués.

Les capteurs indiquaient une montée de pression dans la chambre sèche, de même la montée de la radioactivité signalait une détérioration du cœur du troisième réacteur : tout ceci laissait craindre une explosion.

Dimanche 13 mars 2011 à 2 h 42 heure locale, on note l'arrêt de l'injection de sécurité à haute pression, à 5 h 10 heure locale, une défaillance du système de refroidissement du troisième réacteur entraîne la dépressurisation volontaire de l'enceinte jusqu'à 8 h 41 heure locale. Entre 8 h 41 et 9 h 20, le réacteur 3 est dépressurisé par ouverture manuelle d'une soupape de sécurité, cette baisse de pression dans ledit réacteur est suivie vers 9 h 25 heure locale du début d'injection d'eau douce.

On constate le retour d'hydrogène en provenance du réacteur 3 par un tuyau du système des gaz en attente vers 10 h 40 heure locale ; à 13 h 12 heure locale les techniciens débutent l'injection d'eau de mer et de l'acide borique à l'aide de la pompe à incendie dans les réacteurs 2 et 3.

Pendant ce temps, l'injection d'eau de mer débutée la veille dans le deuxième réacteur est interrompue le mardi 15 mars 2011 entre 1 h 10 et 3 h 20 heure locale par manque d'eau de mer dans le puits, c'est ce qui justifiera l'augmentation anormale de la pression détectée ce même jour à 11 h 45 heure locale.

Lundi 14 mars 2011 vers 10 h heure locale, sous la crainte d'une explosion imminente du réacteur 3, monsieur Masao décide de mettre les techniciens à l'abri ; puis de faire reprendre les travaux, avec l'aide de la force d'autodéfense qui se chargeait spécifiquement d'aller chercher l'eau de mer avec les camions-citernes.

Après la reprise du travail, une seconde explosion se produit en deux étapes au niveau du troisième réacteur à 11 h 1 heure locale : la première est visible sur le côté sud de manière horizontale avec un flash de lumière ; en même temps, la seconde souffle le toit de manière verticale. Les hommes de l'autodéfense ont été les plus touchés par cette deuxième explosion ; il n'y a pas eu de mort, mais onze blessés et plusieurs véhicules de secours sont atteints.

Cette deuxième explosion est provoquée par l'hydrogène rejeté volontairement pour faire chuter la pression dans le cœur du troisième réacteur ; à 13 h 25 heure locale, les techniciens reprennent en diagnostiquant le dysfonctionnement du système de refroidissement du cœur du réacteur en situation d'isolation. Avec cette défaillance du système de refroidissement, les gaines des éléments combustibles se déforment et commencent à se rompre vers 17 h, heure locale, ceci entraîne la dégradation du combustible et le début du relâchement des produits de fission dans le circuit primaire ; puis vers 19 h 20 heure locale, il s'est formé un mélange chaud, le curium, qui s'est accumulé dans la cuve et l'a percée par fusion.

Devant cette menace, les techniciens vont débuter l'injection d'eau de mer dans le cœur du troisième réacteur à 19 h 54 heure locale ; après, monsieur Masao réunit son personnel et s'excuse de les avoir envoyés au travail dans les conditions très risquées, mais tous veulent retourner rapidement sur le terrain, ils se bousculent même et c'est alors que les opérations reprennent. Durant cette nuit, le circuit de refroidissement du deuxième réacteur cesse de fonctionner, ce qui présage une explosion ; une injection d'eau de mer et une décompression de l'intérieur sont prévues, cette fois avec des mesures de sécurité supplémentaires, car un trou a été percé à la surface du bâtiment lors de l'explosion du troisième réacteur : l'hydrogène accumulé à l'intérieur devrait s'échapper par cet orifice.

Il faut noter que le lundi à 12 h, 3h heure locale, les barres de combustibles du deuxième réacteur sont à l'air libre jusqu'à 2,7 mètres, devant l'absence d'eau pour les refroidir, ces barres risquent de fondre, entraînant une possible fusion. Très tôt le mardi 15 mars 2011 à 6 h 10 heure locale, une troisième explosion se produit sur le deuxième réacteur ; contrairement aux deux premières explosions sur les réacteurs 1 et 3, celle du deuxième réacteur n'a pas été visible de l'extérieur, car elle n'a pas détruit le bâtiment externe malgré une fissuration au niveau de son socle : cette explosion qui a eu lieu dans le tore de condensation due à l'hydrogène évacué a endommagé la piscine de condensation de l'enceinte de confinement destinée à amortir les surpressions de vapeur.

La journée de dimanche 15 mars 2015, a été catastrophique, à 6 h 14 heure locale, l'équipe de Masao constate qu'une partie du bâtiment du réacteur 4 est endommagé ; puis à 7 h heure locale, le président de l'entreprise TEPCO monsieur Masataka Shimizu ordonne l'évacuation de 750 travailleurs de l'unité 4, il ne reste plus que 50 techniciens avec monsieur Masao pour refroidir les réacteurs en activant les pompes dans les conditions dangereuses. Ce personnel est passé à 580 le matin du 18 mars avec l'assistance de l'équipe venue de la centrale nucléaire de Kashiwazaki-Kariwa pour l'installation d'une nouvelle ligne électrique alimentant la centrale ; le 23 mars 2011, cet effectif passe à 1000 travailleurs avec l'arrivée des pompiers et soldats.

Dimanche 15 mars 2015 à 8 h heure locale, le hall d'opération du réacteur 4 connaît deux grosses explosions qui ont ouvert deux brèches d'environ 8 mètres de large sur l'enceinte extérieure de son bâtiment. Enfin à 9 h 38 heure locale survient une autre explosion suivie d'un incendie de la piscine de stockage du combustible. Ensuite à 11 h 1, l'ossature du bâtiment explose, après celle du toit qui a eu lieu le 12 mars 2011 ; à la fin de cet incendie qui s'éteint vers 12 h heure locale, la structure de base du bâtiment est intacte, mais très endommagée à cause des explosions et incendies. L'entreprise TEPCO envisage à 22 h 30 heure locale d'arroser à travers les perforations accidentelles du toit, au moyen d'hélicoptères bombardiers d'eau ou de lances à incendie.

Mercredi 16 mars 2011 à 5 h 45 heure locale, l'incendie reprend dans le quatrième réacteur comprenant des stocks de combustibles usagés puis vers 9 h 40 le feu et la fumée disparaissent du réacteur 4 ; à 19 h 35 heure locale, l'idée d'arroser des piscines de stockage par hélicoptère est abandonnée. Le confinement primaire du troisième réacteur est endommagé à 10 h 45 heure locale, les opérateurs sont évacués de la salle de contrôle centrale des unités 3 et 4 ; et à 11 h 30, les opérateurs retournent dans la salle et redémarrent l'injection d'eau.

Peu avant 16 h heure locale du mercredi 23 mars 2011, un incendie déclenche au niveau 4 du bâtiment du troisième réacteur ; à 21 h 30 heure locale cet incendie est encore visible puis à 23 h heure locale, il s'éteint. Le lundi 30 mai 2011, une explosion provenant de la partie sud du quatrième réacteur survient à la suite d'un engin télécommandé de déblaiement de débris qui aurait endommagé un réservoir de gaz et provoqué son explosion.

Ce que monsieur Masao Yoshida et ses collaborateurs subirent et firent pendant ces cinq jours d'enfer, des robots n'auraient pas pu le faire ; ils le firent dans un état d'esprit positif, s'exposant parfois à des risques et dangers énormes, toutes leurs actions ont contribué à limiter les dégâts qui étaient prévisibles : ces hommes ont été de véritables héros.

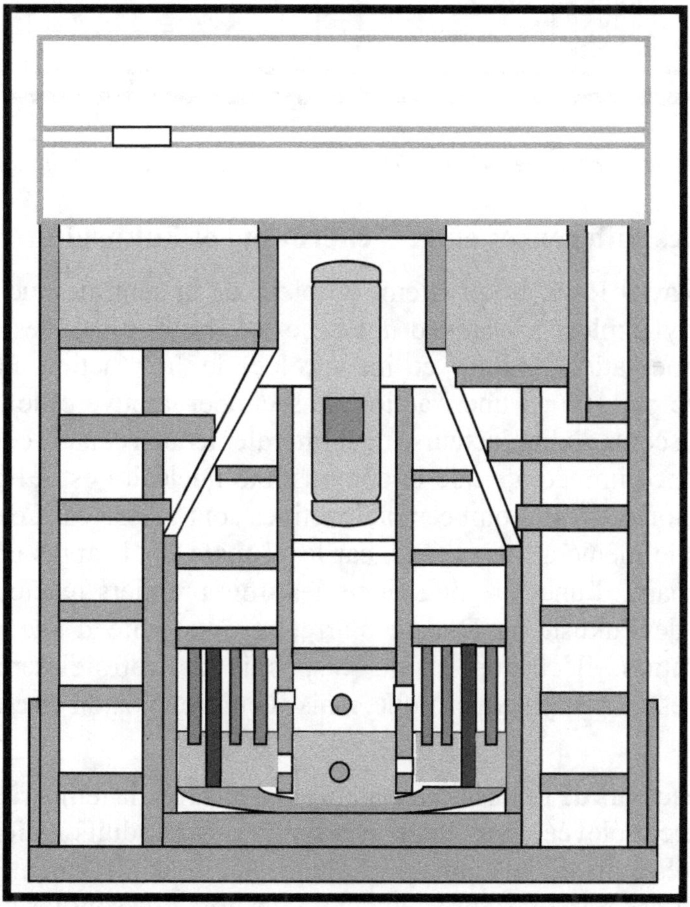

Schéma de principe d'un réacteur nucléaire à eau bouillante.

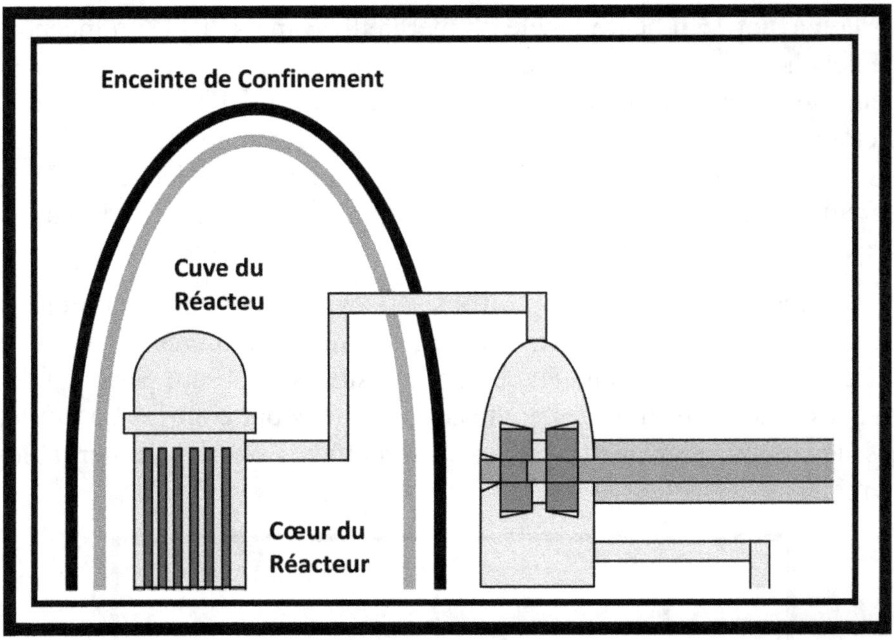

Schéma de principe du refroidissement d'un réacteur à eau bouillante.

III. Les différences entre Tchernobyl et Fukushima Daiichi

Le 26 avril 1986, le quatrième réacteur de la centrale nucléaire de Tchernobyl explose à la suite d'une série des erreurs humaines : on note une augmentation brutale et incontrôlée de la réaction nucléaire, multipliée par 100 en une fraction de seconde, la cuve et le bâtiment abritant le cœur dudit réacteur volent littéralement en éclats ; ceci a pour conséquence immédiate que le combustible nucléaire est à l'air libre, les émissions et les retombées radioactives sont massives. Ce scénario n'est pas le même à Fukushima, car le 11 mars 2011, après un séisme et un tsunami d'une rare puissance, les trois premiers réacteurs de la centrale de Fukushima Daiishi s'arrêtent à la suite d'une perte de l'alimentation électrique et du dispositif de refroidissement : la situation est extrêmement critique, mais aucune explosion du cœur n'est à signaler.

Les réacteurs de Fukushima étaient ainsi en arrêt, la température était extrêmement élevée, alors le cœur a fondu ; les produits radioactifs se sont libérés dans la cuve puis dans l'enceinte de confinement, mais ils ne se sont pas retrouvés directement à l'air libre : ce sont les bâtiments qui se sont explosés et non les réacteurs.

En 1986, les éléments radioactifs de la centrale nucléaire de Tchernobyl ont donc évolué à l'air libre pendant douze jours, en continu ; contrairement à la centrale nucléaire de Fukushima Daiishi où la contamination a été beaucoup moins importante. Des substances très nocives, comme le strontium, le plutonium et le césium 137, ont été rejetées en quantité massive. De ce fait, à Tchernobyl, il y a eu trois fois plus de rejet de césium 137 qu'à Fukushima ; le césium 137 met environ trente années avant de perdre sa radioactivité de moitié, il y a aussi eu une présence massive de strontium et de plutonium autour de la centrale de Tchernobyl, pendant qu'à Fukushima, on n'en a retrouvé que des traces. Au total, les zones les plus contaminées de Tchernobyl ont atteint 20 millions de becquerels/m2 contre 3 millions de becquerels/m2 à Fukushima.

Tchernobyl a contaminé l'Europe à l'échelle de milliers de kilomètres et Fukushima a contaminé la région à l'échelle de centaines de kilomètres ; toute l'Europe continentale a vu passer au-dessus d'elle le nuage de Tchernobyl à cause des mauvaises conditions météorologiques : les vents ont poussé les éléments radioactifs à l'ouest et la pluie s'est chargée de les rabattre au sol. De manière générale, une surface de 13 000 km2 a été concernée par les rejets de la centrale nucléaire de Tchernobyl à l'échelle continentale, tandis qu'à la centrale nucléaire de Fukushima Daiishi, les surfaces contaminées ont été moindres : au total, 600 km2 ont été contaminés.

La saison a également joué un rôle déterminant dans la propagation de la radioactivité ; la catastrophe de Tchernobyl s'est déroulée au printemps, un moment où la végétation est développée avec plusieurs plantes : les cultures ont été fortement contaminées. Le drame de Fukushima s'est passé en hiver ; la végétation est encore quasi inexistante et la présence de neige dans certaines zones a protégé les plantes.

Comme particularité à la centrale nucléaire de Fukushima Daiishi, il y a eu une contamination massive de la mer bien que les éléments radioactifs se soient rapidement dilués dans l'énorme masse d'eau du Pacifique ; sur le plan local, les côtes les plus proches de Fukushima ainsi que leurs sédiments ont été fortement irradiés. Il y a eu des répercussions sur les espèces enfouies dans les sédiments ; les fuites d'eau radioactive vers la mer n'ont pas encore cessé.

Au lendemain de l'accident de la centrale de Tchernobyl, la population des alentours n'a pas été évacuée immédiatement des zones irradiées ; il a fallu attendre 72 heures pour évacuer près de 270 000 personne, un temps suffisamment long pour être exposé de plein fouet à la radioactivité. Par contre à Fukushima, l'évacuation de près de 150 000 personnes de la zone dans un rayon de 30 km a été immédiate ; des programmes de contrôle des denrées alimentaires ont également été mis en place dans la foulée de la catastrophe, contrairement à Tchernobyl, où les produits agricoles, fortement contaminés, ont été ingérés par les habitants. C'est pourquoi de nos jours au Japon, la contamination de la plupart des denrées agricoles ou d'élevage se situe sous la barre de 10 à 20 becquerels/kilo ; avec la norme de commercialisation fixée à 100 Bq/kg.

L'impact sur la santé est une donnée difficilement quantifiable à Tchernobyl ; pendant longtemps, le seul chiffre avéré fut celui du nombre de décès directement attribué à la catastrophe : 47 morts parmi les liquidateurs. De nos jours, on sait qu'après l'accident, il y a eu une prévalence du cancer de la thyroïde : 8 000 cas chez les moins de 18 ans. Les études ont montré que cette augmentation était essentiellement liée aux iodes radioactifs relâchés durant l'accident et présents, entre autres dans le lait pour nourrissons et enfants en bas âge.

Après la catastrophe de Fukushima Daiishi, des études épidémiologiques ont été lancées juste après l'accident ; cinq années après le début de cette étude, il est encore difficile de mesurer toutes les conséquences sanitaires sur la population japonaise, une étude recensant les premiers cancers de la thyroïde a été publiée au mois de février 2015 : elle fait état de 86 cas de cancers de la thyroïde confirmés parmi les 297 000 enfants de moins de 18 ans examinés dans la préfecture de Fukushima. Vingt-trois autres enfants sont susceptibles d'être atteints de ce cancer.

CHAPITRE V

ALBERT EINSTEIN ET SON RÔLE DANS LA CRÉATION DE LA BOMBE ATOMIQUE

Il est difficile aujourd'hui de parler du développement de la technologie du nucléaire dans le monde moderne sans évoquer le très célèbre nom d'Albert Einstein ; ce n'est pas à tort qu'il est considéré comme étant l'un des plus grands scientifiques de l'histoire, sa renommée dépasse largement le milieu scientifique, pour l'hebdomadaire Time, il est la personnalité du vingtième siècle.

I. Qui est Albert Einstein ?

Albert Einstein, juif non pratiquant naît le 14 mars 1879 à Ulm par Wurtemberg en Allemagne, et décède le 18 avril 1955 à Princeton par New Jersey aux États-Unis d'une rupture d'anévrisme ; son père, Hermann Einstein est né le 30 août 1847 à Buchau, et meurt le 10 octobre 1902 à Milan en Italie. Sa mère Pauline Koch vécue de 1958 à 1920, elle se marie le 8 août 1876 à Hermann Einstein ; Albert Einstein est le premier enfant issu de cette union.

Fort de ses difficultés à s'exprimer dues à sa dyslexie, il commence sa scolarité au Luitpold Gymnasium de Munich avec un retard. N'étant pas assez discipliné, il est renvoyé à l'âge de quinze ans ; sans baccalauréat, il effectue sans succès le concours d'entrée à l'École Polytechnique Fédérale de Zurich à l'âge de seize ans, puis il réussit l'entrée à cette école pour la deuxième fois en 1896. Sans être très brillant, il obtient de justesse son diplôme en 1900. En approfondissant ses connaissances de façon autodidacte, il fait plusieurs publications et obtient son diplôme de Doctorat le 15 janvier 1906.

Le 9 juillet 1909, il est fait Docteur honoris causa par l'université de Genève, invité en 1911 au premier Congrès Solvay en Belgique, il rencontre Marie Curie, Max Planck, Paul Langevin et Nernst : en 1913, Albert Einstein est nommé à l'académie des sciences de Prusse.

En 1914, il déménage en Allemagne et habite à Berlin ou il devient membre de l'Académie Royale des Sciences et des Lettres de Berlin. En 1916, il publie *La Relativité générale*, présentant sa théorie de la gravitation.

Devant la montée des mouvements nationalistes, sa sécurité est menacée de par ses origines juives et ses pensées pacifistes ; au début de l'année 1933 après l'arrivée au pouvoir d'Hitler, il s'installe aux États-Unis où il travaille à l'Institute for Advanced Study de Princeton. Le 2 août 1939, sous la pression des physiciens nucléaires hongrois et réfugiés aux États-Unis Eugene Wigner, Edward Teller et Leo Szilard, Albert Einstein signe une lettre préparée et rédigée par Leo Szilard ; cette lettre contribuera à déclencher le Projet Manhattan.

Au cœur de la Deuxième Guerre mondiale, Eugene Wigner, Edward Teller et Leo Szilard étaient convaincus que l'énergie libérée par la fission nucléaire pouvait être utilisée dans les bombes par l'Allemagne nazie ; ils persuadèrent alors Albert Einstein, le plus célèbre physicien de l'époque, de prévenir de ce danger le président des États-Unis Franklin Delano Roosevelt, dans une lettre préparée par Szilard et datée le 2 août 1939.

Cette lettre ne sera remise au président que le 10 octobre 1939 par l'économiste Alexander Sachs, en raison de l'invasion de la Pologne par les armées allemandes. Ayant pris connaissance du contenu de la lettre, le président Franklin Roosevelt autorise la création du Advisory Committee on Uranium, dont les membres se réunissent pour la première fois le 21 octobre 1939 ; monsieur Lyman Briggs est nommé à la tête de cette structure.

I.1. La version traduite de la célèbre lettre

2 août 1939

F. D. Roosevelt
Président des États-Unis
Maison-Blanche
Washington, D.C.

Monsieur,

De récents travaux réalisés par Enrico Fermi et L. Szilard, lesquels m'ont été communiqués par manuscrit, m'ont amené à penser que l'élément uranium peut être transformé en une nouvelle et importante source d'énergie dans un futur immédiat.

Certains développements semblent exiger de la vigilance et, si nécessaire, une action rapide de la part de l'administration. Je crois donc qu'il est de mon devoir de porter à votre attention les faits et recommandations suivants :

Au cours des quatre derniers mois, il est devenu probable aux travaux grâce de Frédéric Joliot en France que de celui de Fermi et de Szilard en Amérique, de déclencher une réaction nucléaire en chaîne dans une grande masse d'uranium de laquelle une vaste quantité d'énergie et d'éléments nouvellement créés s'apparentant au radium serait générée. Maintenant, il semble pratiquement certain que cela pourra être atteint dans un futur immédiat.

Ce nouveau phénomène pourrait aussi mener à la construction de bombes et il est concevable, quoique bien moins certain que des bombes extrêmement puissantes d'un nouveau genre puissent être fabriquées. Une seule bombe de ce type, transportée par un bateau et détonnée dans un port, pourrait bien détruire le port en entier ainsi qu'une partie du territoire environnant. Cependant, de telles bombes pourraient être trop lourdes pour être transportées par la voie aérienne.

Les États-Unis n'ont que de très pauvres minerais d'uranium, en quantités minimes. Il y a de bons minerais au Canada et dans l'ex-Tchécoslovaquie, alors que la plus importante source se trouve au Congo belge.

Sachant cette situation, vous désirerez peut-être établir un contact continu entre l'administration et le groupe de physiciens qui travaillent sur la réaction en chaîne en Amérique. Une démarche possible pour atteindre cet objectif pourrait être de confier cette tâche à une personne qui a votre confiance et qui pourrait occuper une position officieuse. Sa tâche pourrait comprendre les choses suivantes :

a) approcher les départements gouvernementaux, les garder informés de développements additionnels et recommander des actions au gouvernement, en portant une attention particulière au problème de sécuriser un apport en minerai d'uranium pour les États-Unis ;

b) accélérer le travail expérimental, lequel est présentement effectué à l'intérieur des limites budgétaires des laboratoires universitaires, en fournissant des fonds, si de tels fonds sont requis, à travers ses contacts avec des particuliers qui sont prêts à faire des contributions pour cette cause, et peut-être aussi d'obtenir la coopération de laboratoires industriels qui possèdent l'équipement nécessaire.

Je crois savoir que l'Allemagne a présentement arrêté la vente d'uranium provenant de mines tchécoslovaques dont elle a pris le contrôle. Qu'elle ait pris de telles mesures si tôt peut être compris en s'appuyant sur le fait que le fils du sous-secrétaire d'État allemand, Von Weizsäcker, est attaché à l'institut Kaiser-Wilhem à Berlin où certains travaux américains sur l'uranium y sont actuellement reproduits.

Très sincèrement vôtre,

Albert Einstein

I.2. La réponse du président des USA à la célèbre lettre

THE WHITE HOUSE
WASHINGTON

19 October 1939

Cher professeur,

Je veux vous remercier pour votre récente lettre, dont le contenu est des plus intéressants et importants.

J'ai trouvé cette donnée d'une telle importance que j'ai formé un comité constitué du responsable du bureau des standards, ainsi que de représentants de l'armée et de la marine pour examiner en profondeur les possibilités de votre suggestion concernant l'élément uranium.

Je suis heureux de dire que le Dr Sachs va coopérer et travailler avec ce comité et je sens que c'est la manière la plus pratique et efficace de traiter ce dossier.

Veuillez accepter mes sincères remerciements.

Très sincèrement vôtre,

Franklin D. Roosevelt

II. La bombe nucléaire

Encore appelée bombe atomique où bombe à fission, c'est un engin explosif ou l'énergie est obtenue par la fission nucléaire d'une masse critique des éléments fissiles comme l'uranium 235 ou le plutonium 239. Une masse de matériau fissile est qualifiée de critique lorsqu'elle devient capable d'entretenir une réaction en chaîne, compte tenu de sa taille, de sa forme, de la pureté et de la composition isotopique du matériau ; la masse critique d'une boule de matériau non modéré en l'absence de réflecteur est d'environ 50 Kilogrammes pour l'uranium 235 et de 10 Kilogrammes pour le plutonium 239.

Deux techniques existent pour réunir la matière fissile et atteindre la bonne configuration permettant le déclenchement de la fission nucléaire ; il s'agit de la méthode par insertion et de la technique par implosion. Ainsi, la technique la plus simple pour déclencher une explosion est de projeter un bloc de matière fissile contre un autre bloc, constitué de la même matière ; ou un bloc cylindrique à l'intérieur d'un bloc creux : c'est la technique d'insertion, du pistolet ou du canon.

De cette façon, les conditions critiques sont atteintes et la réaction de fission nucléaire est amorcée. Le bloc de matière fissile est projeté à l'aide d'un explosif très puissant, pour permettre que la forme soit atteinte rapidement ; dans l'ordre d'une milliseconde. La bombe larguée sur Hiroshima, encore appelée Little Boy, utilisait cette technique.

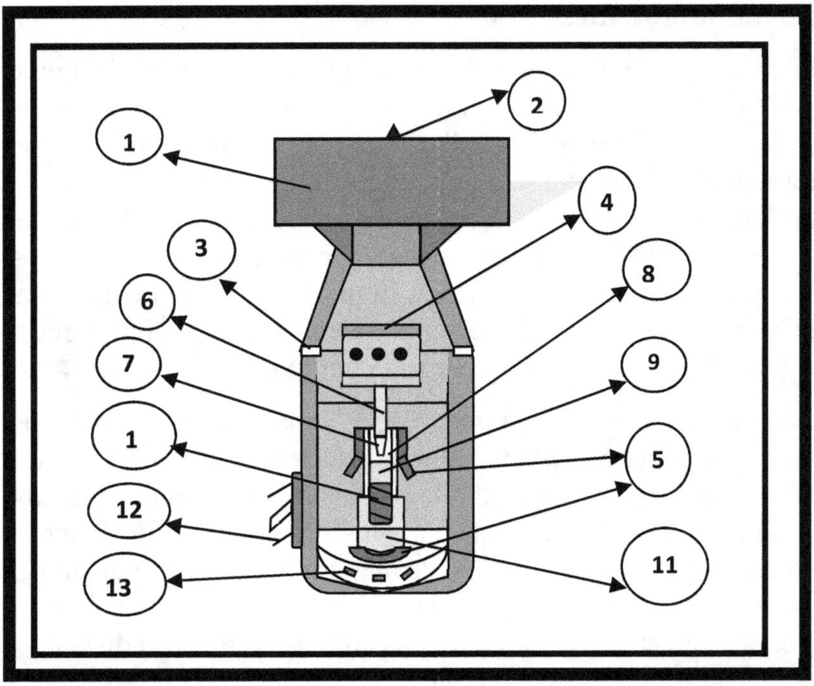

Architecture d'une bombe par insertion (Little Boy)

Légende

1. Ailerons stabilisateurs
2. Cône de queue
3. Entrée d'air
4. Détonateur par pression
5. Conteneur en plomb (protection)
6. Bras du détonateur
7. Tête du détonateur
8. Charge explosive (cordite)
9. Projectile en uranium 235
10. Cylindre du canon
11. Cible en uranium 235 avec réceptacle, le réflecteur de neutrons se trouve à son sommet
12. Sondes pour la télémétrie (altimètre)
13. Fusibles d'armement de la bombe (insérés peu avant le largage)

L'autre méthode pour déclencher une explosion est la technique de l'implosion ; elle est plus complexe à réaliser, car elle consiste à rassembler la matière fissile disposée en boule creuse, puis de la comprimer de façon à augmenter sa densité et ainsi atteindre une configuration supercritique, qui déclenchera l'explosion par le déclenchement de la réaction de fission nucléaire.

Dans sa construction, la compression de la matière fissile est réalisée à l'aide des explosifs très puissants disposés tout autour ; la détonation de ces explosifs est déclenchée par un ensemble de détonateurs rigoureusement synchronisés. Les explosifs utilisés sont ceux dont l'onde de choc se déplace à des vitesses différentes, l'usinage des formes de ces explosifs doit ainsi être fait avec beaucoup de précision.

La technique de l'implosion permet d'atteindre la disposition supercritique bien plus rapidement que par celle de l'insertion ; le délai est de l'ordre de deux à trois microsecondes, c'est-à-dire environ cent fois plus rapide que par insertion : cette méthode est mieux appropriée pour l'utilisation du plutonium 239 comme matière fissile, elle est plus sûre puisque la configuration critique n'est atteignable qu'en cas de mise en œuvre de l'explosif classique et non par déplacement d'une pièce de métal comme cela se fait dans les systèmes à insertion.

La bombe larguée sur Nagasaki, encore appelée Fat Man, utilisait cette technique.

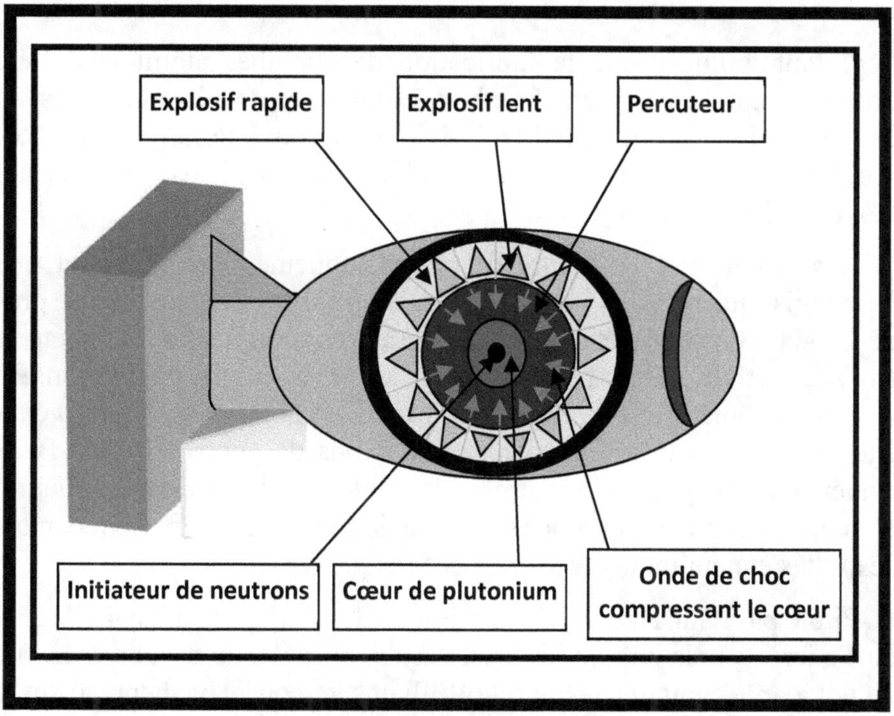

Schéma de la bombe Fat Man.

II.1. L'effroyable bombardement atomique d'Hiroshima

Sept mois après l'entrée en guerre des États-Unis, le projet Manhattan est lancé en 1942, cela consiste à fabriquer les armes nucléaires, plus précisément les bombes à l'uranium et au plutonium, ce projet est dirigé par Robert Oppenheimer qui est considéré comme le père de la bombe atomique, ce projet est développé en parallèle et en secret par les États-Unis avec l'assistance du Royaume-Uni, le Canada et plusieurs chercheurs européens dans le cadre de l'accord de Québec signé en 1943.

Après la mort d'Adolphe Hitler le 30 avril 1945, l'Allemagne nazie ayant capitulé en Europe, la dernière véritable poche de résistance se trouvait au Japon ; c'est dans cette ambiance qu'a lieu le 26 juillet 1945 à Postdam ou les États unis vont adresser un ultimatum très sérieux à l'Empire nippon. Le 28 juillet 1945, le Japon refuse catégoriquement toute idée de reddition, le 31 juillet 1945 l'empereur Hirohito ordonne au Garde des Sceaux de prendre des mesures pour défendre à tout prix les insignes impériaux.

Il faut indiquer que la fabrication des bombes atomiques a été ordonnée par le président Franklin Delano Roosevelt, mais c'est le président Harry Truman qui le 21 juillet approuve le largage desdites bombes sur le Japon ; les villes cibles étaient Hiroshima, Kyoto, Kokura, Niigata et Nagasaki.

Hiroshima était un centre d'approvisionnement important et une base logistique pour les forces armées, les environs de cette ville de près de 255 000 habitants étaient un centre de communication, un lieu de stockage et de rassemblement pour les troupes ; la population fut mobilisée contre l'envahisseur américain. Le 6 août 1945, le temps était clair au-dessus de la ville ; plusieurs avions de guerre de type B-29 avaient été envoyés sur les autres villes cibles pour y évaluer la situation météo, au cas où les conditions seraient défavorables à Hiroshima, mais ces villes étaient toutes couvertes des nuages[15].

Piloté par Paul Tibbets, l'avion Enola Gay était parti à 2 h 45 de l'île de Tinian, avec la bombe Little Boy à son bord ; celle-ci fut armée lors du vol, par le capitaine de marine Williams Parsons. Une heure avant le bombardement, les Japonais avaient détecté l'approche d'un avion

---

[15] Michihiko Hachiya ; Journal d'Hiroshima : 6 août-30 septembre 1945, Tallandier 2015 ; pp. 111-118.

américain sur le sud de l'archipel ; l'alerte fut déclenchée avec des annonces aux populations et l'interruption des programmes de la radio dans plusieurs villes. L'avion B-29 de reconnaissance survola Hiroshima et disparut, en signalant de bonnes conditions de visibilité pour le bombardement. Les radars japonais détectèrent ensuite un nouveau groupe de trois avions à haute altitude, mais leur faible nombre fit que l'alerte fut levée après une dizaine de minutes ; il s'agissait en fait des trois B-29 du raid sur Hiroshima qui évoluaient à plus de 9 500 mètres d'altitude.

Le lieutenant Morris R Jeppson fut le dernier à toucher la bombe lorsqu'il plaça les fusibles d'armement ; avant 8 h 15, l'avion Enola Gay arriva au-dessus de Hiroshima. L'ordre de bombarder fut donné par Tibbets et le major Thomas Ferebee exécuta en visant le pont Aioi. Quelques secondes après 8 h 15, la bombe Little Boy sortit de la soute à une altitude de 9 450 mètres (soit 31 000 pieds).

Le 6 août 1945, à 8 h 16 min 2 s, après environ 43 secondes de chute libre, activée par les capteurs d'altitude et ses radars, elle explosa à 580 mètres à la verticale de l'hôpital Shima, en plein cœur de la ville, à environ 300 m au sud-est du pont initialement visé, libérant une énergie équivalente à environ 15 000 tonnes de TNT ; l'explosion tua instantanément des dizaines de milliers de personnes et détruisit tout sur environ 12 km^2.

Une énorme bulle de gaz incandescent de plus de 400 mètres de diamètre se forma en quelques fractions de seconde, émettant un puissant rayonnement thermique ; en dessous, près de l'hypocentre, la température des surfaces exposées à ce rayonnement s'est élevée à près de 4000 °C. Des incendies se déclenchèrent, même à plusieurs kilomètres ; les personnes exposées à cet éclair furent brûlées. Les populations protégées à l'intérieur ou par l'ombre des bâtiments furent ensevelies ou blessées par les projections de débris au moment où l'onde de choc arriva sur elles.

Des vents de près de 800 km/h dévastèrent les rues et les habitations ; le champignon atomique, aspirant la poussière et les débris, entamait son ascension de plusieurs kilomètres.

Même les zones épargnées lors de l'explosion ont par la suite fait face à un déluge de feu causé par les mouvements intenses des masses d'air.

II.2. L'effroyable bombardement atomique à Nagasaki

Suite au lancement du Little boy sur le Japon, une allocution du président Harry Truman indiqua que les États-Unis avaient utilisé une bombe atomique contre Hiroshima et que d'autres attaques aériennes seraient menées contre les industries et les réseaux de transport japonais ; cette déclaration menaçait également le Japon d'un déluge de ruines venues des airs, des destructions des forces marines et terrestres en nombre et en puissance avec les aptitudes aux combats comme il n'en a jamais été vu de semblable sur cette terre s'il n'acceptait pas une capitulation immédiate et sans condition.

Le 8 août 1945, des messages imprimés sur des petites feuilles de papier sont largués sur le Japon ; ces messages stipulaient : l'Amérique est en possession de l'explosif le plus destructeur jamais conçu par l'homme ; une seule de nos bombes atomiques, que nous avons récemment développées, est équivalente à la puissance explosive de 2000 B-29 lors d'une seule mission. Cette affreuse affirmation doit vous faire réfléchir et nous pouvons vous assurer solennellement qu'elle est terriblement exacte.

Nous venons juste de commencer à utiliser cette arme contre votre patrie. Si vous avez un quelconque doute, faites une enquête et demandez ce qui s'est passé à Hiroshima quand une seule de nos bombes est tombée sur la ville.

Avant d'utiliser cette bombe pour détruire toutes les ressources militaires qui permettent de continuer cette guerre inutile, nous vous demandons d'adresser à l'Empereur une pétition pour mettre fin au conflit. Notre président a exposé les treize conditions d'une capitulation honorable. Nous vous pressons d'accepter ces conditions et de commencer le processus de construction d'un nouveau Japon, meilleur et en paix.

Vous devriez prendre maintenant des décisions pour arrêter la résistance militaire. Nous devrons autrement nous résoudre à utiliser cette bombe et toutes nos autres armes supérieures pour cesser rapidement et avec force cette guerre.

Malgré cet autre ultimatum, le gouvernement japonais ne formula aucune réponse officielle. La ville de Nagasaki qui était l'un des plus grands ports du sud du Japon constituait également un pilier du complexe militaro-industriel japonais ; diverses industries y étaient implantées : des fabriques d'équipements militaires et de nutritions, des chantiers navals, des usines aéronautiques, etc.

Le 9 août 1945, le bombardier B-29 Bockscar part de l'île de Tinian pour larguer la bombe Fat Man sur la ville de Kokura, mais son pilote, Charles Sweeney décide de se reporter sur sa deuxième cible de Nagasaki du fait de la couverture nuageuse sur Kokura ; quelque temps après, deux autres bombardiers B-29 décollent : The Great Artiste piloté par Frederick et The Big Stink piloté par le lieutenant-colonel Hopkins.

Dix minutes de vol après, le commandant Ashworth charge les fusibles sur Fat Man et ordonne de ne pas voler en dessous de 1500 mètres pour éviter une détonation accidentelle. Pendant près de 40 minutes de vol, Bockscar et The Great Artiste tournent autour de l'île de Yakushima, lieu de rencontre pour attendre The Big Stink ; entre temps les avions de reconnaissance informent que des nuages couvrent partiellement Nagasaki et Kokura, mais que le bombardement est bien possible.

Ayant attendu en vain, The Big Stink, Bockscar et The Great se dirigent vers Kokura ; arrivé dans cette ville vers 10 h 20, l'équipage de Bockscar découvre qu'avec la couverture nuageuse à 70 %, le bombardement est difficile. Après trois survols sans possibilité de Kokura, les deux bombardiers se dirigent vers la deuxième cible de Nagasaki pour procéder à un bombardement visuel des principales usines de la ville.

Il faut indiquer qu'à 7 h 50, une alerte aérienne avait été donnée à Nagasaki, mais a été rapidement levée vers 8 h 30 ; ainsi lorsque Bockscar et The Great apparurent au-dessus de la ville vers 10 h 56, les Japonais pensèrent qu'il s'agissait des avions de reconnaissance, c'est pourquoi aucune alarme ne fut à nouveau donnée. Ayant observé une percée dans les nuages sur Nagasaki, le capitaine Kermit Beahan largua Fat Man dans une vallée avec les industries et la bombe explosa à 469 mètres d'altitude vers 10 h 58 ; l'explosion d'une puissance de 20 kilotonnes détruisit 3,8 km^2 de bâtiments dans le district d'Urakami.

II.3. Les séquelles mondiales des bombardements nucléaires au Japon

Après le rejet de certaines conditions de l'ultimatum de la conférence de Postdam par les dirigeants japonais, les États-Unis entreprirent de terroriser les populations et d'imposer au Japon un traité de reddition sans conditions comportant l'éviction de l'empereur Hirohito et l'adoption d'un régime politique occidental ; les Américains ont profité de ces opérations pour tester en grandeur nature lesdites bombes et montrer aux autres pays, en particulier à l'URSS, la supériorité de feu décisive qu'ils donnaient à la puissance américaine, ce qui fait de ce combat l'acte inaugural de la guerre froide.

Ces bombardements que beaucoup ont à tort ou à raison placés au rang des crimes de guerre des alliés, sont restés les seuls cas d'utilisation d'armes nucléaires contre des populations civiles. Ainsi, c'est finalement le 14 août 1945 que le gouvernement japonais céda ; le 2 septembre 1945, on assistait à la signature des actes de capitulation du Japon.

Vu le nombre de personnes tuées par l'explosion, le rayonnement thermique, les ondes de choc, les effets de souffle, l'irradiation, la chaleur, et le géant incendie consécutif : Le département de l'énergie des États-Unis avance les chiffres de 70 000 personnes pour Hiroshima et 40 000 personnes pour Nagasaki ; le musée du mémorial pour la paix d'Hiroshima avance le chiffre de 140 000 morts, pour la seule ville d'Hiroshima. IL faut ajouter à ces chiffres les décès causés ultérieurement par certaines pathologies à savoir, 334 cas de cancers et 231 cas de leucémies sur la population.

Face à tous ces dégâts, le monde a compris la dangerosité de cette arme pour les êtres vivants ; de la pensée à la conception et à la réalisation, chaque personne ayant participé au processus de fabrication des bombes, a regretté cette invention humaine. C'est pourquoi les leaders du monde vont décider la non-prolifération de cette bombe dans tous les États ; le développement de l'uranium à des fins militaires sera donc placé sous le contrôle de l'Agence International de l'Énergie atomique (AIEA).

CHAPITRE VI

LES PROGRAMMES NUCLÉAIRES DE CERTAINS ÉTATS ET LEURS MENACES

Lorsque nous regardons l'historique du programme nucléaire de certains pays comme l'Irak, l'Iran, la Corée du Nord ou Taïwan, nous constatons que la Russie, les États-Unis, la Chine, la France, le Royaume-Uni, l'Allemagne sont à l'origine du transfert de cette technologie ; tout ceci s'est souvent opéré dans le cadre des accords et échanges bénéficiant aux deux parties étatiques en présence. Dans une espèce d'intelligence, ces états qui vont finir par maîtriser cette technologie décideront de poursuivre clandestinement ce programme avec pour seul but de posséder les armes nucléaires.

I. Le programme nucléaire de l'Iran

Tout commence en 1957, pendant la Guerre froide, la Dynastie Pahlavi a signé avec les États-Unis un programme nucléaire de coopération civile dans le cadre du programme « Atoms for Peace » ; en 1959 est créé le Centre de recherche nucléaire de Téhéran (CRNT), opéré par l'Organisation de l'énergie atomique d'Iran (OEAI).

Les Américains fournissent au CRNT un réacteur nucléaire de recherche d'une puissance de 5 MW, ce réacteur qui utilise de l'uranium hautement enrichi sera mis en fonction en 1967, l'Iran signe le traité de non-prolifération nucléaire (TNP) en 1968 et le ratifie en 1970 ; le Shah Mohammad Pahlavi avait pour projet de construire jusqu'à 23 centrales nucléaires à travers son pays avec l'aide des États-Unis à l'horizon 2000.

Le Shah Mohammad Rezza Pahlavi déclara en mars 1974 : « le pétrole est un matériau noble, bien trop valeureux pour le brûler… Nous envisageons de produire, aussitôt que possible, 23 000 mégawatts d'électricité en utilisant des centrales nucléaires. Bushehr serait la première centrale, et fournirait de l'énergie à la ville de Shiraz située plus dans les terres ».

En 1975, la compagnie allemande Kraftwerk Union AG créée grâce à un partenariat de Siemens AG et AEG Telefunken a signé un contrat pour 4 à 6 milliards de dollars américains afin de construire la centrale à réacteur à eau pressurisée ; la construction des deux unités de production de 1 196 MW a été sous-traitée à Thyssen Krupp pour être terminée en 1981. La même année, le secrétaire d'État américain, Henry Kissinger, signe le document National Security Decision Memorandum 292 intitulé « Coopération U.S.-Iran », qui décrit les détails de la vente des équipements nucléaires devant rapporter plus de 6 millions de dollars aux compagnies américaines. Pendant ce temps, l'Iran devait extraire un volume de 6 millions de barils de pétrole par jour (950 000 m3/j).

En 1976, le président américain Gerald Ford signe avec hésitation une directive offrant à Téhéran l'opportunité d'acheter et d'utiliser une installation de traitement du combustible usé, de fabrication américaine, permettant d'extraire du plutonium à partir de combustible ; l'accord était écrit en vue de parvenir à la maîtrise du cycle complet de l'atome, avec tous les risques en matière de prolifération que cela pourrait engendrer. Le document stratégique de Ford stipulait que « l'introduction de l'énergie nucléaire en Iran permettra à la fois de fournir les besoins grandissants de l'économie iranienne et de libérer des ressources de pétrole pour l'export ou la conversion en produits pétrochimiques. »

Ainsi, le gouvernement du président Ford a approuvé les projets iraniens qui visaient à construire une véritable filière électronucléaire, et a aussi travaillé dur pour conclure un accord de plusieurs milliards de dollars, accord qui aurait donné à Téhéran le contrôle sur de grandes quantités de plutonium et d'uranium enrichi ; les deux chemins qui mèneraient vers la bombe nucléaire.

Après la révolution iranienne en 1979, le gouvernement iranien a informé l'AIEA de ses projets de reprendre son programme nucléaire, en utilisant du combustible nucléaire enrichi en Iran ; entre temps la France a marqué son refus de lui fournir de l'uranium enrichi à l'Iran. Entre temps, l'Iran n'a pas cautionné son investissement dans Eurodif, un consortium international fondé en 1973 par la France, la Belgique, l'Espagne et la Suède. Les États-Unis étaient payés à l'avance pour livrer du combustible nucléaire à l'Iran en accord avec le contrat signé avec la révolution ; les Américains n'ont ni livré le combustible ni rendu les milliards de dollars de paiement qu'ils avaient déjà perçus.

Le gouvernement allemand fut aussi rémunéré par des milliards de dollars pour les deux installations nucléaires de Bushehr, mais après près de trois décennies, l'Allemagne a refusé à la fois d'exporter les équipements nécessaires et de rendre l'argent. En retour, le gouvernement iranien a suspendu ses paiements et a essayé de renégocier le prêt en faisant pression sur la France, notamment en supportant des groupes de résistance arabe, dont le Hezbollah qui avait pris des citoyens français en otage dans les années 1980 ; le président François Mitterrand refusa en 1982 de donner de l'uranium enrichi à l'Iran, qui réclamait également la dette d'un milliard de dollars.

Le 17 septembre 1986, Georges Besse, le manager d'Eurodif, fut assassiné ; entre 1985 et 1986, une série d'attentats a lieu en France justifiant la pression et le chantage du gouvernement iranien. Puis arrive en 1991 un accord réglant le contentieux Eurodif : la France a rendu plus d'un milliard de dollars tandis que l'Iran dédommageait des entreprises françaises pour des contrats annulés ; l'Iran est resté actionnaire d'Eurodif via la Sofidif, un consortium franco-iranien actionnaire à hauteur de 25 % d'Eurodif.

Le 23 décembre 2006, la résolution 1737 du Conseil de sécurité des Nations Unies gèle les avoirs de l'Organisation iranienne à l'Énergie atomique. Kraftwerk Union, la coentreprise de Siemens AG et d'AEG Telefunken qui avait signé un contrat avec l'Iran en 1975, s'est complètement retiré du projet de la centrale nucléaire de Bushehr en juillet 1979, à la suite de l'arrêt du travail en janvier 1979, avec un réacteur à moitié fini et l'autre fini à 85 %. Ils déclarent baser leur action sur le non-paiement de sommes dues par l'Iran de 450 millions de dollars ; la compagnie avait reçu 2,5 milliards du contrat total. La compagnie française Framatome, filiale d'Areva, s'est également retirée.

Les réacteurs de Bushehr ont ensuite été endommagés par les multiples frappes aériennes irakiennes entre le 24 mars 1984 et 1988 ; et le travail sur le programme nucléaire s'est arrêté en Iran. En 1991, le président argentin Carlos Menem, sous pression de Washington, met fin unilatéralement à la coopération nucléaire irano-argentine, entamé en 1983. En 1995, l'Iran a signé un contrat avec la Russie afin de compléter le travail sur la centrale partiellement construite de Bushehr, installant dans le bâtiment existant Bushehr I un réacteur nucléaire de type VVER de 1000 MW.

En 1996, les États-Unis ont tenté, sans succès, d'empêcher la Chine de vendre à l'Iran une usine d'enrichissement de l'uranium ; la Chine a également fourni à l'Iran le gaz nécessaire pour tester le processus d'enrichissement de l'uranium. La communauté internationale apprend le 14 août 2002 par la voix d'Alireza jafarzadeh, un dissident iranien, l'existence de deux sites nucléaires restés inconnus : une installation d'enrichissement de l'uranium à Natanz avec une partie souterraine et une installation à Eau lourde à Arak.

Avant cette dénonciation, l'AIEA soupçonnait l'Iran de dissimuler son programme d'enrichissement de l'uranium, en violation au Traité de non-prolifération nucléaire ; après ce scandale, le gouvernement iranien a autorisé les inspections de ses installations par l'AIEA, qui conclut que les installations ne faisaient pas partie d'un programme militaire secret.

Le 14 novembre 2004, le responsable iranien des négociations sur la question du nucléaire a annoncé une suspension temporaire et volontaire de son programme d'enrichissement d'uranium sous la pression de la Grande-Bretagne, de la France et de l'Allemagne, tous agissant au nom de l'Union européenne.

Cinq jours après l'élection du président Mahmoud Ahmadinejad, entre le 8 et le 10 août 2005, le gouvernement iranien reprend avec la conversion d'uranium à l'usine d'Ispahan, ceci va justifier la pression de l'Union européenne sur l'AIEA afin de porter le dossier du programme nucléaire iranien devant le Conseil de sécurité des Nations Unies. Le 4 février 2006, les 35 membres du Conseil des gouverneurs de l'AIEA ont voté, à 27 voix contre 3 voix et 5 abstentions dont : Algérie, Biélorussie, Indonésie, Libye et Afrique du Sud, le transfert du dossier de l'Iran devant le Conseil de Sécurité de l'ONU ; cette mesure était proposée par la Grande-Bretagne, la France et l'Allemagne, tous trois soutenues par les États-Unis, la Russie et la Chine, membres permanents du Conseil. Ces derniers ont donné leur accord pour le renvoi à la condition que le Conseil ne prenne aucune décision avant mars. Les trois membres qui ont voté contre le renvoi étaient le Venezuela, la Syrie et le Cuba.

Le 11 avril 2006, le président Mahmoud Ahmadinejad annonce que l'Iran a enrichi avec succès de l'uranium à 3,5 % en utilisant plus d'une centaine de centrifugeuses.

Le 12 avril 2006, la Secrétaire d'État américaine Condoleezza Rice demande au Conseil de Sécurité de prendre des mesures fortes afin de pousser Téhéran à renoncer à son ambition nucléaire.

Le 13 avril 2006, le président Mahmoud Ahmadinejad affirme que l'Iran n'abandonnerait pas l'enrichissement de l'uranium et que le monde devrait considérer l'Iran comme une puissance nucléaire.

Le 14 avril 2006, l'Institut pour la science et la sécurité internationale (ISIS) a publié une série de photos satellites analysées des installations nucléaires iraniennes à Natanz et Ispahan ; sur celles-ci, on observe un nouveau tunnel d'entrée dans l'installation de conversion d'uranium à Esfahan, et une construction continue au site d'enrichissement de Natanz.

En août 2013, l'Iran déclare posséder 18 000 centrifugeuses, dont 10 000 en activité.

Après l'élection d'Hassan Rohani à la présidence de la République iranienne en juin 2013 et son entrée en fonction en août, l'Iran annonce publiquement sa plus grande disposition à trouver un accord sur le nucléaire, alors que les sanctions prises par les pays occidentaux depuis plusieurs années portent leurs fruits ; puis en fin novembre 2013, un accord est trouvé entre Téhéran et le groupe des cinq plus un (États-Unis, Royaume-Uni, France, Chine, Russie, Allemagne), cet accord prévoit notamment que l'Iran n'enrichisse pas d'uranium à plus de 5 % pendant six mois, dilue la moitié de ses stocks actuels, suspende les usines de Natanz, Fordow et Arak sans construire de nouveaux sites d'enrichissement, alors que l'AIEA aura désormais un accès quotidien et sans préavis à Natanz et Fordow.

En contrepartie, les Occidentaux s'engagent à suspendre leurs sanctions économiques sur l'industrie, l'automobile, le commerce de l'or, les exportations pétrochimiques, à ne pas essayer d'entraver encore plus la vente du pétrole iranien, en notant que ces levées sont limitées, temporaires et ciblées, et peuvent à tout moment être annulées en cas de non-respect des engagements iraniens.

Le 2 avril 2015, un accord d'étape a été trouvé sur les principales garanties : l'Iran s'engage à ne plus produire d'uranium enrichi à plus de 3'7 % pendant 15 ans. Il ne démantèlera aucun de ses sites nucléaires, mais n'en construira pas non plus. Il réduira à 6104 pendant dix ans le nombre de ses centrifugeuses contre 19 000 au moment de cet accord.

Il diluera 95 % de son stock actuel d'uranium enrichi ; le site souterrain controversé de Fordow ne doit plus accueillir de nouvelles matières fissiles. Les sanctions internationales seront levées en fonction du respect des engagements iraniens, sans précisions toutefois, sur le calendrier des vérifications.

Le 14 juillet 2015 à Vienne, au terme de plusieurs négociations et prolongations, l'Iran et les pays du groupe des cinq plus un (États-Unis, Royaume-Uni, France, Chine, Russie, Allemagne), sont finalement parvenus à un compromis sur le nucléaire iranien ; le contenu indique la limitation de l'enrichissement de l'uranium, la limitation de la production du plutonium, le renforcement des inspections, la levée des sanctions et le maintien de l'embargo sur les armes.

Le 8 mai 2018, les États-Unis par la voix de son président Donald Trump annoncent au monde entier leur retrait de l'accord sur le nucléaire iranien et le rétablissement des sanctions économiques contre l'Iran. Désormais, les structures du JCPoA seront mises à mal malgré la volonté des autres membres du groupe de cinq plus un de maintenir le cadre existant en respectant pleinement leurs engagements. L'Allemagne par exemple est l'un des principaux partenaires commerciaux de l'Iran ; selon les statistiques du ministère de l'Économie datant de 2016, les exportations allemandes avaient atteint quelque 2,6 milliards d'euros, soit une hausse de 26 % sur une année. Mais il est clairement établi avec ce nouveau rebondissement que les pays européens courent maintenant le risque de sanctions américaines en commerçant avec l'Iran.

Avec le début effectif des premières sanctions au mois d'août 2018, les autres alliés américains dans cette négociation n'ont pas attendu les deuxièmes sanctions économiques du mois de novembre 2018 pour couper les liens avec l'Iran ; désormais, l'impact de ces sanctions affectera profondément l'économie de cet État. Même les pays européens subiront les effets néfastes des représailles américaines sur la République islamique d'Iran.

II. Le programme nucléaire en Corée du Nord

La question des armes nucléaires en Corée du Nord est un sujet diplomatique spécialement très tendu entre deux grands groupes des pays de ce monde : d'un côté, nous avons la Corée du Nord, la Russie et la République populaire de Chine ; de l'autre côté, nous avons la Corée du Sud, le Japon et les États-Unis.

Aux yeux des spécialistes, il est incompréhensible qu'un État détienne la technologie des armes nucléaires et demeure économiquement pauvre avec une capacité de production énergétique faible ; c'est pourquoi il apparaît que pendant la guerre froide, dans l'intention d'étendre son hégémonie dans la sous-région, les États-Unis installent à partir de 1958 les armes dotées des têtes nucléaires en Corée du Sud tournées vers la Corée du Nord.

En 1965, l'Union Soviétique fournit de façon clandestine le premier réacteur nucléaire de recherche à la Corée du Nord dans la ville de Yongbyon ; puis en 1970 un deuxième réacteur est construit, ceci va faire en sorte qu'à partir de 1980 un programme clandestin d'obtention de l'arme nucléaire sera réellement déclenché.

En 1985 lorsque la Corée du Nord signe le traité de non-prolifération nucléaire, la CIA américaine découvre un troisième réacteur en construction dans ce pays, la Chine populaire qui souhaite contourner le traité de non-prolifération nucléaire entre en jeu par la signature d'un accord secret avec la Corée du Nord en 1992, par cet accord la chine fournit à la Corée du Nord de quoi réaliser des essais nucléaires de faible puissance, afin de concevoir des mini-nukes ; après plusieurs tensions très fortes avec pour arbitre l'AIEA, la Corée du Nord se retire du traité de non-prolifération nucléaire le 10 janvier 2003, déclenchant de ce fait une radicalisation de la crise diplomatique.

Depuis lors, la position officielle de la Chine sur la question nucléaire en Corée du Nord se révèle n'être qu'une posture diplomatique ; en effet, la Chine et la Russie sont des alliées officieuses de la Corée du Nord dans cette crise du prolongement de la Guerre froide avec en face la Corée du Sud, le Japon et les États-Unis.

Ainsi, le premier essai nucléaire de la Corée du Nord a lieu le 9 octobre 2006, le deuxième plus puissant que le premier a lieu 25 mai 2009, le troisième se déroule le 12 février 2013, puis le 6 janvier 2016 un autre essai de bombe à hydrogène à lieu.

Pour la Corée du Nord, la détention du nucléaire est une arme de dissuasion vis-à-vis des États-Unis ; cette crise a déjà entraîné plusieurs cycles de négociations et des sanctions financières américaines contre la Corée du Nord : elle possède de nos jours environ 60 ogives nucléaires pour missiles.

Le mardi 12 juin*2018* la rencontre du siècle tant attendue entre un président américain Donald Trump et un dirigeant nord-coréen Kim Jong un s'est tenue à l'hôtel The Capella sur l'île de Sentosa, au sud de Singapour ; cette rencontre s'est soldée par la signature d'un document commun :

- Les États-Unis et la Corée du Nord s'engagent à établir de nouvelles relations entre leurs deux pays conformément au souhait de paix et de prospérité des peuples des deux pays ;
- Les États-Unis et la Corée du Nord uniront leurs efforts pour mettre en place un régime de paix durable et stable dans la péninsule coréenne ;
- La Corée du Nord s'engage à œuvrer pour la dénucléarisation complète de la péninsule coréenne ;
- Les États-Unis et la Corée du Nord s'engagent à rapatrier les dépouilles des militaires américains disparus au combat lors de la guerre de Corée entre 1950 et 1953.

III. Les dangers et menaces des armes nucléaires

Les armes de destruction massive sont une expression créée en 1940 aux États-Unis par le scientifique Vannevar Bush qui fût conseiller des présidents Roosevelt et Truman, il désignait ainsi les futures armes géantes dites imprévisibles comme les armes nucléaires, radiologiques, bactériologiques et chimiques ; cette notion a été étendue par le Congrès américain à des armes à la fois conventionnelles et plus petites.

Cette expression est devenue très célèbre en 2002 pendant la crise du désarmement de l'Irak, l'accusation de la présence d'armes de destruction massive fut le principal mobile avancé pour l'attaque et l'invasion de l'Irak en 2003. Il faut indiquer que l'Union Soviétique est à la base du programme nucléaire irakien depuis le 17 août 1959 à travers un accord signé entre les deux états prévoyant la construction d'une centrale nucléaire et l'établissement d'un programme nucléaire ;

en 1968, les Soviétiques fournissent un réacteur nucléaire de recherche aux Irakiens.

De ce fait dans les années 1970 et 1980, de manière clandestine l'Irak va poursuivre un vaste programme d'armes biologiques et nucléaires qu'il utilisera dans son conflit avec l'Iran entre 1980 et 1988.

III.1. Les armes de destruction massive

Les armes biologiques sont des armes qui utilisent les agents pathogènes pour éliminer ou anéantir les hommes et les animaux ; ces armes peuvent provoquer une épidémie sur une très grande échelle, en contaminant les sources d'eau et d'alimentation. Dans le domaine militaire, ces armes facilitent les frappes sur les lignes des forces ennemies : installations logistiques, bases navales et aériennes, postes de contrôle et de commandement, etc.

De nos jours, les armes biologiques sont classées parmi les armes de destruction massive, au même titre que celles chimiques et nucléaires ; c'est pourquoi l'utilisation de ces armes est interdite par une convention internationale depuis 1925, mais leur fabrication et leur détention sont interdites depuis 1972.

Les armes chimiques utilisent les propriétés toxiques des substances chimiques pour tuer ou anéantir un nombre important d'hommes et d'animaux ; ces armes sont toutefois interdites par le droit international depuis 1993.

Les armes nucléaires sont composées des dispositifs explosifs nucléaires et de leurs vecteurs ; ces dispositifs explosifs nucléaires utilisent des réactions nucléaires auto-entretenues, transformant la structure nucléaire des atomes et dégageant une énergie importante.

La question des armes nucléaires et leur prolifération constituent une menace importante pour la paix et la sécurité, c'est pourquoi elles préoccupent sans cesse la communauté internationale. Après plusieurs sacrifices et efforts soutenus, les gouvernements du monde entier ont conclu de nombreux accords visant à réduire les arsenaux nucléaires, à interdire le déploiement des armes nucléaires dans les espaces extra-atmosphériques ou le fond des mers, à limiter la prolifération de ces armes et à mettre fin aux essais nucléaires.

Les armes nucléaires sont les seules armes de destruction massive à ne pas être encore encadrées par un traité international visant à les interdire ; même si elles ont la plus grande capacité de destruction, un traité d'interdiction est attendu depuis longtemps, il rendrait seulement leur possession et leur utilisation illégale ; mais ouvrirait la voie vers plus d'utilisation au nucléaire civil.

Le bureau des affaires du désarmement des Nations Unies œuvre pour le désarmement nucléaire et la non-prolifération, ainsi que pour le renforcement des régimes de désarmement des autres armes de destruction massive, telles que les armes chimiques et biologiques. Il encourage également les efforts de désarmement dans le secteur des armes conventionnelles, notamment les mines terrestres et les armes légères, très prisées dans les conflits contemporains.

III.2. Les traités d'interdiction des armes nucléaires

Le traité de non-prolifération des armes nucléaires signé en 1968 à la conférence du comité de désarmement avait pour but d'empêcher le risque d'une guerre nucléaire à cause de la prolifération des armes nucléaires. Il vise à réduire le risque que les armes nucléaires se répandent à travers le monde et son application est garantie par l'Agence internationale de l'énergie atomique, ce traité distingue les États dotés d'armes nucléaires de ceux qui n'en sont pas.

Les États dotés des armes nucléaires sont tenus de ne pas transférer d'armes nucléaires ni aider ceux non dotés d'armes nucléaires à en fabriquer. Ces derniers ne doivent non plus fabriquer ni acquérir d'armes nucléaires. Le traité exhorte aussi tous les États partis à poursuivre de bonne foi des négociations sur des mesures de désarmement nucléaire.

Le traité sur la non-prolifération, initialement signé pour 25 ans, fut prorogé en 1995 pour une durée indéfinie. L'Agence internationale de l'énergie atomique se charge de vérifier le respect des dispositions du traité sur la non-prolifération ; elle utilise un système de garanties pour s'assurer que les activités nucléaires des États non dotés d'armes nucléaires ne sont pas détournées à des fins militaires.

Le traité d'interdiction complète des essais nucléaires fut négocié en 1996 par la Conférence du désarmement, en raison d'un veto opposé en son sein, il fut signé à l'assemblée générale des Nations Unies ; il vise à empêcher la mise au point de nouvelles armes nucléaires par les États dotés des armes nucléaires et la fabrication d'armes nucléaires par les États non dotés des armes nucléaires. Le traité d'interdiction complète des essais nucléaires interdit donc toute explosion expérimentale d'arme nucléaire en tout lieu et prévoit un régime de surveillance important pour vérifier que ses obligations sont respectées. Ce traité est en cours de ratification par les États partis, les conditions d'entrée en vigueur dudit traité sont très rigoureuses puisqu'elles prévoient que le traité d'interdiction complète des essais nucléaires ne pourra entrer en vigueur que lorsque 44 États bien précis l'auront ratifié.

Le premier traité qui interdit le déploiement des armes nucléaires fut celui de l'Antarctique en 1959 ; depuis lors, ce dernier s'est étendu dans d'autres zones de ce type comme en Amérique latine, le Pacifique Sud, en Afrique, en Asie du Sud-est, l'espace extra-atmosphérique et pour le fond des mers et des océans. D'autres zones du globe ont suivi : il s'agit du Moyen-Orient, l'Asie centrale, l'Europe centrale, orientale et septentrionale, l'Asie du Sud et la péninsule coréenne.

Pendant la guerre froide, plusieurs accords bilatéraux de maîtrise des armements portaient sur les armes nucléaires ; les plus importants furent négociés entre l'Union Soviétique et les États-Unis. Les accords des pourparlers sur la limitation des armes stratégiques en 1972 et le Traité de limitation des armes stratégiques en 1979 limitaient le nombre des vecteurs d'armes nucléaires que chaque État parti pouvait déployer ; l'objectif était de stabiliser l'équilibre nucléaire entre les deux pays, il s'agissait des premiers accords de limitation des armements conclus par l'Union Soviétique et les États-Unis.

Juste à la fin de la Guerre froide, l'Union Soviétique, puis la Fédération de Russie, et les États-Unis signèrent deux autres traités majeurs de désarmement nucléaire.

- Le traité sur la réduction et la limitation des armements stratégiques offensifs en 1991.
- Le traité sur de nouvelles réductions et limitations des armements stratégiques offensifs en 1993 qui réduit considérablement le nombre d'ogives d'armes nucléaires stratégiques que détient chacun des deux pays ; les Présidents des États-Unis et de la Fédération de Russie avaient accepté le principe de telles négociations lors d'un sommet à Helsinki, en mars 1997.

Les États-Unis ont développé en premier l'arme nucléaire en 1940, ont suivi l'Union soviétique en 1949, le Royaume-Uni en 1952, la France en 1960, la Chine en 1964.

Après l'entrée en vigueur du traité de non-prolifération des armes nucléaires en 1970, trois États ont effectué avec succès les tests d'armes nucléaires ; il s'agit de l'Inde, du Pakistan et de la Corée du Nord. L'État d'Israël détient officieusement les armes nucléaires ; aussi, certains États ont possédé les armes nucléaires avant de démonter cet arsenal, il s'agit de l'Afrique du Sud, la Biélorussie, le Kazakhstan et l'Ukraine. De même, certains pays disposent d'armes nucléaires américaines sur leur territoire, mais à cette date ils ne peuvent pas les fabriquer : il s'agit de l'Allemagne, la Belgique, les Pays-Bas, l'Italie et la Turquie.

III.3. La menace permanente des armes nucléaires : la prévention

La technologie de fabrication des explosifs est connue depuis la nuit des temps avec la découverte en Chine, 220 ans avant Jésus-Christ de la poudre noire ; en l'an 690, les Arabes ont utilisé la poudre noire au siège de La Mecque. Cette poudre noire qui arrive en Europe au XIIIe siècle est un mélange de salpêtre, c'est-à-dire soit le nitrate de potassium ou le nitrate de sodium, auquel sont ajoutés 15 % de charbon de bois, et 10 % de soufre.

De même, l'historique des attentats ne date malheureusement pas de nos jours ; le premier dispositif infernal explose en 1800, sur le passage de la voiture du premier Consul Napoléon. En 1835, un attentat à l'explosif contre Louis-Philipe a eu lieu, celui-ci devait passer en revue la garde nationale sur le boulevard du temple à Paris. En 1858, Félice Orsini et quatre complices jettent trois bombes sur le cortège impérial qui se rendait à l'Opéra.

Depuis le début du XXIe siècle, l'attentat de Madrid en 2004 fait 192 morts et 1750 blessés, celui de Londres en 2005 dans le métro puis dans le bus fait 52 morts et 700 blessés, nous gardons en mémoire les attentats d'Oslo en 2011, Tripoli en 2013 ou Volvograd la même année ; entre 2015 et 2016, les villes de Maiduguri au Nigéria, Kolofata et Fotokol au Cameroun, Kelfoua au Tchad et Diffa au Niger sont les cibles des attentats répétés. Comme nous constatons, l'utilisation et la manipulation des explosifs ont toujours causé des dégâts importants sur le plan humain et matériel ; ainsi durant des siècles, les explosifs ont régulièrement été utilisés dans des attentats pour tuer des humains.

Les Kamikazes sont la forme régulièrement utilisée par les terroristes modernes pour toucher les populations, c'est pourquoi les équipements de détection et de protection jouent un rôle très important dans la prévention.

De nos jours, la menace atomique en l'occurrence en Corée du Nord et l'État islamique d'Iran reste bien présente à travers leurs provocations ; de plus, la crainte que les organisations terroristes parviennent à mettre la main sur ces types d'explosifs ou à fabriquer des explosifs et bombes sales, en se procurant des particules radioactives, reste bien permanente.

Le terrorisme est répandu à travers le monde et la possibilité que des matériaux nucléaires soient utilisés par ces ennemis de la paix pour la réalisation de telles armes ne peut pas être ignorée.

C'est pourquoi les États de ce monde doivent marquer sérieusement un intérêt à renforcer la sécurité nucléaire par la protection physique des matières et installations nucléaires, la sûreté nucléaire et la radioprotection, la prévention et la lutte contre les actes de malveillance, ainsi que les actions de sécurité civile en cas des accidents nucléaires.

Toutefois, il faut dire que si le monde caresse véritablement le rêve de se débarrasser de la menace permanente de ses armes nucléaires, les États et gouvernements doivent promouvoir le respect des droits de l'homme et des libertés fondamentales, le principe de l'égalité des droits de tous, sans distinction de race, de sexe, de langue ou de religion, éliminer la pauvreté, développer une croissance économique soutenue, réaliser un développement durable.

L'ONU doit se résoudre à régler les conflits, mettre fin à l'occupation étrangère, lutter contre l'oppression, œuvrer pour la prospérité dans le monde entier, recommander la bonne gouvernance et l'état de droit, améliorer la compréhension entre les cultures, condamner la déshumanisation et les violations des droits de l'homme, la discrimination ethnique, tribale, nationale et religieuse, l'exclusion politique et la marginalisation socioéconomique.

Enfin, toutes les ressources nucléaires présentes sur la planète devraient être orientées dans les centrales nucléaires pour la production de l'électricité à grande échelle.

IV. La question des menaces de sécurités et sûretés nucléaires

La production d'électricité par les réacteurs nucléaires génère des substances utilisables pour la fabrication d'armements nucléaires. Les dangers liés à la manutention de substances nucléaires utilisables en armement nécessitent un haut niveau de sécurité, de sûreté et de secret, même dans des pays qui se veulent démocratiques.

Dans le domaine de la production d'énergie nucléaire comme dans tous les domaines, le risque zéro n'existe pas ; néanmoins, les normes de sécurité et de sûreté sont désormais draconiennes dans les centrales.

L'énergie nucléaire devrait dorénavant faire l'objet d'un débat raisonné sur la planète. Elle comporte des avantages indéniables pour la préservation des ressources non renouvelables, le véritable vecteur du développement des industries et pour la limitation des émissions de gaz à effet de serre. Mais bien entendu, elle exige aussi une très grande vigilance, notamment sur quelques points essentiels : la sécurité, la sûreté et les déchets.

L'objectif est de ne léguer aux générations futures que le minimum possible de plutonium et de déchets radioactifs à vie longue, notamment grâce au tri des déchets réalisé par le retraitement ; de même, il est question de protéger les éléments explosifs présents dans les centrales nucléaires des potentiels terroristes dans le monde.

Aujourd'hui, nous pouvons affirmer sans contestation qu'il n'existe aucune infrastructure dans le monde ou le niveau de sécurité et de sûreté est aussi élevé comme dans les centrales nucléaires, c'est dire combien cette question constitue la principale préoccupation des hommes et femmes qui travaillent chaque heure dans ces milieux.

Nulle part ailleurs, les consignes, les règles de sécurité et de sûreté ne sont exigées et respectées en milieu industriel comme dans les centrales nucléaires, tout ceci garantit la meilleure condition d'exploitation du minerai qui pourrait s'avérer néfaste à tout moment en cas de non-observation desdites consignes : ici le niveau d'alerte est toujours très élevé.

CHAPITRE VII

LE DEGRÉ DES FACTEURS DE RISQUE DE LA RADIOACTIVITÉ

Malgré les risques du nucléaire pour la santé souvent très exagérés, nous savons qu'en fonctionnement normal, il ne rejette dans l'environnement que des doses de radioactivité très basses, qui ne présentent presque pas de risques pour la santé. Selon l'OMS, Tchernobyl n'a entraîné la mort que de quelques dizaines de personnes dans l'immédiat, et aurait provoqué environ 4000 cancers de la thyroïde au total ; pour une catastrophe industrielle aussi grave, les étonnements des chercheurs face à une telle déclaration les ont poussés à découvrir un accord passé entre l'Agence internationale de l'énergie atomique et L'Organisation mondiale de la santé depuis 1959, qui l'empêche de mener et de publier librement des recherches objectives sur les conséquences de la radioactivité sur la santé.

Après cette découverte, de nombreux chercheurs indépendants de l'industrie nucléaire ont amplement démontré que les conséquences de Tchernobyl sont bien plus terribles et se chiffrent en millions de malades et en centaines de milliers de morts en l'espace de deux décennies. Et la catastrophe continue, car la contamination radioactive des sols, de l'eau et des aliments durera pour des millénaires ; le même constat a été fait au Japon après la catastrophe de Fukushima.

Il est clair que même à des doses très faibles, la radioactivité présente un risque pour la santé, ce qui a été reconnu en 1990 par la très officielle Commission internationale de protection radiologique. Et les recherches scientifiques qui ont sérieusement étudié la santé de milliers de travailleurs du nucléaire ou celle des milliers de personnes vivant près des centrales nucléaires ont mis en évidence d'importants excès de cancers et de leucémies.

I. La vétusté des centrales nucléaires : un facteur de risque

Près de 80 % des centrales nucléaires en fonctionnement aujourd'hui dans le monde ont été mises en service pour la première fois dans les décennies 1960, 1970 et 1980. Ces centrales qui possèdent des réacteurs à eau pressurisée avaient pour la plupart une durée de vie estimée entre quarante et cinquante années. Les cuves de ces réacteurs sont en acier et elles pèsent environ 260 tonnes ; chaque cuve contient près de 60 tonnes de l'uranium enrichi à 4,2 % ; sous chacun des réacteurs, se trouve une dalle en béton armé d'une épaisseur d'un mètre.

Le maintien ou la diminution de cette épaisseur joue un rôle important pour autoriser la prolongation de l'exploitation desdites centrales nucléaires après épuisement de leur durée de vie, une autre condition pour prolonger l'exploitation de ces centrales est la construction d'une autre source froide de secours ; de même, les seuils des rejets des éléments radioactifs constituent des déterminants importants dans cette décision de prolongation : le seuil des rejets radioactifs liquides autorisés se situe à neuf cent vingt-cinq mille milliards de becquerels par an et soixante-quatre mille milliards de becquerels par an pour le tritium. Le seuil des rejets radioactifs gazeux autorisé se situe à cent onze mille milliards de becquerels par an, mille quatre cent quatre-vingt mille milliards de becquerels par an pour le tritium et les gaz nobles.

Avec le vieillissement des équipements, l'augmentation du taux de l'uranium enrichi, l'éternelle question des déchets dans les centrales nucléaires, l'augmentation des rejets des éléments radioactifs, plusieurs centrales nucléaires réparties à travers le monde présentent aujourd'hui une menace et un risque très élevé d'insécurité ; des travaux neufs de maintenance, de sécurisation et de sûreté s'imposent avant l'autorisation de la prolongation pour l'exploitation desdites centrales pendant une période supplémentaire de dix à vingt années.

De même, toutes les installations vieillissantes situées près ou sur les zones sismiques, où se retrouvant parfois sur les voies de grands vents qui soufflent à plus de 500 km/h présentent plus de menaces et risques qu'il serait très imprudent d'autoriser la prolongation de leur exploitation. La texture des sols argileux dans un périmètre de 100 km environ autour desdites centrales concourt à une menace importante.

Ces centrales ont été dimensionnées et construites pour être protégées contre les chutes accidentelles d'avions et résister sans dommage à l'impact des accidents d'avion soit au minimum une masse de 5,7 t et volant au minimum à 360 km/h au moment de l'impact ; avec cet état de vétusté des équipements et installations, une attaque terroriste par exemple à l'aide des armes perforant le béton des centrales pourrait atteindre le cœur radioactif des réacteurs et la piscine de désactivation, puis causer des dégâts majeurs.

Il existe plusieurs approches pour aborder la question du risque nucléaire :

- Les risques d'inondation

La rupture ou le débordement des digues, les pluies régulières de forte intensité ou le cumul d'une crue exceptionnelle déclencheraient des risques d'inondation.

- Les risques sismiques

Les séismes d'une échelle minimale de 6,7 sur l'échelle de Richter constituent les risques les plus élevés pour une centrale nucléaire.

- Les risques industriels,

Il existe dans un rayon minimum de 5 km autour de certaines centrales nucléaires des sites de stockage du pétrole, des entreprises industrielles générant un risque industriel additionnel.

- Les risques d'incendie

Les incendies de forêt et autres sources de chaleur autour des centrales nucléaires constituent des risques d'incendie importants.

- Les risques des mouvements de terrain

Les sols argileux se comportent comme une éponge en se gonflant lorsqu'ils s'humidifient et se tassent en période de sécheresse. Ces mouvements de terrain liés à la composition argileuse du sol engendrent des risques de dommages importants sur les ouvrages de protection contre l'inondation, comme les digues ou murets de protection, ainsi que sur d'autres équipements comme les tuyauteries.

- La vulnérabilité à une agression aérienne

Dans un rayon minimum de 100 km autour de certaines centrales nucléaires, on trouve quelques aéroports avec des avions transportant plusieurs passagers et plusieurs tonnes de frets, en tenant compte de l'écrasement d'un avion de ligne qui serait détourné, ou d'une attaque de plusieurs petits avions d'affaires qui, bourrés d'explosifs termineraient leurs courses dans ces centrales nucléaires. Étant donné que les réacteurs nucléaires et leurs bâtiments de stockage de combustibles sont vulnérables aux attaques aériennes, la présence de ses aéroports constitue un risque élevé pour ces structures nucléaires.

II. La réflexion sur la gestion des déchets nucléaires

Les déchets nucléaires sont très dangereux, mais les premières solutions efficaces pour leur gestion consistent à les enfouir très profondément sous terre, loin de l'environnement et des populations. Bien que cette technologie possède des limites, les recherches en matière de gestion des déchets nucléaires évoluent dans les laboratoires.

Les centrales nucléaires produisent des déchets très radioactifs, qui resteront dangereux pendant des dizaines de milliers d'années. Par exemple, le plutonium qui est l'une des matières les plus toxiques produites par les humains ne perd l'essentiel de sa radioactivité (99 %) qu'au bout de 117 000 ans ; il existe déjà quelques exemples d'enfouissement de déchets nucléaires à grande profondeur avec des résultats plus ou moins mitigés.

Le stockage géologique des déchets ultimes demeure ainsi la solution reconnue internationalement comme la plus sûre.

Toute activité humaine engendre des déchets, et bon nombre d'entre eux sont produits en grande quantité comme les gaz carboniques, les particules fines, les gaz toxiques, etc. Ces autres déchets posent beaucoup plus de problèmes que ceux du nucléaire civil, confinés et en faibles quantités.

Un déchet radioactif n'est pas forcément synonyme de danger. Son activité décroît au cours du temps, de telle sorte qu'il ne présente pas le même niveau de dangerosité pendant une durée déterminée. Après 1000 ans, les déchets retraités dont on a extrait le plutonium ne sont pas plus radioactifs que l'uranium initialement mis dans le réacteur, qui se manipule à mains nues sans danger.

III. La question de l'exposition humaine à des substances radioactives

Les effets de l'exposition à une substance radioactive dangereuse dépendent à la fois de la dose, de la durée et de la manière dont l'exposition a lieu ; mais également des caractéristiques de la substance, des habitudes et réactions personnelles au contact avec les autres produits chimiques.

L'uranium naturel est une substance chimique qui existe à l'état naturel sous diverses formes dans les sous-sols granitiques, les roches, les mers, les océans et dans l'air ; elle est faiblement radioactive. L'uranium appauvri est un mélange ajusté d'isotopes d'uranium naturel qui est moins radioactif.

De plus en plus, l'uranium se retrouve de nos jours dans l'eau de boisson, les aliments, les fruits et surtout dans certains appareils domestiques.

L'uranium naturel et l'uranium appauvri existent également dans la poussière de l'air qui se dépose sur l'eau, la terre et les plantes. L'uranium déposé sur terre peut être réincorporé dans le sol, lessivé et mélangé aux eaux superficielles, ou agglutiné aux racines des plantes. L'uranium dans l'air, dans les eaux superficielles ou dans celles souterraines peut être transporté sur de grandes distances.

Tout le monde est ainsi exposé à de faibles quantités d'uranium par l'intermédiaire soit des aliments, soit de l'eau ou de l'air. L'exposition à des quantités élevées d'uranium naturel ou appauvri peut engendrer plusieurs maladies chez les êtres humains.

Chaque organisme contient normalement environ 90 µg d'uranium provenant de l'eau, de l'alimentation et de l'air ; 66 % de cette quantité se dépose dans le squelette, 16 % se concentre dans le foie, 8 % se retrouve dans les reins et 10 % est disséminé dans les autres tissus organiques.

L'uranium naturel est un mélange de trois isotopes radioactifs, identifiés par leur masse atomique 238U (99,27 % de la masse totale), 235U (0,72 %) et 234U (0,0054 %).

L'utilisation de l'uranium naturel est prévue avant tout dans les centrales nucléaires ; la plupart des réacteurs ont besoin d'uranium enrichi en 235U dont la teneur doit généralement passer de 0,72 % à environ 3 %. Après séparation de la fraction enrichie, le métal restant est alors appelé uranium appauvri et il se décompose en principe de 99,8 % de 238U, 0,2 % de 235U et 0,0006 % de 234U.

Pour une même masse, la radioactivité de l'uranium appauvri se situe à 60 % de celle de l'uranium naturel ; c'est pourquoi on peut encore utiliser de l'uranium appauvri en retraitant le combustible utilisé dans les réacteurs nucléaires, ainsi on y arrive à obtenir un autre isotope, 236U plus stable, avec des traces d'éléments transuraniens : plutonium, américium et neptunium, ainsi que du technétium-99 qui est un produit de fission. Ces traces entraînant une augmentation de la dose de rayonnement de moins de 1 %, ce qui n'a aucune conséquence chimiotoxique ou radiotoxique.

L'uranium appauvri est utilisé à des fins civiles : contrepoids sur les rotors d'hélicoptères et sur les surfaces de commande des avions, boucliers de protection contre les radiations ionisantes, rayonnements dans le matériel médical utilisé pour les radiothérapies et dans les conteneurs servant aux transports des matières radioactives, les appareils et équipements de scanners dans les ports et aéroports, certains matériaux de décoration, carrelages et marbres.

À cause de sa forte densité qui est environ le double de celle du plomb, sans compter d'autres propriétés physiques, l'on utilise l'uranium appauvri comme composant de munitions pour aider celles-ci à pénétrer les véhicules blindés ennemis, et comme blindage de certaines parties de véhicules militaires à l'instar les chars d'assaut.

Le niveau d'exposition de l'uranium appauvri est le même que celui de l'uranium naturel ; elle survient par inhalation, ingestion ou contact cutané y compris les lésions avec inclusion de fragments ; ils produisent des effets chimiques identiques dans le corps humain.

Les plantes tubéreuses comme la pomme de terre, les panais, les navets et la patate douce apportent les quantités d'uranium les plus élevées à l'alimentation. Parce que l'uranium dans le sol peut s'agglutiner sur ces légumes, les concentrations dans ces aliments sont directement proportionnelles aux quantités d'uranium dans le sol où ces légumes sont cultivés.

Les habitants peuvent être exposés à des concentrations d'uranium plus élevées s'ils vivent à proximité d'une mine d'uranium ou d'installations de traitement et de fabrication de l'uranium. Les personnes peuvent être également exposées quand elles vivent à proximité de zones où sont utilisées des armes à l'uranium appauvri ; si elles habitent les zones ayant des sources comme des déchets d'usine, des émissions de l'industrie nucléaire, la production d'engrais phosphaté et la combustion de charbon et d'autres combustibles.

De manière générale, les personnes sont exposées à travers les déchets nucléaires, les outils contaminés, les produits radio pharmaceutiques, les sources de radiothérapie, les appareils de détection de plomb, les gammagraphies, les appareils de contrôle de paramètres physiques et les traceurs radioactifs.

La plus grande partie de l'uranium, c'est-à-dire environ 95 % qui est respiré ou ingéré dans l'organisme n'est pas absorbée et quitte le corps avec les selles. L'uranium absorbé est réparti dans tout le corps. Les concentrations les plus élevées se trouvent dans les os, le foie et les reins ; 66 % de l'uranium se trouvant dans le corps est déposé sur les os. Il peut y demeurer longtemps ; la demi-vie de l'uranium dans les os est de 70 à 200 jours. La majorité de l'uranium c'est-à-dire environ 67 % qui n'est pas déposé dans les os est filtré par les reins, et quitte le corps humain par les urines après 1 à 2 semaines ; le tube digestif absorbe entre 0,2 et 2 % de l'uranium présent dans l'eau et les aliments ; les composés solubles de ce métal sont plus facilement absorbés que les composés insolubles.

Une forte exposition à l'uranium pendant une longue durée peut entraîner une réduction de la fertilité, l'apparition des lésions rénales et des lésions pulmonaires, une irritation de la peau, un érythème, de légères lésions cutanées, les maladies des os comme l'arthrose et le rhumatisme ; celle d'une femme enceinte peut entraîner la mort précoce ou un défaut congénital du fœtus. Le test de la présence de l'uranium dans l'organisme peut se faire par le sang, l'urine, les cheveux et les tissus corporels.

Les systèmes couramment utilisés pour traiter l'eau comme les adoucisseurs, filtres au charbon, à sédiments, etc. ne sont pas adéquats pour éliminer l'uranium de l'eau potable. C'est pourquoi faire bouillir l'eau ne servira qu'à concentrer l'uranium ; il ne l'éliminera pas. Les méthodes de traitement qui peuvent éliminer l'uranium de l'eau potable incluent l'osmose inverse, la distillation, des filtres spéciaux et les échangeurs d'anions.

Pour les populations, l'ingestion de composés solubles d'uranium ne doit pas dépasser la dose journalière admissible de 0,5 µg/kg. Les composés insolubles sont bien moins toxiques pour les reins et une dose journalière admissible de 5 µg/kg s'applique alors. L'inhalation de composés solubles ou insolubles d'uranium appauvri par les populations ne doit pas dépasser 1 µg/m3 de la fraction respirable. Cette limite provient de la toxicité rénale des composés solubles de l'uranium et des lésions provoquées par le rayonnement des composés insolubles.

L'exposition professionnelle aux composés solubles et insolubles de l'uranium, d'une moyenne pondérée sur 8 heures, ne doit pas dépasser 0,05 µg/m3. Cette limite repose à la fois sur les effets chimiotoxiques et les conséquences de l'exposition aux rayonnements.

Dans le cadre professionnel, la dose effective ne doit pas dépasser 20 mSv/an en moyenne pendant cinq années consécutives ou une dose effective de 50 mSv en une seule année. La dose équivalente pour les extrémités du corps humain comme les mains et les pieds ou la peau ne doit pas dépasser 500 mSv par an.

Pour les populations, la dose ne doit pas dépasser 1 mSv par an ; dans certaines situations, la dose effective peut être limitée à 5 mSv pour une seule année, si la dose moyenne sur cinq années consécutives ne dépasse pas 1 mSv par an. La dose équivalente pour la peau ne doit pas dépasser 50 mSv par an. Devant cette menace de l'exposition des êtres humains, plusieurs types d'appareils ont été conçus et fabriqués pour mesurer la radioactivité ou détecter la présence des émissions radioactives dans un espace.

S'il est établi que la méthode la plus précise pour mesurer la radioactivité est celle de l'électrométrie, il n'en demeure pas moins que la méthode la plus rapide et sans erreur est celle de l'électroscope ; c'est d'abord Pierre Curie qui est à l'origine des meilleures applications de l'électroscope à feuille d'or pour déterminer la radioactivité.

Divers autres appareils furent également créés pour mesurer les activités extrêmement faibles telles que celle de l'atmosphère et celle des gaz radioactifs dégagés des sources thermales ou extraits des eaux naturelles.

Les détections et les mesures radioactives s'appliquent à des corps solides, liquides ou gazeux ; lorsque ces corps sont placés dans le champ électrique d'un électroscope chargé, ces appareils se déchargent sous l'effet de la conductibilité acquise par l'air soumis aux rayonnements de la substance radioactive.

Depuis toujours en Afrique, les difficultés de l'accès à l'eau potable sont à l'origine de certaines maladies et décès des populations ; les causes de ce manque d'eau potable sont entre autres la pauvreté, les conflits et les guerres, les catastrophes naturelles à l'instar des sécheresses et inondations, la mauvaise gouvernance des politiques, etc. La conséquence immédiate sur les populations est qu'elles s'exposent à plusieurs maladies hydriques autour des points d'eau douteuse.

On distingue des maladies contractées à partir de la contamination de l'eau par les bactéries, les déchets humains ou animaux : il s'agit des amibes, la campylobactériose, le choléra, la maladie due aux toxines cyanobactériennes ou algues bleues, la dysenterie, la fièvre typhoïde, l'hépatite A et E entraînent une infection et une inflammation du foie, la poliomyélite et le tétanos.

Certaines maladies sont contactées par des vers aquatiques qui infectent les organismes humains et les affaiblissent ou les tuent : nous distinguons ainsi les parasitoses intestinales comme l'anguillulose et l'ankylostomiase, l'anémie, l'ascaridiase, la bilharziose, la dracunculose, les vers parasites intestinaux, c'est-à-dire les helminthes.

On observe des maladies véhiculées par les moustiques et les mouches tsé-tsé qui infestent certaines zones aquatiques : c'est le cas des arboviroses, la dengue, l'encéphalite japonaise, la fièvre jaune, la filariose, la maladie du sommeil, le paludisme ou malaria.

On rencontre des maladies liées aux substances chimiques toxiques rejetées par les entreprises humaines dans l'eau et que l'organisme humain ne parvient pas à éliminer : l'arsenicisme, la kératodermie douloureuse, les cancers, la fluorose, la méthémoglobinémie qui est engendrée par les nitrates, la maladie du saturnisme. Il existe aussi des maladies dermatologiques comme la gale et la teigne ; celles ophtalmologiques à l'instar de l'onchocercose ou la cécité des rivières et le trachome.

Les eaux des rivières, de puits et autres sources proches des roches granitiques sont susceptibles de contenir des éléments radioactifs dangereux ; de ce fait, il apparaît comme une vérité irréfutable que les populations africaines sont suffisamment exposées chaque jour à de demi-doses des substances radioactives. Par ailleurs, des quantités d'éléments radioactifs se déposent sur les herbes, légumes, fruits et certains aliments à travers le vent ; ces herbes sont ensuite consommées par des animaux. C'est pourquoi certaines viandes de vaches, chèvres et moutons sont parfois contaminées au même titre que le lait naturel.

Confrontés à tout cela, les gouvernements africains devraient comprendre qu'il est temps de mettre de véritables structures étatiques avec des moyens conséquents pour contrôler, veiller et réduire les multiples expositions des populations aux substances radioactives ; la mission de ces structures devrait se porter également vers la détection et la maîtrise des mines et explosifs pour réduire l'activité des terroristes qui perturbent la paix et le développement dans plusieurs états africains.

Aujourd'hui, l'Afrique est exposée à une autre forme de contamination transfrontalière ; avec les accords et traités de libre échange économique, certains produits agricoles obtenus à partir des organismes génétiquement modifiés ou certains déchets nucléaires dont le but est de conserver pendant longtemps ces produits non périssables, traversent sans contrôle les barrières douanières africaines et parviennent à augmenter la demi-dose des populations qui a déjà atteint des seuils préoccupants.

Au vu de tout ceci, nous disons que près de 90 % des maladies contractées par les populations africaines sont une conséquence de leur alimentation. Les affections liées aux aliments et eaux contaminés sont les causes majeures des décès dans les communautés en Afrique. Ces décès frappent surtout les personnes vulnérables comme les enfants.

De manière générale, l'uranium n'apporte qu'une contribution négligeable à l'intensité du rayonnement radioactif naturel. Les conflits, guerres et menaces terroristes occasionnent le plus grand risque d'exposition ; les contaminations de la végétation locale et des ressources en eau par des particules d'uranium se sont avérées extrêmement réduites, la possibilité d'une exposition importante des populations locales est donc considérée comme très faible. L'on estime que les apports annuels moyens pour un adulte sont de 0,5 mg d'uranium par ingestion (eau et alimentation) et 0,6 µg par inhalation. L'absorption par la peau joue un rôle peu important. La contamination des lésions cutanées permet à l'Uranium de passer dans le sang. La fraction absorbée par le sang est plus grande à la suite d'une inhalation que d'une ingestion, elle dépend de la taille des particules ; en

24 heures, les reins filtrent et excrètent 70 % de l'uranium présent dans le sang et cette proportion passe à 90 % en quelques jours.

L'uranium, potentiellement chimiotoxique et radiotoxique, s'attaque principalement aux reins (tubes proximaux) et aux poumons. Pour un accroissement du risque de cancer pulmonaire, il faudrait inhaler des particules en très grande quantité. Les populations ne doivent pas recevoir une dose supérieure à 1 milli sieverts (mSv) par an. Une telle dose pour la peau ne doit pas dépasser 50 mSv par an. L'exposition professionnelle doit rester en deçà de la dose effective de 20 mSv par an en moyenne sur cinq années consécutives, ou 50 mSv sur une seule année. La dose équivalente pour les extrémités du corps humain comme les mains, les pieds ou la peau ne doit pas dépasser 500 mSv par an.

En cas d'absorption, les doses de rayonnements sont celles provenant des composés insolubles. Pour toutes les autres voies d'exposition et les composés solubles, c'est la chimiotoxicité qui limite l'exposition.

Pour les populations en général, la valeur tolérable de composés solubles d'uranium inhalés ou ingérés se situe à 0,5 µg par kilogramme et par jour. Cela donne une concentration dans l'air de 1 $\mu g/m^3$. Pour l'ingestion, cela revient à environ 11 mg par an pour un adulte de corpulence moyenne.

Toutefois, ni l'utilisation civile ni celle militaire de l'uranium n'est susceptible d'entraîner des expositions d'une intensité supérieure à celle de l'uranium naturel. Le meilleur moyen d'évaluation consiste à analyser l'excrétion urinaire quotidienne par spectrométrie de masse. Le dosage dans les fesses peut donner des informations utiles sur l'absorption d'uranium ; à la suite de graves contaminations internes, le traitement consiste en la perfusion en intraveineuse lente du soluté isotonique de bicarbonate de sodium pour augmenter l'excrétion du métal. Son élimination doit suivre les recommandations nationales ou internationales sur l'utilisation des matières radioactives.

CHAPITRE VIII

LES ATOUTS ET AVANTAGES DE L'ÉNERGIE NUCLÉAIRE

Les réactions nucléaires utilisées dans les domaines d'applications (médical, énergétique ou militaire) présentent d'énormes avantages qu'il est pratiquement inimaginable de programmer la mort de cette technologie dans le monde aujourd'hui.

La production de l'énergie nucléaire demeure parmi les moins coûteuses, après le gaz pour les centrales à gaz fonctionnant moins de huit mois par an, l'électricité à base du nucléaire demeure la plus compétitive avec l'hydraulique[16].

Suivant une logique économique et géopolitique, la production de l'énergie nucléaire contribue rapidement à atteindre l'indépendance énergétique. Sur le plan environnemental, l'énergie nucléaire permet d'éviter le rejet du gaz carbonique dans l'atmosphère comme c'est le cas dans les centrales classiques. Cette énergie contribue à ralentir le réchauffement climatique. En effet, le phénomène d'augmentation de l'effet de serre est un élément prépondérant de la problématique énergétique du XXIe siècle, car l'accumulation de ces gaz dans l'atmosphère est responsable de la hausse de la température sur terre, ceci est dû en partie aux phénomènes naturels, mais est surtout accéléré par l'activité humaine.

Ces rejets proviennent pour la plupart des transports et de l'utilisation dans les industries de l'énergie fossile pour produire de l'électricité. De ce fait, 40 % des rejets atmosphériques impliqués dans l'évolution des gaz à effet de serre proviennent de la production de l'électricité, celle-ci étant assurée à 80 % à partir des énergies fossiles. L'énergie nucléaire ne produit, presque pas de gaz à effet de serre ; elle présente un avantage environnemental incontestable : elle permet de produire des quantités énormes d'énergie sans pollution.

---

[16] Claude Valsardieu ; Regard sur l'uranium, de l'Uranium en terre à l'électricité ; *Editions* Eska 1995. PP37-41.

Les ressources naturelles non renouvelables de la planète (gaz, charbon et pétrole) devenant de plus en plus rare, l'énergie nucléaire permet de les économiser ; l'exploitation de l'énergie nucléaire s'effectue pendant de très longues années, car les ressources en uranium ne sont pas près d'être épuisées, puis les combustibles des centrales nucléaires sont la plupart du temps recyclés pour être réutilisés dans des centrales plus spécifiques. L'émission des radiations dans la production de l'énergie nucléaire est presque nulle ; l'utilisation du nucléaire civil n'entraîne pas d'augmentation sensible de la radioactivité environnante.

Tableau 09 : Les sources de la radioactivité.

Source médicale	**12%**
Énergie nucléaire	**0'1 %**
Activités professionnelles	**0'2 %**
Retombées d'essais d'armes atomiques	**0'4 %**
Sources diverses	**0'3 %**
Sols et bâtiments	**14%**
Matériaux terrestres (gaz, radon)	**51%**
Aliments et boissons	**12%**
Rayonnements cosmiques	**10%**

Source : AIEA

Les énergies propres comme l'énergie nucléaire et les énergies renouvelables ont ainsi un rôle majeur à jouer dans le futur, pour réussir à respecter les engagements pris lors des sommets de Rio, Kyoto, Paris et Marrakech.

Tableau 10 : Quantité de carbone émise selon les techniques de production de l'électricité.

Techniques de production de l'électricité	en tonnes de CO2 par gigawattheure
Centrale au charbon classique	964'0
Centrale au fuel	726'2
Centrale au gaz	484'0
Centrale nucléaire (réacteur à eau bouillante)	**7'8**
Vapeur géothermique	56'8
Grandes centrales hydroélectriques	3'1
Energie éolienne	7'4
Energie photovoltaïque	5'4

Source : AIEA

Après la construction des réacteurs nucléaires à eau bouillante (BWR), la technologie du nucléaire est passée aux PWR ou REP, puis aux réacteurs EPR de troisième génération à eau pressurisée avec des puissances pouvant atteindre 1650 MW ; ces réacteurs ont un rendement meilleur que les précédents, elles disposent également de quatre systèmes de sécurité et de sûreté, plus une épaisse enveloppe protectrice de confinement en béton. De même, les réacteurs EPR sont capables d'utiliser 100 % du combustible MOX pour produire de l'électricité.

L'EPR (European Pressurized Reactor), ou réacteur pressurisé européen, est un système de production d'électricité de forte puissance (jusqu'à 1650 MWe) utilisant la fission nucléaire et de l'eau sous pression comme caloporteur, dans un ensemble à très forte sûreté. La construction d'un réacteur EPR dure près de cinq ans environ, sa durée de vie est de soixante ans environ contre quarante ans pour les précédents ; la configuration modulaire des réacteurs EPR permet le remplacement rapide d'un composant tout en exposant peu le personnel aux radiations, y compris lors de la mise en service des réacteurs.

Si un accident de fusion du cœur d'un réacteur venait à se produire, la technologie des EPR prévoit un récupérateur de curium qui recueillerait la partie du cœur fondu ayant traversé la cuve, protégeant de cette manière le sol de toute contamination.

Par kWh d'électricité produite, un réacteur EPR consomme de 7 à 15 % d'uranium en moins que les réacteurs précédents ; la quantité des déchets produits par kWh d'électricité est réduite approximativement de 10 %.

Les études pour la construction des réacteurs EPR de quatrième génération encore plus sécurisés et sûrs sont en cours dans le monde, notamment en Finlande, aux États-Unis, au Royaume-Uni, en France, au Japon, en Corée du Sud et en Chine.

Ainsi, les réacteurs EPR de troisième génération offrent déjà une résistance exceptionnelle aux risques internes et externes, puis à la combinaison de risques de nature différente, notamment les séismes ou les chutes d'avions gros porteurs.

Il est indéniable que l'énergie nucléaire crée des emplois bien rémunérés, ce qui est positif pour la société. Si l'on sort du nucléaire, des milliers de personnes perdront leur travail ; qui peut vouloir cela à notre époque où le chômage et la pauvreté sont de graves problèmes de nos sociétés ?

Les économies d'énergie et les énergies renouvelables créent beaucoup plus d'emplois que le nucléaire et toutes les autres formes centralisées de production d'électricité. En Europe, il y a déjà environ 5 fois plus d'emplois dans les renouvelables que dans le nucléaire ; le problème majeur est qu'il s'agit d'emplois mal rémunérés, c'est-à-dire ne contribuant pas à relever réellement le niveau de vie.

I. Le problème essentiel de pollution et du changement climatique

La nature offre à l'homme les matières premières dont il a besoin, elle assure ainsi sa survie et son développement, lui fournissant le bois, la pierre ou la terre pour construire ses abris. Elle lui procure également du fer et du cuivre pour fabriquer ses outils ; le pétrole, le gaz ou la force du vent pour faire tourner ses machines et elle met même à sa disposition l'or, le diamant et les pierres précieuses avec lesquels il affiche sa richesse.

Toutes ces ressources qui permettent à l'homme de développer sa civilisation proviennent de la nature : le développement de la civilisation humaine dépend donc de la nature. Nous avons besoin de la nature, nous sommes son produit, nous dépendons d'elle pour notre survie, notre nourriture, nos découvertes, notre civilisation ; il faut donc la respecter, l'aimer et la préserver.

Si nous la détruisons ou la malmenons, nous nous mettons en danger ; nous sabotons notre nourriture, nous polluions notre air, nous compromettons notre survie future, nous limitons nos possibilités de découvertes, nous entravons le développement de notre civilisation. Préserver la nature n'est donc pas une vue de l'esprit, mais c'est une question de survie pour l'homme.

Si nous savions écouter les voix et les sons qui en émanent et suivre l'esprit intérieur, notre vie se composerait d'elle-même selon les lois d'une grande œuvre d'art ; on n'y verrait ni contrastes heurtés, ni brusques transitions, ni déclin rapide. Avec le changement des saisons et des âges, l'harmonie première se modifierait sans s'interrompre ; elle perdrait peu à peu de sa force et de son éclat, mais elle ne serait jamais altérée : semblable à cette symphonie du maître où les instruments se taisent un à un sans que le dessin en souffre, de telle sorte que l'oreille charmée garde jusqu'à la fin l'illusion d'un parfait ensemble.

Depuis la fin du XXe siècle, la question du réchauffement climatique est devenue l'une des réflexions essentielles sur lesquelles l'humanité s'est trouvée obligée de se pencher. C'est une affaire très sérieuse, car elle concerne l'avenir de notre planète. Et ce n'est pas un hasard si l'on vit de nos jours des agressions multiples de la nature. Partout dans le monde, on subit les méfaits du réchauffement climatique : canicule, pluies diluviennes, tempêtes, inondations, sécheresse, ouragans, etc. Les humains sont les principaux responsables de cette situation. Pendant longtemps, les pays industrialisés ont pratiqué des modes de développement qui ont été préjudiciables à l'environnement, et qui aujourd'hui ont un ensemble d'effets néfastes sur le présent et le futur de l'humanité.

En brûlant les substances fossiles comme le pétrole et le charbon pour produire de l'énergie et en abattant les forêts, nous avons dangereusement augmenté le taux de dioxyde de carbone et autres gaz à effet de serre dans l'atmosphère. Pourtant naturellement présents dans l'atmosphère, ces gaz jouent un rôle important dans la stabilisation de la température pour permettre aux hommes de vivre sur terre ; mais les activités humaines que sont l'industrie, le transport, l'urbanisation, la production et la distribution de l'énergie, etc. ont modifié leur concentration dans l'atmosphère contribuant ainsi au réchauffement de la planète.

Ainsi, il n'est plus à démontrer que la pollution de l'environnement reste le principal facteur expliquant le réchauffement climatique. La pollution étant le résultat des interventions de l'espèce humaine sur la nature, il reste à réfléchir actuellement sur un rapport plus humble et plus respectueux avec celle-ci. Parce qu'on n'aimerait pas que les habitants de la planète et plus particulièrement ceux des pays d'Afrique continuent à subir les conséquences catastrophiques de l'irrespect des pays riches et industrialisés à l'égard de l'environnement.

Aujourd'hui, quoi que l'on pense du modèle de développement adopté par les pays industrialisés et reproduit par les pays émergents, un point reste certain : il ne pourra plus durer dans l'état actuel des choses. Tout ce que le monde a réalisé en matière de progrès est remis en question : devons-nous continuer dans cette voie ? C'est pour cela qu'on parle désormais de développement durable : c'est-à-dire qu'en plus des facteurs de croissance économique, d'équité et de cohésion sociale, il faut prendre en compte le facteur écologique de préservation et de valorisation de l'environnement.

Pour lutter contre le réchauffement climatique, l'une des solutions consiste à produire une énergie qui ne relâche pas de CO_2 ; pour ce faire, on pense évidemment aux énergies renouvelables : l'éolienne, l'hydraulique, la photovoltaïque ou encore la géothermique. Il y a enfin une énergie qui ne produit pas ou peu de carbone, mais celle-ci est à tort ou à raison critiquée : le nucléaire.

Graphique 01 : Rejet des sources d'énergie en CO_2 (g).

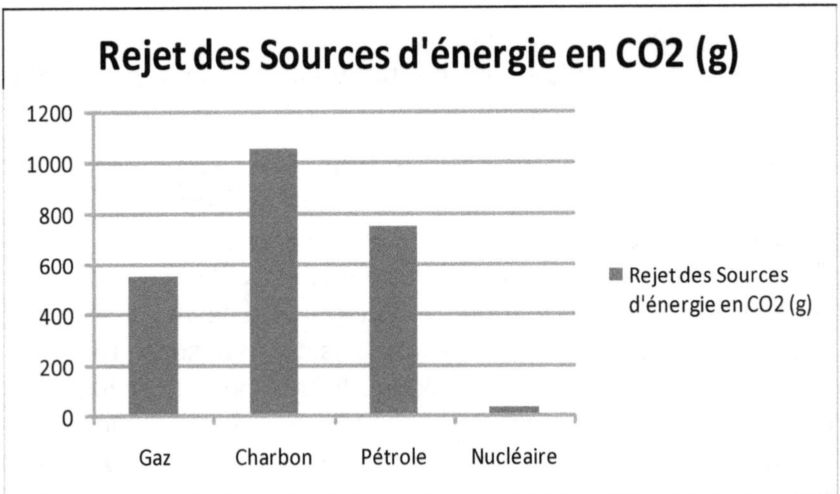

Source : AIEA

En effet, les centrales nucléaires qui produisent la majorité de l'électricité utilisée dans ce monde ne produisent presque pas de CO_2 ; la fission de l'atome fait chauffer seulement des réservoirs d'eau. Ce liquide sous pression fait ensuite tourner des turbines, puis relâche de la vapeur d'eau : ce sont les fameuses fumées blanches qui coiffent les centrales ; d'où la non-existence du dioxyde de carbone dans ce processus.

Mais le nucléaire est peu évoqué par les écologistes ; d'ailleurs, lors des sommets de la COP21 à Paris et de la COP22 à Marrakech, les réunions parallèles dédiées aux solutions pratiques pour lutter contre le réchauffement ne font pas grand cas de l'atome. Nous avons par exemple reçu très peu de communiqués concernant le nucléaire pour les dizaines de conférences qui meublent ces forums.

Devant l'urgence, nous pensons sincèrement et sans risque de nous tromper qu'il ne faut pas mettre de côté le nucléaire pour lutter contre le réchauffement climatique ; car, malgré la grande question des déchets radioactifs, il a l'avantage de ne pas polluer. Mais pour arriver à cette électricité propre, il faut extraire l'uranium, le transporter et l'enrichir. Il faut également construire, entretenir la centrale, puis, à terme, la démanteler. Le nucléaire serait aussi peu polluant que les énergies renouvelables.

L'une de nos études révèle que le nucléaire produit 66 grammes de CO_2 par kWh d'électricité produit ; même si nous nous situons dans les centrales nucléaires anciennes ou le niveau de maintenance est assez faible, le bilan carbone du nucléaire est bien inférieur à celui des énergies fossiles, qui se chiffrent à plusieurs centaines de grammes de CO_2.

Dans ce cas, pourquoi le nucléaire n'est-il pas plus présent dans le débat ? Le recours à la fission de l'atome comme solution de remplacement est plus problématique qu'il n'y paraît. Ne soyons pas hypocrites, même si les nations se réservent d'évoquer lors des sommets le nucléaire comme solution aux problèmes de changement climatique, elles ne sont pas prêtes à démanteler leurs centrales existantes ; tout au contraire, le nombre de projets de construction des centrales EPR à travers le monde ne cesse de grimper. Nous pensons que si les centrales nucléaires n'avaient pas existé, la production de l'électricité par d'autres sources aurait déversé dans le monde plus de cinquante milliards de tonnes de CO_2 pendant près de cinquante années.

Le nucléaire joue aujourd'hui un faible rôle contre le réchauffement ; c'est pourquoi il faut reconsidérer des scénarios avec plusieurs productions d'électricité nucléaire si on se pose la question de l'effet de serre. Même s'il s'agit d'une ressource non renouvelable, la durée de vie du minerai d'uranium sur terre est tellement longue qu'on pourrait le confondre à une ressource renouvelable.

Ce n'est pas à tort que la question du danger des déchets nucléaires est souvent évoquée, mais lorsque nous étudions bien la menace du réchauffement climatique par rapport à celle des risques nucléaires ; la première est très supérieure à celle que présente le recours à l'énergie atomique. Ainsi, par rapport à l'état actuel du développement des technologies, bien qu'en misant sur les énergies renouvelables, il faut indiquer que la limitation ou la réduction du réchauffement climatique est étroitement liée au nucléaire.

Nous sommes aujourd'hui au siècle de l'électricité, il n'est plus possible d'y échapper, nos sociétés deviennent chaque jour de plus en plus énergétivores, l'évolution des nouvelles technologies nous impose d'en consommer beaucoup plus ; à ce rythme, il est certain que le nombre de centrales nucléaires de nouvelle génération deviendrait très important d'ici la fin du siècle. Il existe actuellement quelque 440 réacteurs nucléaires répartis dans une trentaine de pays différents et 61 en construction. Aujourd'hui, le nucléaire représente environ 10 % de la production d'électricité dans le monde. Et il ne s'agit que d'électricité, non d'énergie. La part de l'électricité dans la consommation énergétique mondiale est de l'ordre de 20 %.

Par ailleurs, ce qui explose aujourd'hui, c'est la consommation du gaz de schiste et du charbon qui constituent des menaces aux gaz à effet de serre ; il est temps de changer radicalement le cap ; le recours à l'atome pour lutter efficacement contre le réchauffement climatique d'ici la fin du siècle apparaît donc comme une solution très probable, même en faisant abstraction des réticences d'une part importante de l'opinion publique. Depuis la catastrophe de Fukushima en mars 2011, les gouvernements se sont tous posé la question des risques liés à l'énergie nucléaire ; mais il est sans ignorer que l'utilisation de l'énergie nucléaire a permis de sauver 1,84 million de vies, de 1971 à 2009.

Les travaux de recherches scientifiques ont combiné plusieurs données ; d'un côté, ils ont calculé quelle était la production énergétique des énergies fossiles et extrapolé le nombre de morts liés à cette exploitation que ce soit des morts de mineurs dus aux conditions d'exploitation du charbon, ou des décès liés à la pollution. Ils ont ensuite analysé ces données pour savoir combien de morts il y aurait eu en plus, proportionnellement, si l'énergie produite par le nucléaire l'avait été par des énergies fossiles, comme le charbon, le pétrole ou le gaz naturel.

Il fallait ensuite soustraire à ce chiffre le nombre de décès dont l'énergie nucléaire civile est responsable ; mais justement, les chercheurs affirment, en utilisant les mêmes méthodes, que l'exploitation de l'énergie nucléaire de 1971 à 2009 a entraîné la mort de seulement 4900 personnes, en prenant en compte les cancers dus aux radiations jusqu'aux accidents qui ont touché des travailleurs sur place : il s'agit bien des décès causés directement par le nucléaire et dont le résultat a été scientifiquement validé.

Après avoir analysé froidement la période passée, les chercheurs ont ensuite extrapolé leur modèle aux 40 années à venir. Se basant sur les scénarios de l'AIEA (Agence internationale de l'énergie atomique) sur les années 2010-2050, les scientifiques estiment qu'il y aurait 4,39 millions à 7,04 millions de morts en plus si l'énergie actuellement produite par le nucléaire était remplacée par du charbon.

Dans le cas où toute cette énergie serait produite par du gaz naturel, les décès évités iraient de 420 000 à 680 000 ; le gaz serait dès lors un choix plus intéressant ? Peut-être, mais il faut rappeler qu'il ne semble pas être celui privilégié. Le charbon, plus rentable que le gaz, est très utilisé ; mais en dehors des considérations économiques, si le gaz semble ainsi être une bonne alternative théorique, les chercheurs rappellent que leurs projections sont uniquement basées sur les décès directement liés à la production de ces énergies, et non aux effets à long terme du changement climatique.

Justement, les chercheurs constatent selon leurs données que le nucléaire a permis d'éviter le rejet de 64 gigatonnes, soit 64 milliards de tonnes de CO_2 en moins, entre 1971 et 2009 ; et d'ici à 2050, le maintien de l'activité nucléaire permettrait d'éviter le rejet de 80 à 240 gigatonnes de CO_2 dans l'atmosphère.

Nous notons aujourd'hui dans le monde un revirement des décisions politiques par rapport à la conservation et au développement des centrales nucléaires. Le gouvernement français pousse EDF et Areva à resserrer leurs liens et à faire converger leurs activités dans le nucléaire ; l'enjeu est double pour la France : maintenir le leadership français à l'export et assurer la sauvegarde du parc national de réacteurs alors que les coûts de cette énergie sont amenés à exploser.

Le pragmatisme a vite repris ses droits ; deux semaines après la marche historique du 11 janvier, le président Hollande accourt à Riyad pour présenter ses condoléances au Roi Salmane, quelques heures à peine après que celui-ci a accédé au trône d'Arabie Saoudite. Un réalisme géopolitique aux amers relents de pétrole, bien sûr, au moment où l'effondrement des cours rebat les cartes des échanges économiques mondiaux ; mais la France a un autre motif de ravaler ses prétentions idéologiques pour rester dans les petits papiers du royaume saoudien : le premier exportateur de pétrole mondial affiche son intention de s'équiper, d'ici à 2030, de 16 réacteurs nucléaires, qui devraient assurer 20 % de ses besoins en électricité. Budget envisagé : 100 milliards de dollars ; inimaginable pour la France, la championne du nucléaire, de ne pas croquer une part de ce gigantesque gâteau. Et ce n'est pas par hasard que la ministre de l'Énergie, Ségolène Royal, s'est prononcée favorablement pour le maintien durable de cette industrie.

Adieu donc au projet d'une France débarrassée, dans trente ou quarante ans, de son parc de centrales ; malgré Fukushima, en dépit de la décision de l'Allemagne de sortir du nucléaire et malgré les déboires des réacteurs de troisième génération. En fait, la clé de l'avenir de cette industrie en France se trouve en grande partie à l'étranger ; cela n'aurait pas de sens d'arrêter ses centrales et d'interrompre son programme nucléaire, alors qu'elle est très bien placée à l'export. Si le marché n'est plus très porteur dans les pays occidentaux, les projets de la Chine, de l'Inde, de la Corée ou des pays du golfe sont suffisamment ambitieux pour justifier, aux yeux des industriels et des politiques, que la France reste dans la course.

Deux grands pays industriels, observés aujourd'hui à la loupe, font figure de laboratoires grandeur nature de cette évolution ; le Japon, qui a arrêté ses 54 réacteurs du jour au lendemain, il y a quatre ans, après le dramatique accident de Fukushima, et l'Allemagne, qui, dans la foulée, a décidé d'accélérer l'arrêt de ses 17 réacteurs envisagé depuis l'an 2000.

Dans le cas du Japon, il a fallu dans l'urgence remplacer une source d'énergie qui assurait près de 30 % des besoins du pays ; il n'y avait pas d'autre choix que de s'approvisionner à l'extérieur en énergie fossile et de faire redémarrer les vieilles centrales thermiques, résume un conseiller économique à Tokyo. Pétrole, charbon, gaz naturel : le ministère du Commerce et de l'industrie nippon a confirmé que le pays dépendait désormais à 92 % de ces ressources, ce qui le ramène aux années 1970.

Indépendamment des conséquences pour l'environnement, ce revirement de la politique énergétique japonaise a fait plonger la balance commerciale et provoqué une hausse moyenne de 20 % de la facture d'électricité des particuliers et de 30 % de celle des entreprises, selon les sources gouvernementales. Difficile de maintenir l'économie à flot dans une telle situation de dépendance énergétique ; un timide programme de soutien aux énergies renouvelables a été lancé, et le Premier ministre Shinzo Abe a évoqué de possibles aides publiques pour démanteler les centrales à eau bouillante (du type Fukushima) tout en donnant son feu vert à une reprise progressive du programme nucléaire. En effet, malgré les protestations des habitants, deux réacteurs doivent reprendre du service dans le sud-ouest du pays, à Satsumasendai, tandis que les experts ne s'entendent pas pour déterminer combien des 20 réacteurs à eau pressurisée pourraient redémarrer sans trop de risques ; une mauvaise nouvelle pour ceux qui espéraient que la catastrophe de mars 2011 aurait au moins servi à provoquer une révolution énergétique ; et un argument de poids pour ceux qui défendent la pertinence économique de la production nucléaire.

L'Allemagne en décidant de réduire ses réacteurs s'est tournée vers le charbon et autres gaz plus polluants, devant une question cruciale du changement climatique qui constitue une grande menace pour le monde, nous pensons que le gouvernement allemand a très vite retrouvé les anciennes habitudes sans réellement mesurer les véritables risques dudit modèle énergétique.

Dans une étude intitulée "Analyses prospectives de la mortalité et des émissions de gaz à effet de serre liées à l'utilisation d'énergie nucléaire", les chercheurs scientifiques arrivent à dire que l'augmentation considérable des émissions de CO_2 qui ont été multipliées par 10 depuis un siècle a porté la concentration de CO_2 dans l'atmosphère à un niveau sans précédent depuis au moins 800 000 ans. Aujourd'hui, le stock de carbone présent dans l'atmosphère s'élève à 830 gigatonnes dont au moins le quart provient de l'utilisation des énergies fossiles.

Ce travail a essayé d'évaluer le plus rigoureusement possible, en partant de l'ensemble des données disponibles, l'impact réel depuis sa création de l'utilisation d'énergie nucléaire, sur l'environnement et la santé humaine. Cette étude montre que, même en prenant en compte les accidents nucléaires, cette énergie a évité au bas mot 1,8 million de décès dans le monde depuis 40 ans. Selon ces recherches, l'utilisation de l'énergie nucléaire a permis d'éviter bien plus de décès qu'elle n'en a provoqués.

Ce travail terminé en 2012 confirme également que l'énergie nucléaire a globalement permis d'économiser en moyenne l'émission nette de 64 gigatonnes d'équivalent CO_2 depuis 40 ans, ce qui correspond à deux années d'émissions mondiales de CO_2 ou encore à sept années d'émissions européennes de carbone. Ce sont ainsi plusieurs centaines de centrales thermiques au charbon, très polluantes et fortement émettrices de CO_2, que l'utilisation de l'énergie nucléaire a permis de mettre à l'arrêt.

Cette analyse souligne également qu'une sortie totale du nucléaire au niveau mondial risquerait de provoquer une mortalité supplémentaire de 420 000 à 7 millions de personnes et se traduirait par une augmentation sensible des émissions humaines de CO_2, ce qui risquerait de faire basculer le réchauffement climatique au-delà de la limite des 2 °C considérée comme le seuil tolérable.

En conclusion, l'énergie nucléaire, malgré les différents défis qu'elle pose, doit continuer à être utilisée dans la production globale d'électricité afin de réduire les conséquences catastrophiques que pourrait avoir un réchauffement climatique incontrôlable. Il faut en effet rappeler (en supposant que la consommation électrique mondiale reste à son niveau actuel, ce qui est peu probable compte tenu du fort développement économique en Asie [l'AIE prévoit au contraire une augmentation de la consommation mondiale d'électricité de 70 % d'ici 2030]), que la substitution de la production électronucléaire mondiale actuelle par des centrales utilisant les énergies fossiles (gaz et charbon à parité), entraînerait au bas mot une augmentation annuelle des émissions mondiales de CO_2 de 500 millions de tonnes, équivalent d'environ 12 % des émissions de CO_2 de l'Union européenne.

Et encore, cette prévision d'augmentation des émissions de CO_2 se base sur l'hypothèse d'une substitution pour moitié par les centrales à gaz et pour moitié par les centrales à charbon ; dans l'hypothèse probable où cette substitution se ferait essentiellement à l'aide des centrales au charbon, moins coûteuses, mais deux fois plus émettrices de CO_2 que les centrales à gaz, l'impact sur les émissions mondiales de CO_2 serait encore plus catastrophique.

Nous regardons de manière évidente qu'une telle conclusion ne s'accorde pas avec les idéaux des grands lobbies qui ont suffisamment influencé l'opinion de la majorité ; néanmoins, ce travail rigoureux d'analyse, réalisé par des scientifiques, doit cependant nous conduire à nous interroger sur la place que l'énergie nucléaire doit avoir dans le bouquet énergétique mondial au cours des prochaines décennies, si nous souhaitons réellement limiter de manière drastique les émissions humaines de CO_2 liées à la production croissante d'électricité au niveau planétaire.

Sans nier ou minimiser le moins du monde la dimension tout à fait particulière de l'énergie nucléaire qui comporte effectivement des risques spécifiques et pose des problèmes considérables de gestion, notamment en matière de retraitement et de stockage des déchets radioactifs à très longue durée de vie, nous devrions peut-être commencer à admettre que cette énergie s'est avérée, depuis son origine, globalement bien moins nocive, en ce qui concerne la mortalité réelle et l'impact sur le climat, que l'ensemble des énergies fossiles (charbon, gaz et pétrole), dont l'utilisation massive entraîne chaque année plusieurs millions de décès (directs et indirects) dans le monde et accélère le réchauffement climatique.

Sait-on par exemple qu'en Chine, on estime qu'au moins 700 000 personnes décèdent chaque année des suites de la pollution provoquée par l'utilisation intensive des centrales à charbon et qu'en Europe, selon une étude de l'Université de Stuttgart publiée en 2012, les 350 centrales thermiques en service entraîneraient le décès prématuré d'au moins 25 000 personnes par an.

Une autre étude scientifique publiée dans le Lancet fin 2012 estime pour sa part qu'à l'échelle mondiale, la pollution principalement liée à l'utilisation des énergies fossiles dans les transports et l'industrie est responsable d'environ 3,2 millions de décès par an et qu'elle est à présent devenue, si l'on additionne les effets de la pollution atmosphérique à ceux de la pollution intérieure, la deuxième cause planétaire de mortalité, juste derrière l'hypertension artérielle.

Le temps est venu de regarder ces réalités en face et de sortir de nos visions réductrices, souvent guidées par des cadres idéologiques, simplistes et dépassés.

Au lieu de prêter l'oreille aux incantations et aux idées reçues, nous devons nous poser la question de savoir si une sortie rapide du nucléaire, à l'échelle mondiale est vraiment possible, compte tenu de la nécessité de réduire dès à présent très rapidement nos émissions de CO_2 liées à la production électrique ; un objectif qui va être très difficile à atteindre même en imaginant un recourt plus effectif aux énergies renouvelables dans la production électrique, une non-augmentation de la pollution et un impact sur l'environnement déjà considérable, liés à l'utilisation accrue des énergies fossiles, notamment depuis le décollage de la production mondiale de gaz de schiste et de pétrole non conventionnel.

Même si cet objectif de sortie totale du nucléaire au plan mondial peut apparaître comme souhaitable et nécessaire pour de multiples raisons scientifiques, techniques, mais également sociales et morales, l'arrêt complet de la production d'énergie nucléaire nous semble tout simplement impossible à court et moyen terme, compte tenu de l'évolution démographique mondiale, de l'explosion de la demande mondiale en énergie, du grand virage énergétique marqué par l'irruption de nouvelles sources d'énergie fossile et bien entendu de la nécessité absolue de réduire au moins de moitié nos émissions mondiales de gaz à effet de serre d'ici 2050.

Qui peut en effet sérieusement croire, en dépit de la progression réelle et nécessaire des énergies renouvelables et des progrès en matière d'efficacité énergétique, que la consommation mondiale d'énergie et d'électricité va comme par magie ralentir ou se stabiliser dans les années à venir alors que la population mondiale va augmenter de plus de 2 milliards d'habitants d'ici 2050 et que, partout sur la planète, de vastes régions (Asie, Amérique du Sud, mais également Afrique), sont en train de sortir du sous-développement et connaissent un rythme de croissance économique bien supérieur à la moyenne mondiale.

Si nous considérons que la question du réchauffement climatique constitue bien le défi majeur et prioritaire que doit relever à tout prix l'humanité, alors nous devons faire preuve de réalisme et intégrer, au moins comme énergie de transition, l'énergie nucléaire comme l'un des facteurs qui permettront, en dépit de tous les problèmes qu'il peut entraîner, d'éviter un basculement climatique catastrophique au cours de la deuxième partie de ce siècle.

Confucius aimait à dire que quand le sage désigne la Lune, l'idiot regarde le doigt. Par cette maxime, il voulait faire comprendre à ses contemporains que, lorsqu'ils sont confrontés à une situation nouvelle, ils doivent sortir de leurs carcans mentaux, dépasser leurs préjugés et combattre les idées reçues pour appréhender cette situation inédite dans toutes ses dimensions et trouver des solutions appropriées.

L'attitude que nous devons avoir pour considérer les dangers, mais également les potentialités de l'énergie nucléaire, dans la perspective de l'échéance intangible du changement climatique mondial qui doit être notre priorité absolue et guider l'ensemble de nos choix énergétiques, économiques et politiques.

Les accords signés à Paris lors de la COP21 puis à Marrakech pendant la COP22 ne précisent pas quelles mesures doivent être mises en œuvre pour tenir l'engagement d'une transition vers un monde émettant peu de gaz à effet de serre.

Les émissions de gaz à effet de serre risquent d'entraîner un réchauffement de la planète aux conséquences dévastatrices : sécheresses, vagues de chaleur, inondations, tempêtes et cyclones, disparition de nombreuses espèces d'animaux et de plantes, etc. Nous pensons que le nucléaire est une bonne solution, car il produit beaucoup moins de CO_2 que le pétrole, le gaz naturel et le charbon. Ces émissions sont un problème réel et très grave, bien que les éoliennes et les panneaux solaires émettent encore moins de gaz à effet de serre que le nucléaire, les centrales nucléaires produisent de telles quantités d'électricité industrielle qu'il faudrait plusieurs champs d'éoliennes et de panneaux solaires pour concurrencer.

Une autre approche du problème de réchauffement climatique peut être améliorée par la diminution ou la réduction de notre consommation d'énergie, la construction des habitations et immeubles mieux isolés, la promotion et le développement des énergies renouvelables et propres, puis la réduction des émissions de CO_2 des transports et industries.

II. La place du nucléaire dans l'électricité des pays industrialisés

Aucun État de ce monde ne devient émergent économiquement, ou ne se développe sans au préalable penser à la croissance de sa production énergétique, dont l'électricité ; entre 2012 et 2014, les sources brutes de la production d'électricité dans la plupart des pays industrialisés de ce monde indiquent les puissances suivantes.

Graphique 2 : Production d'électricité de la France au 31/12/2014 (TW/h).

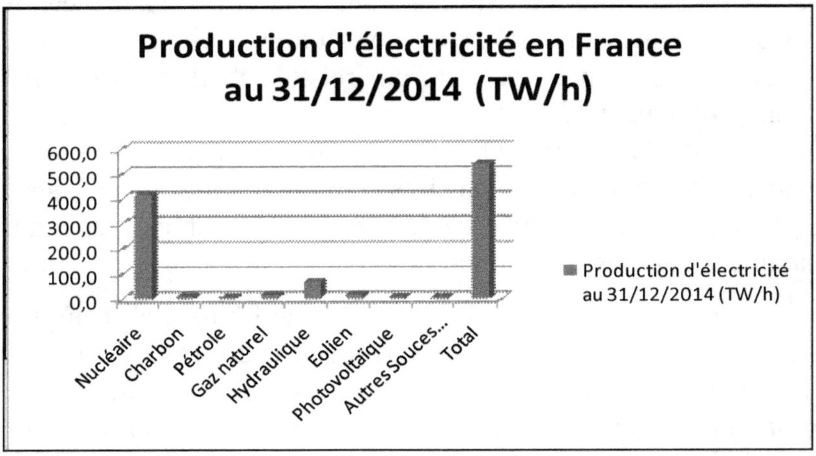

Source : AIEA

Tableau 11 : Production totale d'électricité de la France en 2014.

Sources d'énergie	Production d'électricité au 31/12/2014 (TW/h)	Part de la Production d'électricité
Nucléaire	**415,9**	**77,0%**
Charbon	8,3	1,5%
Pétrole	4,4	0,8%
Gaz naturel	14,3	2,7%
Hydraulique	68,2	12,6%
Eolien	17,0	3,1%
Photovoltaïque	5,9	1,1%
Autres Souces d'énergie	5,0	0,9%
Total	**539,0**	**100%**

Source : AIEA

Graphique 03 : Production d'électricité des USA au 31/12/2014 (TW/h).

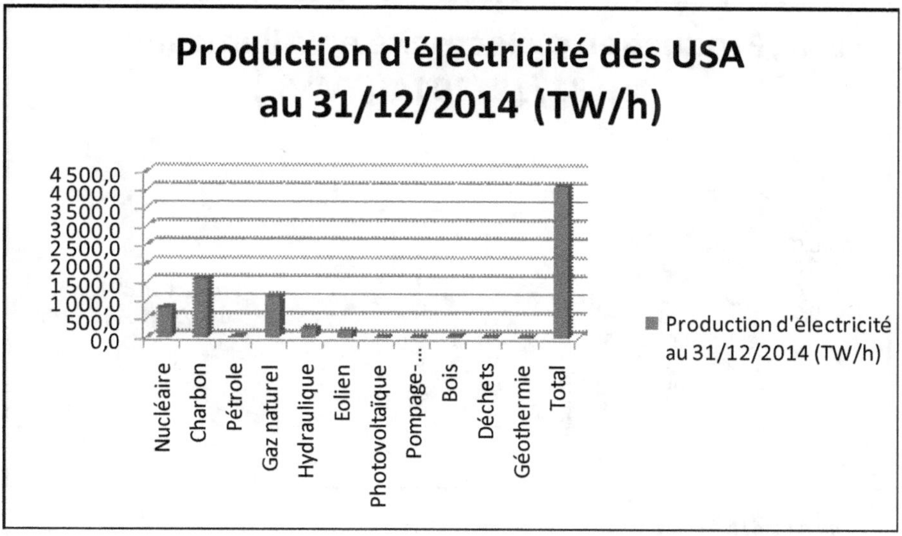

Source : AIEA

Tableau 12 : Production totale d'électricité des États-Unis en 2014.

Sources d'énergie	Production d'électricité au 31/12/2014 (TW/h)	Part de la Production d'électricité
Nucléaire	**797,1**	**19,5%**
Charbon	1 585,7	38,7%
Pétrole	30,5	0,7%
Gaz naturel	1 133,5	27,7%
Hydraulique	258,7	6,3%
Eolien	181,8	4,4%
Photovoltaïque	18,3	0,4%
Pompage-Turbinage	6,2	0,2%
Bois	43,0	1,1%
Déchets	21,3	0,5%
Géothermie	16,6	0,4%
Total	**4 092,7**	**100%**

Source : AIEA

Graphique 04 : Production d'électricité de l'Allemagne au 31/12/2014 (TW/h).

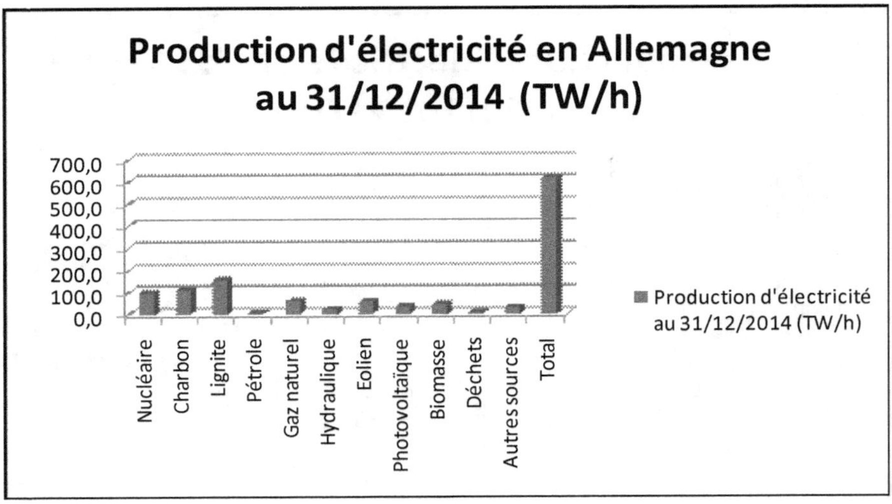

Source : AIEA

Tableau 13 : Production totale d'électricité de l'Allemagne en 2014.

Sources d'énergie	Production d'électricité au 31/12/2014 (TW/h)	Part de la Production d'électricité
Nucléaire	**97,1**	**15,8%**
Charbon	109,0	17,8%
Lignite	155,8	25,4%
Pétrole	6,0	1,0%
Gaz naturel	58,3	9,5%
Hydraulique	20,5	3,3%
Eolien	56,0	9,1%
Photovoltaïque	34,9	5,7%
Biomasse	43,0	7,0%
Déchets	6,1	1,0%
Autres sources	27,3	4,4%
Total	**614,0**	**100%**

Source : AIEA

Graphique 05 : Production d'électricité du Brésil au 31/12/2013 (TW/h).

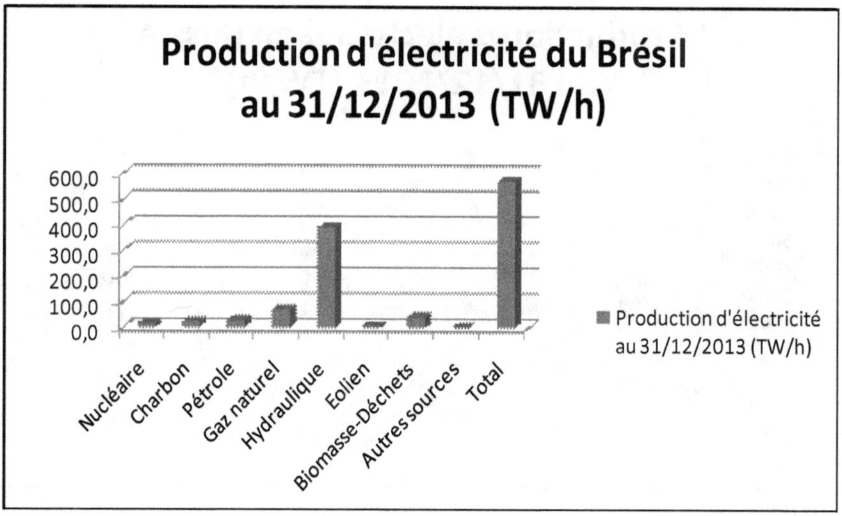

Source : AIEA

Tableau 14 : Production totale d'électricité du Brésil en 2013.

Sources d'énergie	Production d'électricité au 31/12/2013 (TW/h)	Part de la Production d'électricité
Nucléaire	**14,6**	**2,6%**
Charbon	21,8	3,8%
Pétrole	26,6	4,7%
Gaz naturel	69,0	12,1%
Hydraulique	391,0	68,6%
Eolien	6,6	1,2%
Biomasse-Déchets	40,4	7,1%
Autres sources	0,3	0,06%
Total	**570,3**	**100%**

Source : AIEA

Graphique 06 : Production d'électricité de la Russie au 31/12/2013 (TW/h).

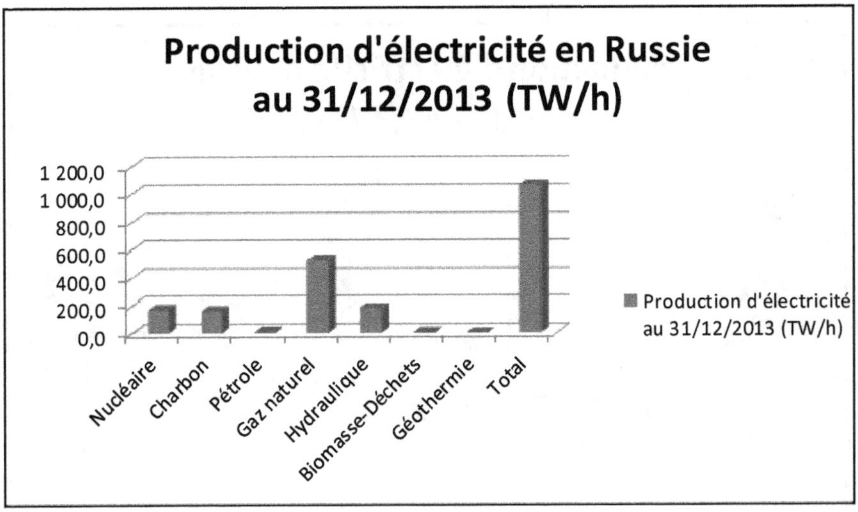

Source : AIEA

Tableau 15 : Production totale d'électricité de la Russie en 2013.

Sources d'énergie	Production d'électricité au 31/12/2013 (TW/h)	Part de la Production d'électricité
Nucléaire	**173,0**	**16,3%**
Charbon	162,0	15,3%
Pétrole	9,0	0,8%
Gaz naturel	530,0	50,0%
Hydraulique	183,0	17,2%
Biomasse-Déchets	3,0	0,30%
Géothermie	0,40	0,04%
Total	**1 060,40**	**100%**

Source : AIEA

Graphique 07 : Production d'électricité du Canada au 31/12/2013 (TW/h).

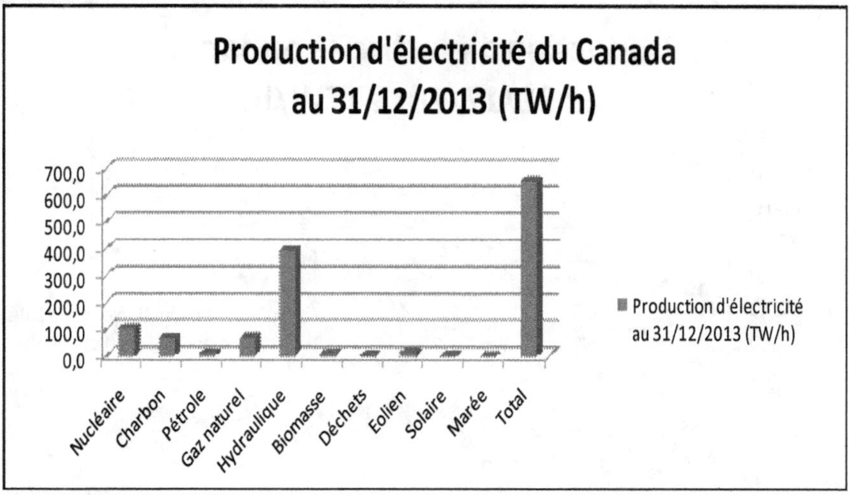

Source : AIEA

Tableau 16 : Production totale d'électricité du Canada en 2013.

Sources d'énergie	Production d'électricité au 31/12/2013 (TW/h)	Part de la Production d'électricité
Nucléaire	**102,8**	**15,8%**
Charbon	65,2	10,0%
Pétrole	7,5	1,2%
Gaz naturel	67,2	10,3%
Hydraulique	391,9	60,1%
Biomasse	5,2	0,8%
Déchets	0,2	0,04%
Eolien	11,6	1,8%
Solaire	0,4	0,06%
Marée	0,02	0,002%
Total	**652,0**	**100%**

Source : AIEA

Graphique 08 : Production d'électricité du Japon au 31/12/2013 (TW/h).

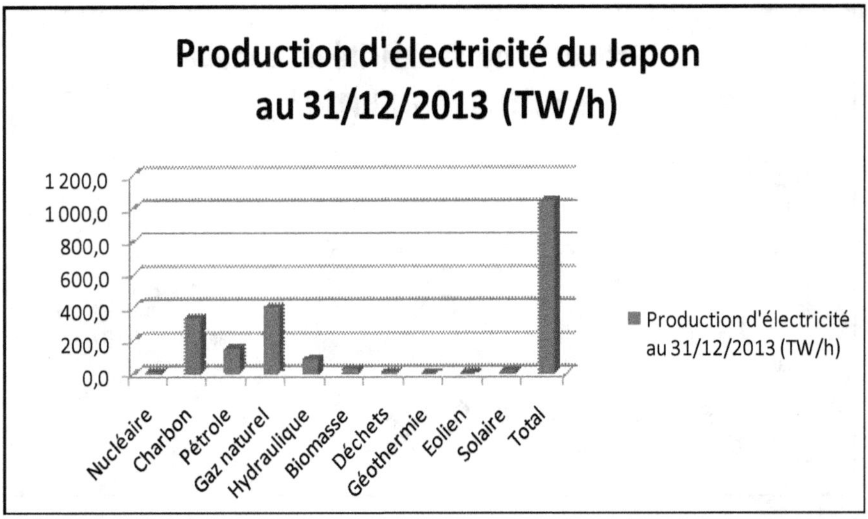

Source : AIEA

Tableau 17 : Production totale d'électricité du Japon en 2013.

Sources d'énergie	Production d'électricité au 31/12/2013 (TW/h)	Part de la Production d'électricité
Nucléaire	**9,3**	**0,9%**
Charbon	336,7	32,2%
Pétrole	149,9	14,3%
Gaz naturel	401,7	38,4%
Hydraulique	84,9	8,1%
Biomasse	32,1	3,1%
Déchets	8,6	0,80%
Géothermie	2,6	0,2%
Eolien	5,2	0,5%
Solaire	14,3	1,40%
Total	**1 045,3**	**100%**

Source : AIEA

Graphique 09 : Production d'électricité de l'Afrique du Sud au 31/12/2013 (TW/h).

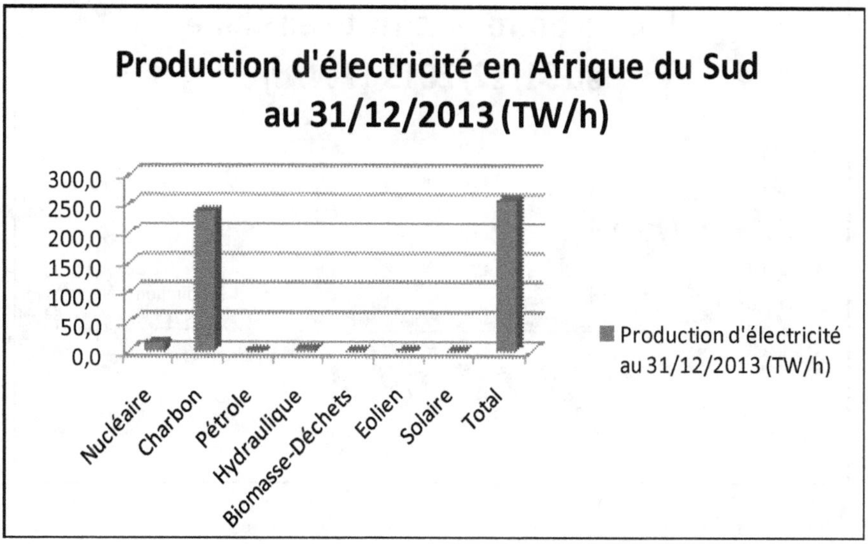

Source : AIEA

Tableau 18 : Production totale d'électricité de l'Afrique du Sud en 2013.

Sources d'énergie	Production d'électricité au 31/12/2013 (TW/h)	Part de la Production d'électricité
Nucléaire	**14,1**	**5,5%**
Charbon	237,2	92,6%
Pétrole	0,2	0,1%
Hydraulique	4,0	1,6%
Biomasse-Déchets	0,3	0,12%
Eolien	0,04	0,01%
Solaire	0,2	0,09%
Total	**256,04**	**100%**

Source : AIEA

Graphique 10 : Production d'électricité de la Chine au 31/12/2013 (TW/h).

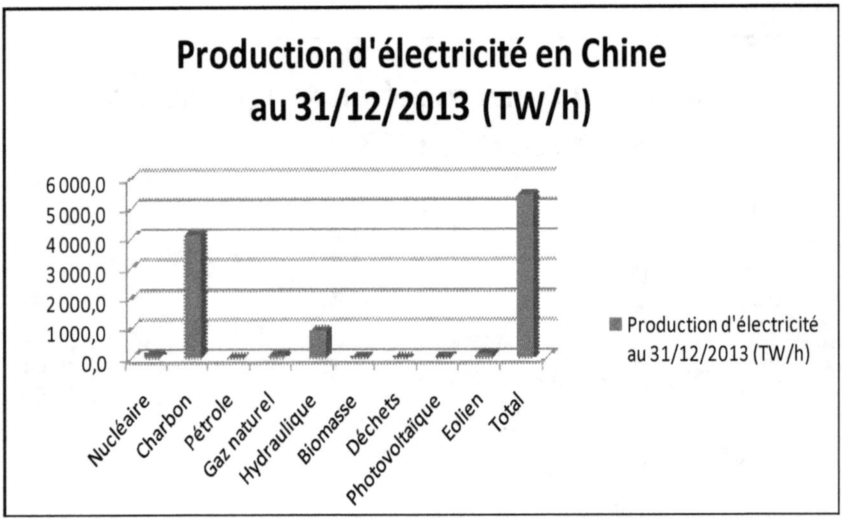

Source : AIEA

Tableau 19 : Production totale d'électricité de la Chine en 2013.

Sources d'énergie	Production d'électricité au 31/12/2013 (TW/h)	Part de la Production d'électricité
Nucléaire	**111,6**	**2,0%**
Charbon	4 110,8	75,5%
Pétrole	6,5	0,1%
Gaz naturel	90,6	1,7%
Hydraulique	920,3	16,9%
Biomasse	38,3	0,7%
Déchets	12,3	0,20%
Photovoltaïque	15,5	0,3%
Eolien	141,2	2,6%
Total	**5 447,1**	**100%**

Source : AIEA

Graphique 11 : Production d'électricité du Royaume-Uni au 31/12/2012 (TW/h).

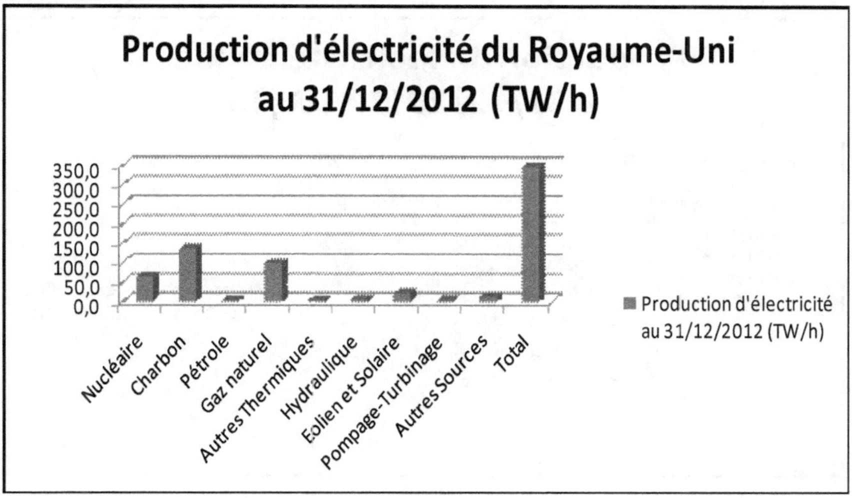

Source : AIEA

Tableau 20 : Production totale d'électricité du Royaume-Uni en 2012.

Sources d'énergie	Production d'électricité au 31/12/2012 (TW/h)	Part de la Production d'électricité
Nucléaire	**63,9**	**18,5%**
Charbon	135,9	39,3%
Pétrole	2,7	0,8%
Gaz naturel	98,2	28,4%
Autres Thermiques	2,7	0,8%
Hydraulique	4,2	1,2%
Eolien et Solaire	20,8	6,0%
Pompage-Turbinage	3,0	0,9%
Autres Sources	13,4	3,9%
Total	**344,8**	**100%**

Source : AIEA

Graphique 12 : Production d'électricité de l'Inde au 31/12/2013 (TW/h).

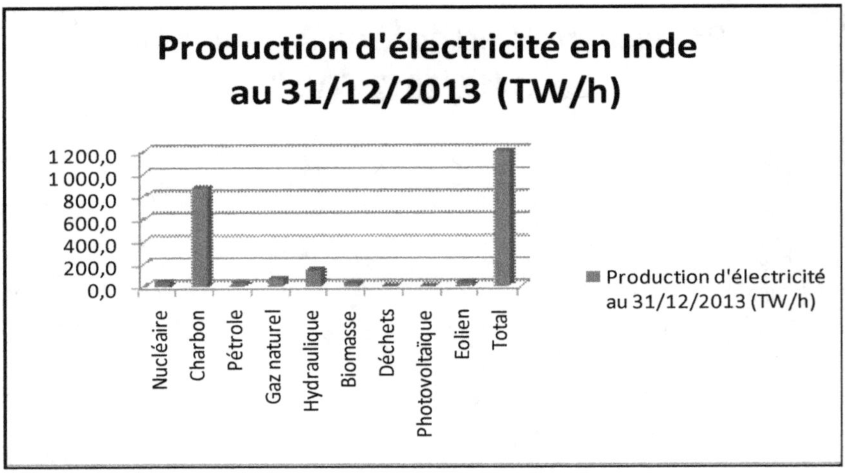

Source : AIEA

Tableau 21 : Production totale d'électricité de l'Inde en 2013.

Sources d'énergie	**Production d'électricité au 31/12/2013 (TW/h)**	**Part de la Production d'électricité**
Nucléaire	**34,2**	**2,9%**
Charbon	869,2	72,8%
Pétrole	23,2	1,9%
Gaz naturel	65,1	5,5%
Hydraulique	141,6	11,9%
Biomasse	21,8	1,8%
Déchets	1,3	0,1%
Photovoltaïque	3,4	0,3%
Eolien	33,6	2,8%
Total	**1 193,4**	**100%**

Source : AIEA

Graphique 13 : Production d'électricité de la Corée du Sud au 31/12/2013 (TW/h).

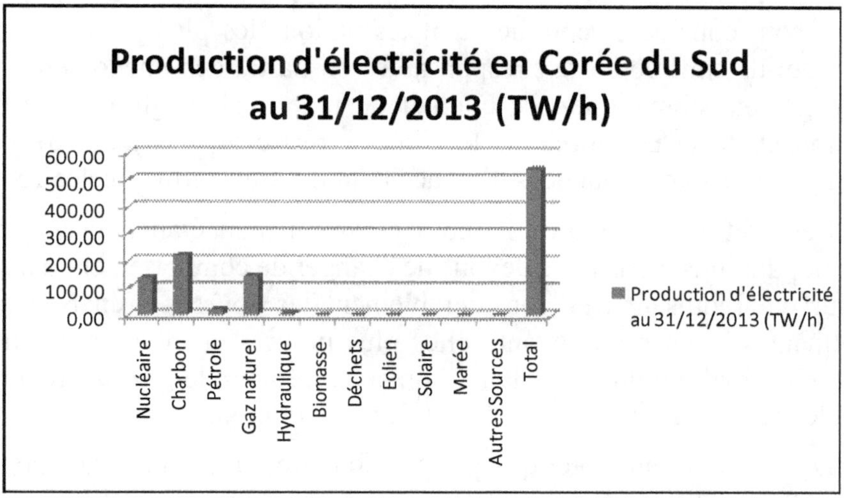

Source : AIEA

Tableau 22 : Production totale d'électricité de la Corée du Sud en 2013.

Sources d'énergie	Production d'électricité au 31/12/2013 (TW/h)	Part de la Production d'électricité
Nucléaire	**138,78**	**25,6%**
Charbon	222,84	41,1%
Pétrole	21,42	4,0%
Gaz naturel	144,83	26,7%
Hydraulique	8,39	1,5%
Biomasse	1,11	0,2%
Déchets	0,65	0,12%
Eolien	1,15	0,21%
Solaire	1,60	0,30%
Marée	0,48	0,09%
Autres Sources	0,72	0,13%
Total	**542,0**	**100%**

Source : AIEA

Lorsque nous observons le parc de production d'électricité dans les pays industrialisés entre 2012 et 2014, nous remarquons que la part de l'énergie nucléaire reste significative ; aussi nous constatons que les énergies fossiles et le charbon occupent une place prépondérante, bien qu'il s'agisse des sources très polluantes. Ce n'est pas à tort que ces pays sont considérés comme étant les nations les plus polluantes du monde, ils sont de ce fait responsables en partie des phénomènes de changement climatique que connaît de nos jours le globe terrestre. L'impact de la pollution sur le globe terrestre de nos jours peut se comparer aux conséquences d'un accident ou d'une arme nucléaire.

Les effets de la pollution sur notre environnement étant néfastes pour les populations, nous nous devons de changer de comportement dans le futur, en réduisant très considérablement les sources d'énergie très polluantes et en promouvant celles plus propres et moins polluantes comme l'hydraulique, le solaire, la marée, l'éolien, le gaz naturel et le nucléaire avec les réacteurs de troisième génération.

De même, il faut noter qu'après le pic pétrolier atteint par le monde en 2004, les États sont dans la logique de se tourner vers les sources d'énergie alternative pour répondre à la diminution des énergies fossiles dans les sous-sols ; pour ce faire, les caractères coût de production, ressource renouvelable, énergie propre non polluante sont des guides à la décision et au choix du type d'énergie à exploiter[17].

La puissance électrique nécessaire pour développer les États dépend notamment de leur demande ou de leur consommation de l'énergie électrique ; le monde moderne est de plus en plus énergétivore, c'est pourquoi il est important de procéder à la diversification des ressources pour améliorer au quotidien les capacités installées et satisfaire le besoin des États.

Le sous-développement du continent africain se justifie en partie par le faible taux de ses capacités réelles de production d'énergie électrique, pourtant un géant énergétique dans le monde de part les ressources dont il dispose puisque ce continent possède :

- près de 10 % des réserves hydrauliques mondiales économiquement exploitables ;
- Près de 10 % des réserves mondiales prouvées de pétrole ;

[17] Mesmer Tchinang ; L'énergie pour le développement au Cameroun ; éditions Harmattan 2011 ; PP52-55.

- Près de 8 % des réserves mondiales de gaz ;
- Près de 6 % des réserves mondiales de charbon ;
- Près de 17 % des réserves mondiales de l'uranium.

Avec une superficie de 30 415 873 km² et une population estimée à plus de 1,1 milliard d'habitants représentant près de 16 % de la population mondiale, les 55 États que compose le continent africain ont une capacité installée en production de l'énergie électrique de 114 GW ; si nous prenons en compte le fait que d'une part la majorité de ces infrastructures de production qui ont une durée de vie maximale de près de 60 ans datent des années 1960 ; d'autre part l'état de vétusté des infrastructures de transport et de distribution de l'énergie électrique, tout cela justifie à suffisance les difficultés des États africains à devenir émergents. Aussi, l'Afrique du Sud et l'Égypte détiennent respectivement 43 % et 22 % de la capacité totale installée de l'énergie électrique en Afrique ; ainsi, 53 pays africains possèdent 35 % de cette capacité de production, ce qui est très insuffisant pour développer ces nations.

De ce fait, tout porte à croire que l'Afrique est condamnée au sous-développement, car ses ressources disponibles et diversifiées contrastent grandement avec sa capacité installée en production de l'électricité, d'où le déficit observé de l'énergie électrique.

Avec le changement climatique qui impose une sécheresse accrue dans la majeure partie de son territoire ayant pour impact la baisse des capacités de production hydroélectrique, les fluctuations permanentes du coût du brut qui fragilisent énormément les pays importateurs, les nombreux conflits, crises et guerres, les échecs des politiques, le cumul des sous-investissements notoires, la vétusté des infrastructures, les défaillances des politiques économiques ; la production de l'énergie électrique à partir de l'énergie nucléaire apparaît en bonne position des solutions pour développer le continent africain et lui permettre de devenir émergent dans un délai relativement court.

III. Les intérêts technologiques des solutions énergétiques

Mécanique, chimique, électrochimique, naturelle ou même électromagnétique, les voies de stockage de l'énergie sont nombreuses, mais les performances sont souvent décevantes ; c'est pourtant un point crucial pour rendre attractives les énergies intermittentes (solaire et éolien). Pour les batteries, les plus grands progrès ces dernières années sont venus du Japon et sont principalement destinés aux équipements électroniques portables ; ces batteries à base de lithium s'implantent jusque dans les voitures de Tesla Motors, du visionnaire Elon Musk. Le principal inconvénient est qu'elles ont une durée de vie de 1 000 cycles de charge et une autonomie encore limitée. Les constructeurs automobiles envisagent d'autres solutions, comme des piles à combustible à l'hydrogène, inflammables, mais qui produisent de la vapeur d'eau comme déchet ; des batteries chimiques ou dites à accumulation sont envisagées pour s'affranchir des métaux rares.

Une autre méthode ingénieuse, à grande échelle, avec un rendement élevé (autour de 90 %), est d'utiliser de larges retenues d'eau. Les éoliennes ou les panneaux solaires pourraient stocker l'énergie en pompant de l'eau en hauteur, libérée plus tard, comme dans un barrage hydroélectrique.

Enfin, une voie moderne et peu utilisée est le stockage d'énergie dans des bobines dites supraconductrices qui laissent passer le courant sans aucune résistance, mais son coût d'investissement est élevé ; elles permettent de stocker le courant sous forme magnétique, une fois débranchées. Cette méthode sert à restituer une forte énergie instantanément et peut être rechargeable indéfiniment.

Graphique 14 : Répartition des ENR dans la production de l'électricité au monde en 2014.

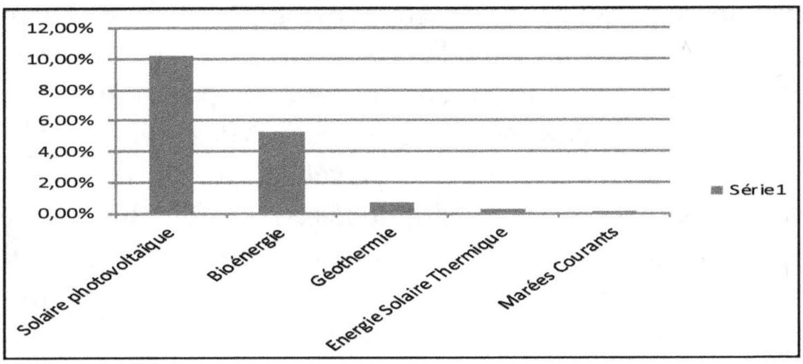

Source : AIEA

Les barrages hydrauliques sont la première et plus ancienne source d'énergie renouvelable (ENR). L'hydroélectricité (avec une capacité mondiale totale de 1 174 GW) produit aujourd'hui 8 fois plus d'énergie que l'ensemble des panneaux solaires et 4 fois plus que l'ensemble des éoliennes dans le monde. Le principal inconvénient étant que cette source d'énergie utilisée depuis l'Antiquité ne dispose plus de ressources dans les pays riches de nos jours, où le potentiel de croissance est surtout limité à de petites installations. En revanche, beaucoup reste à faire en Afrique, en Amérique latine et en Asie en particulier. La Chine a construit à elle seule 60 % des nouvelles installations dans le monde en 2014, d'après l'Agence internationale de l'énergie. Sur la prochaine décennie, d'importants barrages sont programmés au Brésil et dans une moindre mesure en Éthiopie et en Angola.

À plus long terme, domestiquer l'énergie des océans est une voie très prometteuse ; les courants marins génèrent d'importants gisements qui demandent juste à être exploités, même si le potentiel attendu des hydroliennes traditionnelles (comme des éoliennes sous-marines) reste limité. Entre les différents types d'hydroliennes possibles, la technique la plus efficace reste à définir.

De manière très symbolique, l'énergie solaire trouve même des applications dans le secteur des transports, avec des prototypes de bateaux et d'avions à propulsion électrique, dont Solar Impulse, qui a réalisé un tour du monde par étapes ; même si ces véhicules ont peu d'avenir pour le tourisme de masse, ils témoignent du fait que l'énergie du soleil, mieux domestiquée, peut avoir des usages beaucoup variés à tel point qu'elle affiche le plus grand potentiel de croissance en Chine, en Inde, au Japon et aux États-Unis pour accélérer leurs développements dans les énergies renouvelables. L'Inde a même initié lors du sommet de COP21 une Alliance solaire internationale, qui regroupe 121 pays pour déployer 1 000 gigawatts (GW) à horizon 2030 ; malgré le déploiement massif de panneaux en Chine, l'Union européenne restait en 2010 le plus grand utilisateur de la planète, avec 70 % de l'électricité d'origine solaire. La puissance électrique mondiale installée est en train d'atteindre 430 GW en 2020 contre 176 GW en 2014, soit une croissance annuelle moyenne de 16 %, selon l'Agence internationale de l'énergie.

Des prévisions qui sont sous-estimées, selon l'ONG Energy Watch Group qui rassemble des scientifiques européens ; une étude de la Fondation Nicolas Hulot table sur 25 % de la production mondiale d'électricité d'origine solaire vers 2050. Une projection optimiste puisqu'en 2012 le solaire photovoltaïque ne représentait que 0,4 % de l'électricité mondiale.

Depuis la mise au point de la première cellule photovoltaïque, il y a plus de soixante ans, la récupération de l'énergie solaire sous forme électrique a fait des progrès considérables ; elle génère davantage d'énergie que n'en nécessite sa fabrication depuis le début des années 2000. Les rendements électriques s'améliorent, entre 10 % et 20 % et au-delà pour les cellules dites par concentration.

C'est aussi une source d'appoint qui peut être décentralisée chez les consommateurs avec des panneaux solaires sur le toit des habitations ; un atout majeur dans les zones où les réseaux de distribution d'électricité sont absents, notamment en Afrique et certaines régions d'Asie, ce qui concerne 1,3 milliard d'individus. Son principal défaut est d'être une source d'énergie intermittente ; l'ajout de batteries renchérit d'environ 50 % le coût d'une installation solaire.

L'efficacité énergétique reflète l'intensité énergétique, c'est-à-dire la quantité d'énergie requise pour produire un bien ou fournir un service ; un domaine où les améliorations potentielles les plus importantes sont dans les procédés industriels et le secteur du bâtiment.

Les centrales thermiques, les raffineries, les cimenteries, les aciéries et l'industrie chimique sont de grands émetteurs de gaz à effet de serre.

L'idée de capter à la source le dioxyde de carbone que ces usines relâchent puis de le stocker dans le sous-sol ou de le valoriser est plutôt intéressante dans la lutte contre le réchauffement climatique ; et les technologies nécessaires arrivent à maturité. Elles sont en partie issues de l'industrie gazière qui est obligée de séparer le CO_2 du méthane pour le rendre utilisable. Plutôt que de s'en débarrasser dans l'atmosphère, on peut le réinjecter dans un gisement pétrolier pour faciliter l'extraction, le stocker dans un réservoir épuisé de gaz ou dans un aquifère salin profond ; les Américains, les Canadiens et les Norvégiens ont déjà mis en pratique ce principe. En tout, quatorze installations de capture et de stockage ou de valorisation du CO_2 existent dans le monde ; c'est encore très peu si l'on considère qu'il en faudrait un ou deux milliers pour permettre de réduire d'un cinquième les émissions mondiales en 2050. On voit néanmoins s'amorcer ces dernières années une dynamique. Une première centrale électrique s'est équipée d'un dispositif de capture au Canada ; une première aciérie et une première cimenterie pourraient suivre dans les années à venir.

Le coût de la tonne capturée, entre 50 et 100 dollars, reste encore trop important pour que la filière puisse se développer de façon exponentielle ; l'introduction d'une taxe carbone élevée, au plan local ou mondial, pourrait néanmoins rendre le procédé viable sur le plan économique. Les réservoirs souterrains potentiels identifiés à ce jour permettraient de stocker 2 000 milliards de tonnes de CO_2 ; l'équivalent de ce qu'a émis l'humanité depuis le début de la révolution industrielle. Quant aux réticences liées au stockage, les expériences en cours ou passées sont encourageantes : aucune fuite notable ni déstabilisation du sous-sol n'a été signalée à ce jour.

La géothermie qui exploite la chaleur souterraine a de multiples applications ; l'eau chaude prélevée en profondeur, depuis une centaine de mètres, peut servir directement au chauffage collectif et réduire les factures d'énergie d'un ensemble d'immeubles, d'une ville ou d'un groupe de communes. C'est la voie majeure de développement de la géothermie, notamment dans les pays nordiques, même si la technique est fort ancienne et fonctionnait déjà pour les thermes romains.

L'autre technique, plus audacieuse, est de fournir de grandes quantités d'électricité en prélevant de la vapeur d'eau plus chaude (au-dessus de 150 °C), à proximité de volcans par exemple, pour venir actionner de grosses turbines électriques ; la France dispose d'une des premières usines de ce type au monde dans la commune de Bouillante en Guadeloupe. Mais la vapeur d'eau y est chargée en soufre et en minéraux ; même purifiée, elle abîme les installations, ce qui accroît les coûts de maintenance.

Dans le monde, les équipements de géothermie ont une capacité totale installée de quelque 12 GW d'électricité ; les perspectives de croissance sont relativement faibles : l'Agence internationale de l'énergie prévoit une hausse de 20 % au total, à la fin de la décennie. Il s'agit pourtant d'une source propre d'électricité, sans rejet de CO_2.

Le Japon, l'un des pays les plus dotés de volcans en activité, compte assez peu sur la géothermie comme source d'énergie. La raison est que les installations devraient être situées dans des parcs naturels et des zones réservées à la méditation. Or, il n'est pas question d'y déranger les esprits.

Les seules émissions de gaz à effet de serre à mettre sur le compte du nucléaire sont, de façon grossière, celles associées à la construction des centrales, à l'extraction, à l'acheminement, à la préparation et au retraitement de l'uranium. Aujourd'hui, plus de 400 réacteurs en service dans le monde produisent un peu plus de 10 % de l'électricité mondiale et ne comptent que pour une part négligeable des émissions. D'après l'Agence internationale de l'énergie (AIE), le nucléaire permettrait de contribuer significativement dans le futur aux réductions des émissions de gaz à effet de serre, nécessaires pour limiter le réchauffement en dessous de 2 °C ; et pour cela, il faut rapidement envisager la construction à travers le monde de nouveaux réacteurs. Dans cette logique, la Russie, l'Inde et la Chine investissent déjà de façon significative dans de nouvelles centrales ; toutefois, les constructions en cours ne feront a priori que compenser les fermetures anticipées dans le parc vieillissant des pays les plus riches. Les réacteurs de 4e génération fonctionnant au thorium abondant et peu cher produisent moins de déchets ; seulement, cette technologie n'est pas mûre et ne sera pas disponible avant 2030 ou 2040. De même, avec les recherches avancées sur la technologie de la fusion nucléaire virtuellement propre, l'avenir du nucléaire s'inscrit sur de bons auspices.

Depuis la création, les végétaux absorbent le gaz carbonique pour fabriquer de la matière organique et dégagent de l'oxygène lors dudit processus. Les forêts sont à ce titre un gigantesque puits de carbone naturel ; l'on estime aujourd'hui qu'un quart environ des émissions humaines de CO_2 sont ainsi absorbées par la végétation. Le bois peut d'ailleurs être considéré comme une énergie renouvelable, tant que la croissance de nouveaux arbres compense les émissions liées à sa combustion. La reforestation peut même permettre de piéger de grandes quantités de carbone supplémentaires.

La lutte contre la déforestation permet d'éviter le relâchement des grandes quantités de carbone qui y étaient stockées ; de grands pays forestiers, à commencer par les États-Unis, le Brésil, les pays de l'Afrique centrale ou la Russie, comptabilisent d'ailleurs déjà les effets supposés des mesures de protection de leurs forêts dans leurs engagements de réduction des émissions de gaz à effet de serre. Il reste néanmoins de grandes inconnues sur les quantités exactes de CO_2 absorbées dans les différentes forêts du globe. Une forêt en mauvaise santé pourrait même relâcher plus de gaz à effet de serre qu'elle n'en absorbe ; ce qui est inquiétant puisque le réchauffement lui-même semble avoir un effet délétère sur de nombreuses espèces qui peinent à s'adapter. Dans les pires scénarios, les forêts pourraient même devenir des sources de gaz à effet de serre plutôt que des puits de carbone naturel ; une raison supplémentaire pour laquelle elles sont étudiées en ce moment avec la plus grande attention.

Betterave, canne à sucre, colza, jatropha, maïs, soja, tabac, mais également chardon, canne de Provence, ricin, saule ou encore algues, déchets agricoles, voire déchets ménagers ; la liste des sources de biocarburants est illimitée. Ces combustibles entrent déjà, en partie, dans les formulations du diesel et de certaines essences en Europe. Et ce mouvement s'amplifie dans le monde entier ; ils représentent 3,4 % de la consommation mondiale de carburants pour les transports routiers, selon le panorama 2015 de l'Ifpen, et 1 % de la consommation totale d'énergie, selon les Nations unies.

Mais, après une première vague de développement des biocarburants, dits de première génération, à partir de cultures agricoles destinées également aux ressources alimentaires, cette compétition entre ces deux usages a conduit, au début des années 2000, les scientifiques à envisager d'autres méthodes pour générer du bioéthanol et du biodiesel. Il a donc été décidé d'utiliser la lignocellulose, c'est-à-dire la partie verte des plantes (tiges et feuilles, et plus seulement les fruits ou graines), certains résidus (agricoles), des déchets de l'industrie du bois, du papier et la partie organique de déchets ménagers ; de nombreuses usines sont construites ou en cours d'achèvement pour ces biocarburants de deuxième génération. Deux voies principales sont utilisées pour les fabriquer : biologique (au moyen de levures et de bactéries spécialisées) ou chimique (notamment au moyen de la chaleur pour créer un gaz de synthèse, précurseur du bioéthanol). Cette dernière méthode est même utilisée pour convertir du CO_2 en carburant, en le chauffant avec les rayons du soleil. Les ingénieurs ont pu synthétiser du kérosène à partir de la lignocellulose ou même du CO_2, le combustible des avions, qui a une grande capacité calorifique.

Cependant, de nombreux experts doutent de la rentabilité de ces installations ; l'Ifpen rappelle qu'il faut encore réduire le coût de la biomasse, qui compte pour 25 % du coût total de production des biocarburants de deuxième génération. Même si la matière première est peu onéreuse, il faut encore l'acheminer jusqu'au site de transformation ; les unités de biocarburants survivent grâce aux subventions, reconnaît le responsable scientifique d'un grand projet européen de bio raffinerie. Pour l'avenir, les ingénieurs réfléchissent en ce moment sur des biocarburants à partir d'algues.

De plus en plus grandes et puissantes, les éoliennes ont orienté l'Europe et les États-Unis vers les énergies renouvelables ; le vieux continent, avec ses industriels danois, allemands et espagnols, détient le plus grand parc éolien de la planète, avec 44 % de la puissance électrique installée au monde en 2010.

Mais ces grandes machines, dont la puissance unitaire dépasse les 5 MW, ne sont pas acceptées partout, notamment en France, où l'installation d'un parc dure sept ans en moyenne du fait des recours systématiques d'opposants et de riverains qui sont perturbés par des bruits ; d'où le développement des parcs en mer, où l'Europe devrait conserver son avance pendant la prochaine décennie, tandis que les industries vont prendre le relais en Chine et en Inde pour leurs territoires.

C'est en Chine que va se concentrer le plus grand nombre de nouvelles éoliennes jusqu'en 2020, 40 % des nouvelles capacités de production électrique dans le monde ; l'offshore représentera environ 5 % de la puissance électrique installée sur la planète en éolien, soit 600 GW en 2020 contre 2 % en 2015. L'éolien est surtout intéressant à grande échelle, sauf conditions particulières pour les îles tropicales, et l'est beaucoup moins pour les petites structures ou les particuliers ; car pour rentabiliser les installations, il est nécessaire d'étudier précisément le vent sur une longue période et de réduire les coûts de maintenance, qui se révèlent élevés. Deux raisons qui font de cette énergie renouvelable et intermittente, une affaire réservée aux électriciens et aux grands groupes, habitués aux programmes longs et coûteux.

Personne de sérieux ne peut prétendre qu'il faudrait produire avec les énergies renouvelables autant d'électricité qu'on en produirait avec le nucléaire ; toutefois, il existe d'énormes gisements d'économies d'énergie, qui sont bien identifiés, mais qui sont encore très peu exploités. Nous pensons par exemple qu'on pourrait diviser par 2 nos consommations d'énergie, à niveau de vie équivalent, ce qui voudrait dire aussi qu'il reste 2 fois moins d'énergie à produire. Par ailleurs, si l'on instaurait la réduction du chauffage électrique et l'on entrevoyait l'isolation des bâtiments, on réduirait énormément la quantité d'électricité utilisée pour se chauffer ; chacun, par ses gestes quotidiens, peut aussi contribuer à ces économies en éteignant les lumières et les appareils en veille, et en utilisant des équipements électroménagers économes en énergie. En réalité, nous pourrions vivre aussi bien voire mieux, en utilisant beaucoup moins d'énergie.

Le monde a cessé de prospecter en 1988, quand le prix de l'uranium était très bas, en partie à cause de la surproduction résultant de la récupération du combustible dans les bombes atomiques déclassées ;

mais depuis 2005, cette prospection a repris fort belle avec la demande toujours croissante, la construction des nouvelles centrales nucléaires à travers la planète. Le combustible fossile est devenu une ressource naturelle très importante, le prix de l'uranium a augmenté.

Les ressources conventionnelles prouvées en uranium y sont chiffrées comme suit, les réserves prouvées dureraient 88 ans au même régime qu'à présent ; les réserves montent à 200 ans au cours actuel de l'uranium, elles montent à 700 ans en exploitant les phosphates. On peut recycler 96 % des combustibles usés en les récupérant dans le combustible MOX, les réacteurs de quatrième génération sont capables de fournir 50 à 100 fois plus d'énergie par unité d'uranium.

Le thorium est un métal aussi efficace que l'uranium pour être régénéré dans des réacteurs nucléaires et nous pensons qu'il y a trois fois plus de thorium que d'uranium sur la Terre. L'énergie nucléaire a toutes les qualités du renouvelable puisque la période pour épuiser les ressources est très grande par rapport à la durée de l'existence du genre humain ; comme le renouvelable, le nucléaire ne produit pas de gaz à effet de serre : il a l'avantage supplémentaire d'être moins cher.

Parmi les ressources renouvelables, l'éolien est extrêmement cher ; on peut construire deux centrales nucléaires pour le prix d'éoliennes fournissant la moitié de cette énergie de façon intermittente. Nous pouvons penser que le terme renouvelable résoudrait bien mieux le réchauffement climatique que l'ensemble de certaines orientations qui sont par ailleurs intéressantes pour réduire les énergies fossiles pour le transport et certaines industries ; 28 % des émissions de gaz à effet de serre en Europe viendraient de la production d'électricité par du charbon ou du gaz. Ce serait 35 % si 20 % de l'électricité n'était pas déjà produite par du nucléaire.

Si la production d'électricité était entièrement nucléaire, on réduirait les gaz à effet de serre de 28 %, bien mieux que l'objectif de 20 %. Pour améliorer les futures versions du protocole de Kyoto, une solution efficace, peut-être difficile à accepter par les formalistes qui ont pourtant utilisé le mot renouvelable à tort et à travers, serait de considérer le nucléaire comme une énergie renouvelable.

Dans l'incertitude, quant à l'avenir du nucléaire et du prix croissant des combustibles fossiles, il est dangereux de trop miser sur l'éolien qui ne peut fonctionner que si 80 % de l'énergie est fournie par du gaz naturel, lequel pourrait s'épuiser ou devenir hors de prix. En attendant de connaître l'évolution des prix et d'avoir informé l'opinion publique sur la disponibilité des réserves du combustible nucléaire et d'avoir corrigé la désinformation sur les catastrophes de Tchernobyl et Fukushima, on devrait limiter les dépenses et les engagements (surtout éolien) qui seraient perdus au cas où le nucléaire deviendrait le moindre mal pour réduire le coût de l'énergie, limiter les émissions de CO_2, garantir la sécurité d'approvisionnement, améliorer le pouvoir d'achat et rendre compétitives les industries dépendant du prix de l'électricité.

Nous avons constaté que le Protocole de Kyoto était devenu une vaste farce en Europe depuis que la plupart des pays membres, après la hausse des prix du pétrole et du gaz, construisaient des centrales au charbon et abandonnaient ainsi tout espoir de réduire les émissions de GES.

De la bombe atomique aux centrales nucléaires, l'uranium a accompagné l'histoire du XXe siècle. Avec le réchauffement climatique résultant des effets des GES qui agressent violemment chaque jour la nature et les humains, puis malgré les catastrophes de Tchernobyl et de Fukushima, ce minerai pèsera encore et sans doute sur le XXIe siècle.

Tableau 23 : Inventaire mondial de l'uranium appauvri.

Pays	Organisations	Stocks d'uranium (Tonnes)	Années
États-Unis	DOE	480000	2002
Russie	FAEA	460 000	1996
France	Areva NC	190 000	2001
Royaume-Uni	BNFL	30 000	2001
Allemagne	URENCO	16 000	1999
Japon	JNFL	10 000	2001
Chine	CNNC	2000	2000
Corée du Sud	KAERI	200	2002
Afrique du Sud	NECSA	73	2001
TOTAL		**1 188 273**	

Source : Projet WISE-uranium

IV. Les meilleures raisons du choix du nucléaire

Une centrale nucléaire éviterait le gaspillage de certaines ressources naturelles en voie d'épuisement, comme le pétrole et le charbon ; ensuite, la construction et le maintien des centrales nucléaires créeraient de nouveaux emplois. Plusieurs organismes ne cessent de nous rappeler les nombreux chômeurs qui augmentent chaque jour ; de plus, seule l'énergie nucléaire permettrait un prix d'électricité moins cher que d'autres centrales énergétiques qui utilisent le pétrole ou le charbon. Les centrales nucléaires polluent moins l'environnement, parce qu'elles ne dégagent presque pas de CO_2 et ne s'attaqueraient donc pas à la couche d'ozone ; l'énergie nucléaire serait donc l'énergie la plus propre. Les centrales nucléaires servent à des fins militaires, car elles produisent, entre autres, le plutonium nécessaire aux armes nucléaires.

Le nucléaire tient depuis longtemps une place de choix dans la thématique énergie et environnement ; c'est pourquoi l'éventualité d'un recours accru à l'électronucléaire pour limiter les émissions de gaz à effet de serre et remplacer les énergies fossiles dans quelques dizaines d'années a donné un nouveau souffle à ce débat.

Remplacer une centrale nucléaire par de l'hydroélectricité impose de noyer plusieurs grandes vallées or, le potentiel des microcentrales est très faible dans les pays développés ; la construction du barrage des Trois Gorges en Chine a nécessité d'évacuer un million de personnes assurées de ne jamais revenir chez elles. Les Trois Gorges ont détruit de manière planifiée toute vie terrestre à l'emplacement du futur lac de barrage, comme c'est le cas avec le tout nouveau lac de barrage.

Le courant produit par une centrale nucléaire, sur sa durée de vie est le plus économique avec l'hydroélectricité que le charbon et le gaz de schiste. Beaucoup d'activités sont dangereuses, les voitures font environ un million de morts par an dans le monde et le risque n'est pas choisi pour le piéton qui se fait écraser, contrairement à un argument souvent utilisé, fumer est une des premières causes de mortalité prématurée dans nombre de pays, boire de l'alcool est dangereux, avoir des usines chimiques est dangereux.

La bonne question serait : le nucléaire est-il plus dangereux que le reste de nos activités industrielles et surtout les risques qu'il nous fait courir sont-ils disproportionnés par rapport aux bénéfices ? La réponse est non : il est moins dangereux que les autres modes de production d'électricité.

Le cancer de la thyroïde est un cancer qui, détecté à temps, se soigne bien ; par ailleurs, il n'est pas possible de caractériser un surplus de pathologies comme les leucémies, cancers solides, malformations à la naissance, etc., liées à l'accident de Tchernobyl sauf, peut-être un léger surplus de leucémies pour les liquidateurs les plus exposés.

Après les catastrophes nucléaires, les terres locales sont devenues indisponibles pour un usage agricole pendant quelques dizaines d'années ; lorsqu'un incendie brûle des arbres centenaires, la durée de reconstitution se compte en siècles ; les végétaux poussent très bien, car ils ne sont pas gênés par le surplus de radioactivité ; ils présentent cependant parfois de manière aléatoire une concentration élevée en isotopes radioactifs, notamment le césium et autres qui les rendent impropres à la consommation humaine avec les normes que nous nous sommes fixées.

La suppression de quasiment toute présence humaine a favorisé le développement de la faune ; des comptages effectués indiquent, par exemple, que bon nombre d'animaux en bonne santé prospèrent désormais dans la zone interdite bien plus qu'avant l'accident.

Le barrage des Trois Gorges en Chine destiné à utiliser une énergie parfaitement propre et renouvelable, a nécessité le déplacement de plus d'un million de personnes et annihilera toute vie antérieure à l'emplacement du lac de barrage, qui couvre environ 1 000 km2, et les plus grands lacs de barrage au monde couvrent près de 10 000 km2 comparativement à environ 2 800 km2 de zones évacuées à Tchernobyl.

Il existe actuellement plus de 30 000 barrages hydroélectriques en service dans le monde dont la hauteur de chute est supérieure à 15 mètres, contre 440 réacteurs nucléaires, et que ces derniers produisent à peu près la même quantité d'électricité que les premiers. Les rayonnements ionisants que nous recevons chaque année sur terre est de 3 milli sieverts en moyenne,

L'énergie nucléaire n'émet presque pas de CO_2 et l'achat de ce combustible ne coûte presque rien ; il faudrait par exemple, moins d'un milliard d'euros par an pour l'importation d'uranium sur 68 milliards d'euros d'importation de combustibles fossiles, enfin de produire les mêmes quantités d'électricité.

La bonne question est alors de savoir s'il vaut mieux se réchauffer avec de l'électricité d'origine nucléaire qui comporte une pompe à chaleur, ou opter pour un autre moyen. Si l'autre moyen est le gaz, le charbon ou le fioul, alors l'électricité nucléaire se positionne mieux en termes d'émission de CO_2 et de facture énergétique ; si cet autre moyen est du bois, il faudra faire attention à ne pas enfumer des quartiers entiers.

Donc, pour le chauffage domestique y compris les magasins et les bureaux, une chaîne qui commence par une centrale nucléaire puis fait fonctionner des pompes à chaleur présente un rendement globalement supérieur à celui d'un chauffage domestique au gaz.

L'éolien, l'hydraulique et le solaire photovoltaïque aussi, sont des modes de production électrique généralement utilisés par les adversaires du nucléaire ; on ne peut pas se désintéresser d'une source d'énergie parce qu'elle ne permet de faire que de l'électricité.

En outre, il serait théoriquement parfaitement possible d'exploiter aussi la chaleur des centrales nucléaires ; elle est actuellement rejetée dans les rivières, la mer, ou dissipée dans les tours de refroidissement, ce qui est dommage. Comme les autres centrales électriques à cogénération, la cogénération nucléaire pourrait chauffer des villes, des piscines, des serres, des élevages divers, de manière écologique en respectant le principe de la limite du gaspillage.

Sur la durée de vie d'une centrale électrique, le kWh électronucléaire est l'un des moins chers et des plus stables. Produire une quantité significative d'énergie avec les combustibles classiques comme le gaz, le pétrole, le charbon, la grande hydraulique, ou les renouvelables modernes à savoir éolien de masse, ou biocarburants par exemple, présente plus d'inconvénients que le nucléaire civil, et c'est aussi l'avis de nombreux médecins ; quand respirer devient et nuit gravement à la santé à cause du niveau de pollution de l'air dans le monde, le nucléaire apparaît alors comme la meilleure solution.

Dans un monde où la consommation d'énergie (notamment d'électricité) augmente avec la population et son aspiration à plus de confort, produire cette énergie en grande partie avec du nucléaire deviendra une nécessité. Pour parvenir à sortir du fossile, il sera nécessaire de modifier nos habitudes de consommation d'énergie pour recourir massivement à l'électricité d'origine nucléaire et, en partie, à l'hydraulique et à la biomasse là où c'est possible.

Une centrale nucléaire produit plus d'énergie qu'une centrale thermique classique ; une tonne de charbon produit autant d'énergie qu'un gramme d'uranium qui pourtant occupe beaucoup moins de place. Plusieurs ressources naturelles et non renouvelables de la planète ont atteint depuis très longtemps leur pic d'exploitation ; il s'agit du gaz, du charbon, du pétrole. Ces matières premières étant de plus en plus rares, l'exploitation du nucléaire permet de les économiser.

Les centrales nucléaires en fonctionnement ne coûtent globalement pas plus cher que celles à combustibles classiques, surtout dans les pays pauvres en ressources naturelles.

L'énergie nucléaire est la plus saine et la moins dangereuse pour l'environnement ; les barrages et centrales hydrauliques provoquent des modifications de l'environnement, entraînant des inondations, des glissements de terrain.

Les déchets radioactifs ne sont plus un problème ; en les enterrant très profondément on empêche les radiations de contaminer l'environnement et la population. Les centrales nucléaires installées dans les zones non sismiques de la planète ne présentent pas de risques de tremblements de terre ou de toutes autres catastrophes naturelles qui pourraient endommager les réacteurs et provoquer des radiations.

De nos jours, la consommation de combustibles fossiles est plus élevée que ceux produits, de sorte que dans un avenir assez proche, les conséquences seraient soit un épuisement total de ces ressources, soit une nette augmentation du prix qu'ils deviendraient inaccessibles à la majorité de la population qui les consomme.

Grâce à une petite quantité de nucléaire, on obtiendrait de grandes quantités d'énergie ; ceci permettrait d'économiser les matières premières ; et cette réduction de la consommation des combustibles améliorerait aussi la qualité de l'air que nous respirons ce qui aurait une vie.

La production de l'énergie électrique est continue ; une centrale nucléaire produit de l'électricité pendant près de 90 % du total de l'année. Ceci réduit l'instabilité des prix pour d'autres combustibles comme le pétrole ; cette continuité de production permet également une meilleure planification électrique étant donné qu'elle réduit considérablement toute dépendance aux éléments naturels. L'un des plus grands inconvénients des énergies renouvelables, comme l'énergie solaire, peut se résoudre ainsi puisqu'en effet, les horaires solaires et de vent ne coïncident pas toujours avec les heures de plus grande demande énergétique aussi l'emploi de l'énergie nucléaire le compense.

Remplacer une centrale nucléaire par l'énergie du vent impose de construire quelques milliers d'éoliennes et de construire des centrales à énergie fossile ou des barrages pour les jours ou les heures sans vent.

Le nucléaire fournit de l'électricité de base, presque sans émissions de CO_2, à un coût stable ; il est très peu dépendant des cours erratiques des matières premières, et compétitif ; c'est une énergie presque domestique, source importante d'exportations pour les états qui l'adoptent et pourvoyeur de nombreux emplois qualifiés. Il parvient également à résoudre les questions d'indépendance énergétique.

Outre la production d'électricité, le nucléaire connaît d'autres applications relatives à plusieurs secteurs d'activités, par exemple la médecine, la conservation et la restauration des œuvres d'art ou objets anciens, etc.

Il faut dire que l'effet de serre, dû aux énergies traditionnelles que sont le gaz, le fioul, et le charbon, n'attend pas, alors que nous avons le temps de mettre au point le retraitement et le stockage des déchets radioactifs ; prenons le scénario où l'Inde et la Chine définissaient une stratégie de développement entièrement fondée sur le charbon, puis imaginons quelles en seraient les conséquences en termes d'effet de serre.

La diversification des sources d'énergie par l'utilisation combinée du GPL, du gaz naturel, des énergies renouvelables (biomasse, géothermie, éolien et solaire), ainsi que des économies d'énergie puis des techniques de production d'électricité en Afrique sont souhaitables et nécessaires, en outre l'efficacité et le caractère propre de la ressource obligeraient les gouvernements à prendre en compte et investir sur le nucléaire. Ainsi, nous sommes résolument favorables au maintien d'une filière nucléaire propre et sécurisée ; le nucléaire est une réponse efficace au dérèglement du climat, sous réserve qu'on fasse évoluer la recherche-développement nécessaire pour trouver une solution définitive à la question des déchets.

L'industrie nucléaire met en œuvre des technologies avancées recouvrant de très nombreux domaines d'activités à fort potentiel d'emplois. On peut citer par exemple l'instrumentation, la robotique, les automatismes, les contrôles non destructifs, les systèmes de contrôle et commande, la télémanipulation, le génie mécanique, les filtres, les équipements sismiques, la mécatronique, l'informatique industrielle, le génie civil, etc. La prise de conscience de l'intérêt de l'énergie nucléaire, si l'on veut réaliser les objectifs de réduction des émissions de gaz à effet de serre, pourrait accroître la part de l'énergie nucléaire dans la production future d'électricité.

Plusieurs autres utilisations possibles de l'énergie nucléaire sont à même de renforcer le rôle de cette dernière au plan mondial, par exemple la production d'hydrogène, le dessalement de l'eau de mer et la production de chaleur à usage industriel ou domestique. Même si la production de chaleur demeure probablement une utilisation relativement marginale, il est à noter que l'énergie nucléaire devrait jouer un rôle important dans le dessalement et la production d'hydrogène. Les besoins croissants en eau douce ont conduit à l'annonce des projets plus étoffés visant l'utilisation d'usines de dessalement nucléaire, par exemple en Australie, en Chine, en Corée, en Inde, au Maroc, au Pakistan et dans la Fédération de Russie. La réalisation de ces projets augmentera sans doute les besoins en uranium.

La consommation d'énergie dans les transports est destinée à s'accroître rapidement au cours des prochaines décennies, constitue une source majeure d'émissions de gaz à effet de serre. On considère l'hydrogène comme un produit de remplacement possible des combustibles fossiles, comme un moyen de réduire les émissions de gaz à effet de serre. L'énergie nucléaire peut offrir un moyen de produire de l'hydrogène, qui permettrait de rendre disponible cet autre vecteur d'énergie avec sensiblement moins d'émissions de gaz à effet de serre que par les méthodes actuelles de production d'hydrogène ; tout réacteur électrogène peut produire de l'hydrogène par le procédé de l'électrolyse.

Étant donné que le marché de l'hydrogène continue de se développer, il est possible de doter davantage de réacteurs industriels d'un équipement d'électrolyse afin de leur permettre de produire de l'hydrogène en heures creuses, rendant ainsi possible une utilisation optimale de la puissance installée de ces réacteurs qui assurent la charge de base, de même que leur rentabilisation maximale. Le rendement global de production d'hydrogène par cette méthode est relativement faible. Les réacteurs à haute température offrent des perspectives de produire de l'hydrogène avec des rendements bien supérieurs à l'aide de l'électrolyse de la vapeur à haute température ou de procédés thermochimiques.

CHAPITRE IX

LE NUCLÉAIRE : UN CHOIX STRATÉGIQUE POUR L'AFRIQUE

Depuis les années des indépendances, l'explosion démographique de l'Afrique a évolué de façon très significative sur une superficie de 30 353 212 km², elle a été de 270 millions en 1960, cette population est passée à 440 millions en 1980, puis 996 millions en 2009 et près de 1 186 milliards en 2015 ; pendant cette période, le développement économique est resté stationnaire ou a régressé dans certaines régions de ce continent. Les conséquences du phénomène des changements climatiques ont été néfastes : l'augmentation de la température, les sécheresses récurrentes, la diminution des pluies, la dégradation des sols.

Avec près de 16,1 % de la population mondiale en 2015, sa production d'électricité est environ de 440 TWh par rapport à celle du monde qui est de 23 127 TWh, soit près de 2 %.

Cette production d'électricité en Afrique est répartie comme suit[18] :

- 56 % Charbon.
- 9 % Fuel.
- 9 % Gaz.
- 3 % Nucléaire.
- 22 % Hydraulique.
- 1 % Autres ENR.

Pendant que dans le monde la répartition est la manière suivante :

- 67,9 % Thermique (Charbon, Gaz, Pétrole).
- 16,3 % Hydraulique.
- 11,7 % Nucléaire.
- 4,1 % Autres ENR.

---

[18] Sudeshna Ghosh Banerjee, Zayra Romo, Gary McMahon, Perrine Toledano, Peter Robinson et Inés Pérez Arroyo ; Le potentiel transformateur de l'industrie minière : une opportunité pour l'électrification de l'Afrique Subsaharienne ; B.I.R.D/Banque Mondiale 2015 ; PP66-71.

L'ampoule électrique, créée par Thomas Edison est la véritable invention technologique du XIXe siècle ; cette technologie a révolutionné et libéré le pouvoir de la transformation de l'énergie au profit du développement des peuples, ce qui n'est point encore effectif en Afrique ; pourtant, ce continent est doté d'un important potentiel d'électricité propre : l'hydroélectricité représente près de 42 % du total mondial, l'Afrique possède près de 17 % du potentiel mondial d'uranium, la part des énergies nouvelles et renouvelables comme l'éolienne, le solaire thermique, le solaire photovoltaïque occupe une place de choix.

L'accès à une électricité de qualité et de moindre coût influence tous les aspects de la vie économique et sociale de ce monde, les gouvernements qui ont pris la pleine mesure de cet important besoin énergétique et ont apporté des solutions sont arrivés à se développer.

On ne peut pas à long terme prétendre arriver à l'émergence, c'est-à-dire au développement économique et humain, sans au préalable améliorer ou multiplier la production de l'énergie pour garantir et assurer l'accès universel à l'électricité. Une électricité moins chère et de quantité suffisante afin de promouvoir la justice sociale, réduire la pauvreté et restaurer la dignité humaine.

L'Afrique est caractérisée par le sous-développement, les guerres et les conflits, la pauvreté, le chômage et le sous-emploi, avec un niveau élevé des inégalités entre les riches et les pauvres, le faible taux d'accès à l'électricité dans les zones rurales, tout ceci ayant entraîné une profonde fracture sociale.

Pour inverser rapidement les tendances, l'Afrique a besoin de nos jours d'un véritable plan Marshall pour investir sur les infrastructures de production, de transport et de distribution de l'énergie électrique dans toutes ses régions, cette révolution s'impose ; par contre, les problèmes environnementaux et de changements climatiques nous orientent vers les ressources énergétiques propres comme l'hydraulique, le nucléaire et les énergies nouvelles renouvelables.

Les États africains doivent suivre de nos jours le pas de certains pays comme l'Inde, le Brésil, la Thaïlande, l'Indonésie et le Viêt Nam. Le faible taux d'accès à l'électricité en Afrique compromet énormément les conditions économique, sociale et politique des populations les plus défavorisées, cette couche de la population utilise des sources d'énergie peu efficaces et plus chères comme les piles, les bougies, le charbon de bois, la sciure de bois, le pétrole lampant ; en outre, ces populations passent la majorité de leur temps quotidien à rechercher, couper et ramasser du bois pour le chauffage et la cuisine.

Ces méthodes et habitudes d'approvisionnement en énergie sont la cause des maladies et décès liés à l'utilisation des combustibles issus de la biomasse ; ces différentes sources produisent de la fumée et exposent les populations au monoxyde de carbone puis au formaldéhyde : très récemment, une étude a révélé une corrélation entre la pollution liée à la biomasse et les infections respiratoires, les AVC, l'ischémie myocardique, le cancer du poumon et les broncho-pneumopathies obstructives.

Le choix du déclenchement de la production de l'électricité nucléaire viendrait améliorer le taux d'accès à l'électricité, ainsi les populations pauvres du continent africain concentreraient leur temps à d'autres besoins importants. Selon une étude menée par la Banque Mondiale, ces différentes pertes de temps et autres ont atteint 38 milliards de dollars US, soit 3 % du PIB en 2010.

L'accès limité aux services énergétiques modernes nuit beaucoup à la santé et à l'éducation des populations qui sont pour la plupart déjà très vulnérables en Afrique, les pénuries d'électricité perturbent incontestablement la scolarité et l'évolution des jeunes.

Nous observons que le mode de vie de certaines populations rurales d'Afrique les contraint à se tourner vers d'autres sources d'énergie, et de ce fait, elles dépensent plus de leur temps et des moyens pour s'approvisionner en énergie ; une étude indique en 2008 que les ménages ruraux d'Afrique dépensent en moyenne près de 57 dollars US par an pour s'éclairer uniquement. Le pétrole lampant, le combustible et la pile sèche sont les sources d'éclairage les plus courantes, mais elles sont moins efficaces : le pétrole lampant par exemple est 150 fois plus cher que l'ampoule à incandescence qui consomme énergétiquement plus dans la famille des ampoules.

Ainsi, les populations pauvres d'Afrique paient le kilowatt d'énergie bien plus cher que les populations pauvres dans le reste du monde, par exemple les habitants des zones rurales au Cameroun, au Tchad, au Niger, en République Centrafricaine, au Soudan, en République Démocratique du Congo, à Madagascar dépensent entre 60 fois à 80 fois plus cher pour obtenir le même kWh d'énergie que les populations rurales des pays comme les États-Unis, le Royaume-Uni, la France : En général et en moyenne, ces ménages dépensent près de 2 dollars US par mois pour s'éclairer pendant trois heures chaque jour du mois. Si nous considérons que 80 % de cette population est essentiellement rurale, nous comprenons qu'en investissant sur les centrales nucléaires pour éclairer toute l'Afrique, ceci réduirait de plus de la moitié les coûts énergétiques de sa population. En outre, cette réduction permettrait à cette population de briser le cercle vicieux de la pauvreté et de dégager suffisamment de fonds à investir dans l'éducation, la santé et d'autres domaines prioritaires.

Nous sommes de nos jours dans un monde très moderne avec les nouvelles technologies de l'information et de la communication ; notre société est passée de la mécanique à l'électricité, de l'électricité à l'électronique, de l'électronique au numérique ; nous sommes pleinement dans le siècle de la consommation des énergies, ceci revient à penser et imaginer comment produire de l'énergie en quantité et en qualité. C'est pourquoi nous pensons que nous devons rapidement nous tourner vers des sources efficaces et propres comme le nucléaire, l'hydraulique et les énergies nouvelles et renouvelables.

Selon l'AIEA, aujourd'hui les ménages ont besoin au minimum d'une fourniture de 500 kWh d'électricité ; pour satisfaire à cette exigence dans un délai relativement court, l'Afrique doit rapidement se tourner vers les sources énergétiques très efficaces et propres ; la capacité de production de l'électricité en Afrique est très loin d'atteindre le minimum des besoins exigés par l'Agence internationale de l'énergie atomique. Les gouvernements des États africains de ce siècle doivent chercher à rentrer dans l'histoire comme ceux qui auront véritablement posé les jalons du développement futur de leur continent ; nous devons savoir que l'histoire est égale à elle-même, nul ne peut changer ni refaire l'histoire, chacun peut décider d'écrire son histoire, ne donnons jamais la possibilité à quelqu'un d'autre d'écrire notre histoire ; enfin, nous avons le libre choix de déterminer notre histoire.

Pendant des décennies, les systèmes énergétiques d'Afrique ont souffert d'un manque de financement chronique, les gouvernements réservent en général 80 % de leur budget pour le fonctionnement et ne laisse que 20 % aux investissements qu'ils ne parviennent pas toujours à exécuter à hauteur de 50 %. Environ trois quarts des dépenses du secteur énergétique sont consacrés à l'exploitation et à l'entretien du réseau, laissant peu de place à l'investissement de la production et au transport ; c'est ce qui justifie le fait que 50 ans après les indépendances, la capacité de production de l'énergie électrique n'a pas beaucoup évolué dans les États africains. L'ampleur du déficit d'investissement à combler pour que l'Afrique puisse transformer son système énergétique est devenue notoire, l'AIEA estime qu'il faudrait près de 20 milliards de dollars US par an et à partir de 2015 pour atteindre l'objectif de l'énergie pour tous en 2030, ces dépenses ne sont qu'à 8 milliards de dollars US par an en 2016, soit 0,46 % du PIB. Une autre étude indique qu'il faudrait 35 milliards de dollars US supplémentaires par an pour couvrir les investissements dans la production, le transport et la distribution, et encore 20 milliards de dollars US de financement pour permettre l'accès universel à l'électricité. Ce déficit total d'investissement du secteur énergétique en Afrique, soit environ 55 milliards de dollars US par an, représente près de 3,35 % du PIB ; il faut indiquer que ce chiffre ne tient pas compte des dépenses d'exploitation et d'entretien.

Entre 2015 et 2040, la croissance démographique de l'Afrique devrait connaître une augmentation de près de 81 %, soit environ 755 millions de personnes ; de ce fait, les besoins ou les demandes en production d'électricité devront se multiplier par un facteur de quinze à vingt et devenir très importants.

Une étude a établi que pour une augmentation des capacités de production de l'électricité par le facteur dix nécessiterait un taux de croissance annuel moyen de 13 %.

L'AIEA estime comme seuil minimal d'accès à l'énergie électrique en Afrique qu'il faudrait prévoir 250 kWh pour les ménages ruraux et 500 kWh pour les ménages urbains, sur la base de cinq personnes par ménage. Dans ce cas, cette électricité permettra d'alimenter deux ampoules électriques pendant plusieurs heures par jour, recharger trois téléphones portables puis alimenter un poste radio ou un téléviseur et, éventuellement faire tourner un ventilateur dans les zones urbaines. Ces seuils de l'agence International de l'Énergie atomique correspondent à une consommation comprise entre 50 kWh et 100 kWh par personne et par an, soit environ 0,5 % de la consommation aux États-Unis et 5 % de la consommation moyenne en Amérique Latine[19].

La tendance mondiale de nos jours est de réduire au maximum la part du charbon dans les ressources énergétiques productrices de l'électricité, l'éliminer progressivement et le remplacer par les ressources énergétiques propres.

Plusieurs pays africains se sont lancés dans les vastes projets pour produire de l'électricité à partir du charbon, c'est le cas de l'Afrique du

[19] AIEA ; Rapport annuel de l'AIEA 2016 ; édition AIEA 2017 ; pp. 70-79.

Sud avec ses centrales de Medupi et Kusile qui devront produire chacune 4,8 GW d'électricité ; le Kenya avec ses futures centrales de Kitui et Lamu pour une production de 2,7 GW d'électricité ; le Nigéria avec une centrale de 1200 MW d'électricité ; le Mozambique avec une centrale à Moatize pour une production de 600 MW d'électricité ; le Sénégal avec une centrale de 300 MW d'électricité ; la Tanzanie et bien d'autres. Avec le débat des pollutions par les émissions de carbone sur l'environnement, il en ressort que le charbon pollue plus que le nucléaire : en 2012, le charbon a été responsable de près de 44 % des émissions de CO_2 liées à l'énergie dans le monde. Au vu de tout ceci, il n'est pas loin de penser que ces États ont raté la qualité des investissements pour améliorer de manière propre et efficace leur secteur énergétique. Il n'y a pas de doute que la solution pour le continent africain c'est le nucléaire, l'hydroélectricité, les énergies nouvelles et renouvelables.

Selon monsieur Simon Pesco Mallam, directeur de la Commission nigériane de l'énergie atomique (Nigatom), le Nigeria a signé un accord de développement nucléaire avec la Russie ; cet accord vise la construction d'une centrale électronucléaire soit dans l'État d'Akwa Ibom au Sud-Est, soit dans l'État de Koji au Centre-Nord du Nigéria à horizon 2025. Dans le même ordre, l'Égypte a signé un accord important de développement nucléaire avec la Russie ; il stipule que quatre réacteurs de 1200 MW chacun seront construits dans la première centrale électronucléaire d'El-Dabaa. Ces réacteurs entreront en production vers 2025.

Que ce soit au Nigéria ou en Égypte, ces centrales coûteront chacune une somme de près de 30 milliards de dollars, financés à 85 % par un prêt russe et à 15 % par lesdits États Africains. C'est donc le groupe russe Rosatom, qui va construire ces premières centrales électronucléaires en Égypte et au Nigéria ; cette entreprise va également livrer le combustible nucléaire et former les employés pour assurer la maintenance et la réparation des unités de production dans ces deux pays. Il faut dire que l'Afrique du Sud compte acquérir six à huit nouveaux réacteurs nucléaires d'une capacité totale de 9600 mégawatts pour augmenter sa capacité de production électronucléaire. De tout ceci, nous pensons que plusieurs États africains devraient suivre le pas de l'Afrique du Sud, l'Égypte et le Nigéria ; c'est dans cette logique que ces États verront leurs économies se développer à deux chiffres.

I. Autopsie du déficit de l'énergie électrique en Afrique centrale

Après plus de 55 ans d'indépendance, le développement économique de l'Afrique tarde à décoller, la misère et la pauvreté gagnent encore plus de terrain, les conflits de toute sorte caractérisent ce continent ; paradoxalement, le potentiel des ressources naturelles se trouve toujours parmi les meilleurs de la planète. La principale cause du sous-développement de l'Afrique centrale est le déficit important de l'accès à l'énergie électrique, la plupart des états de cette région l'ont compris, ils ont placé cet aspect en priorité dans leurs multiples plans d'émergence.

Selon les experts du pool énergétique de l'Afrique centrale (Peac), constitué des pays tels que l'Angola, le Burundi, le Cameroun, la Centrafrique, le Congo, la République Démocratique du Congo, le Gabon, la Guinée Équatoriale, Sao Tomé et Principe, le Tchad ; le taux d'électrification de la sous-région varie de 3 % à 35 %, ce qui constitue le plus bas au monde, pourtant elle est dotée du plus grand potentiel hydroélectrique africain, à savoir près de 650 000 GWh/an, soit 57 % de ce potentiel ; elle présente un taux de production annuelle d'électricité d'environ 4 % contre 60 % pour l'Afrique australe, son niveau de consommation de l'énergie électrique se situe près de 109 kWh/hab/an contre 740 en Afrique du Nord et 1600 en Afrique australe, son taux d'électrification reste à 13 % contre 90 % en Afrique du Nord.

Après la période des délestages au Cameroun, le gouvernement a lancé un vaste programme de développement du secteur de l'électricité par la construction des centrales thermiques de Limbé 85 MW, fuel lourd de Dibamba 86MW, Gaz de Kribi 150MW ; le barrage-réservoir de Lom Pangar avec une capacité de retenue d'eau de 6 milliards de mètres cubes d'eau pour réguler le fleuve de Sanaga qui alimente la production électrique des barrages hydroélectriques d'Edéa et Songloulou à près de 200 MW supplémentaires d'électricité ; une usine sur pied de Lom Pangar d'une capacité de 30 MW d'électricité pour alimenter la région de l'Est[20].

Le barrage hydroélectrique de Memve'ele (201 MW) pour le réseau interconnecté sud et la Guinée équatoriale, le barrage hydroélectrique de Mekim (15 MW) destiné au département du Dja et Lobo ; avec la

---

[20] Mesmer Tchinang ; L'énergie pour le développement au Cameroun ; éditions Harmattan 2011 ; pp. 110-115.

suite de la construction du barrage de Nachtigal (420 MW), d'ici 2021 cette capacité de production de l'énergie électrique sera portée à près de 2600 MW.

Outre cette amélioration de sa capacité de production, le gouvernement camerounais a créé le 9 octobre 2015 une société nationale de transport de l'électricité (SONATREL) pour densifier les lignes de transport de l'électricité et restaurer celles déjà existantes, ceci afin que l'électricité produite arrive effectivement chez les consommateurs, car le constat est que plus de 30 % de l'électricité produite au Cameroun se perd dans le réseau de transport très vétuste ; en dépit de tout ceci, il faut indiquer que le taux d'électrification au Cameroun reste à 30 %.

Depuis des années, plusieurs conflits déstabilisent la République centrafricaine, pourtant son programme d'amélioration de sa capacité de production en électricité prévoit la construction d'une centrale hydroélectrique sur les chutes de Ndimoli à l'Ouest dans la localité de Nola ; pour une capacité de 200 MW, cette capacité permettra de réaliser une interconnexion entre le Cameroun, le Congo et la République centrafricaine.

En Guinée Équatoriale, le gouvernement a entrepris la construction de la centrale hydroélectrique de Djibloho (120 MW) sur le fleuve Wele, une autre centrale hydroélectrique est prévue également sur le même fleuve près de Sendjé pour une capacité de 200 MW, cette production permettra le développement de Rio Muni. Tout ceci sans compter le vaste projet d'énergie solaire lancé par le gouvernement Guinéen dans la localité d'Annobon, ces panneaux solaires pour une capacité de 5 MW peuvent être portés à 10 MW.

Le protocole d'accord entre le Congo et le Cameroun a été signé en mars 2015 pour la construction du barrage de Cholet (600 MW), de même, le gouvernement congolais a lancé l'amélioration du réseau de transport électrique pour le porter à 1500 km afin de couvrir la majorité des grandes villes du pays. Avec la réalisation du barrage d'Imboulou (120 MW), sept autres postes de très haute tension sont installés dans les localités de Djiri, Ngo, Gamboma, Oyo et Boundji ; toutes ces installations ont permis l'extension de 841 km de nouvelles lignes aériennes, ce qui s'ajoute aux 741 km existants depuis l'indépendance du pays.

Dans le volet infrastructure énergétique du Plan stratégique Gabon émergent (PSGE), dix-sept projets étaient inscrits, dont six pour la production d'électricité, quatre pour le transport et sept autres soit pour l'extension du réseau de transport national, soit pour la construction des réseaux interconnectés. Ainsi, de nouvelles centrales sont en train d'être réalisées à Alénakiri (70 MW), Port-Gentil (105 MW) ; les nouveaux barrages à Ngounié (70 MW), Woleu-Ntem (52 MW) et Grand Poubara (240 MW) : à la suite de tout ceci, la capacité de production électrique du Gabon est en train de passer de 390 MW à 1200 MW.

L'extension de plusieurs réseaux haute et basse tensions comme ceux de Bel-Air à Libreville, Montalier, Bikele ou Kessi ; puis l'extension du poste d'Ambowé et la construction de celui d'Angondjé ont nettement amélioré l'univers de l'énergie électrique au Gabon.

Dans son schéma directeur de l'énergie, le gouvernement tchadien a réalisé un certain nombre de projets pour renforcer son offre en énergie. C'est d'abord la réhabilitation des réseaux électriques dans la ville de N'Djamena et la construction d'une centrale électrique (60 MW), la construction d'une ligne haute tension de 66 KV de Djermaya à N'Djamena ; puis l'électrification périurbaine intensive pour 12 500 branchements et un projet d'interconnexion Tchad-Cameroun. Fort de son potentiel en énergie solaire, c'est-à-dire entre 4 et 6 $kWh/m^2/jour$, une quarantaine de localités a été électrifiée à partir des plaques photovoltaïques.

Le programme de développement des infrastructures pour la production, le transport et la distribution de l'énergie électrique constitue un élément clé de la réduction de la pauvreté. En Afrique subsaharienne, le taux d'accès à l'électricité ne dépasse pas généralement 45 % hormis l'Afrique du Sud. Aussi longtemps que les pouvoirs publics ne comprendront pas la nécessité de mettre en place une véritable politique pour développer ce secteur, les ambitions à l'émergence seront vouées à l'échec.

Le taux de croissance moyen de la demande d'électricité pour l'ensemble des états de l'Afrique subsaharienne est près de 10 % par an, la consommation totale d'électricité par habitant et par an pour l'ensemble du continent ne dépasse pas 550 kWh.

Une des conséquences du phénomène des changements climatiques est la baisse considérable du niveau des cours d'eau, lacs, rivières et fleuves qui alimentent quelques centrales hydroélectriques présentes sur le continent.

II. Examen des causes du sous-développement de l'Afrique

Avec 30 310 000 km² de superficie et plus de 7 000 km entre ses extrémités est-ouest et nord-sud, l'Afrique apparaît comme un continent vaste et relativement homogène. Elle est constituée de plateaux et de larges cuvettes intérieures bordées de hauts reliefs périphériques qui lui font tourner le dos à la mer. L'altitude moyenne du continent est de 675 m, couvrant les trente millions de kilomètres carrés. Par ses dimensions, c'est le troisième des continents, après l'Asie et l'Amérique. L'Afrique compte aujourd'hui 54 États indépendants parmi lesquels 48 sur le continent, 6 Îles ou archipels constitués en États. La Guinée Équatoriale est l'un de ces derniers, composée d'une partie continentale et d'un domaine insulaire. Malgré cet avantage géographique, le continent africain demeure aujourd'hui toujours sous-développé.

Finie l'époque où les intellectuels justifiaient le sous-développement de l'Afrique avec ses drames historiques passés : le commerce de l'esclavage, le colonialisme, le néo-colonialisme et le colonialisme économique de l'Afrique, par l'Europe et d'autres impérialistes occidentaux. Le développement d'un canton, d'un village, d'une ville, d'une région ou d'une nation dépend d'abord de son peuple. On peut naître pauvre, grandir dans la misère, et choisir de vieillir riche ou dans une condition améliorée ; c'est-à-dire travailler dur dans sa jeunesse à bâtir un avenir qui œuvrera pour vous lorsque vous serez vieux. Chaque peuple ou nation est en partie responsable de son devenir, on ne peut pas choisir de vivre éternellement dans la misère ; parce que l'homme est un animal pensant qui aspire toujours au bien-vivre, les Africains peuvent et devraient impérativement tous se décider à porter eux-mêmes leur propre développement.

Les peuples de l'Afrique doivent avoir le courage de se dire les vérités, quelles qu'elles soient. Tout ce que le continent africain a subi jusqu'ici relève du passé. S'en souvenir ou le relever régulièrement constitue un objecteur pour son développement, car cette évocation permet d'échouer le présent et obstrue ou bloque les possibilités d'une véritable émergence de l'Afrique. Cela maintient constamment le peuple dans une position de demandeur qui pleurniche, d'éternel assisté ; tout ceci n'est plus acceptable, notons d'ailleurs que les différents fléaux qu'ont connus ces peuples ne sont pas propres à cet espace du monde.

Ils ont touché d'autres régions du monde à l'instar de l'Amérique latine, l'Amérique du Nord et l'Asie ; mais peut-on comparer de nos jours ces régions avec l'Afrique ? Des pays comme l'Inde, la Malaisie, le Mexique, le Brésil, Singapour et d'autres blâment-ils toujours les Européens pour leur passé malheureux ou se sont-ils eux-mêmes transformés en puissance économique et politique ? Le Brésil est aujourd'hui la septième puissance économique mondiale, c'est-à-dire 37 places devant leur ancien maître colonial le Portugal qui est 44e.

Dans l'histoire du monde, chaque civilisation ou pays a connu des hauts et des bas. L'Europe a rebondi après les deux guerres mondiales, les États-Unis après la guerre civile et le racisme, l'Asie et l'Amérique latine après le colonialisme, les dictatures et les troubles politiques. Pourquoi l'Afrique tarde-t-elle à se remettre enfin sur le chemin de la croissance à deux chiffres ?

Au début de ce troisième millénaire, il est clair que l'Afrique est le continent le moins avancé dans le monde. Ses régions souffrent de toutes sortes de problèmes dont 95 % sont d'origine humaine. Naturellement, ce territoire semble potentiellement être le plus prometteur, parce que faisant partie des plus géographiquement stables, ceux qui enregistrent le moins de catastrophes naturelles. La plupart des pays de la région n'ont pas le climat insupportable que l'on trouve dans les régions polaires extrêmement froides ou dans les régions arabes extrêmement chaudes ; on n'observe pas encore de canicules ni de grands vents dévastateurs. Par ailleurs, l'Afrique est le principal fournisseur mondial de matières premières. Plutôt que de transformer et valoriser ses matières premières, elle les exporte vers des pays qui vont les transformer et les lui revendre ensuite sous forme de produits finis à des prix exorbitants. Près de 10 % des réserves connues de pétrole dans le monde, 16,5 % des réserves d'uranium mondial, 60 % des réserves mondiales de cobalt, 90 % de platine, 50 % de diamant sont en Afrique, mais tout ceci n'empêche pas à ce continent d'être le plus pauvre de la planète.

Pendant les siècles précédents, les peuples africains étaient animés des idées d'équité, de justice et de paix, du respect des valeurs, de la tradition et surtout de la nature ; de ces faits, ils ont sans doute contribué de leur manière à la construction d'un monde meilleur. Ce dernier siècle fait apparaître en Afrique de différentes convictions morales, religieuses, politiques et culturelles. Les Hommes ont détruit tout ce qui était susceptible de nuire à leurs ambitions, afin d'acquérir davantage de territoire, davantage d'argent, davantage de puissance ; et malgré tous ces désastres, peu d'hommes se soucient de leur impact sur l'environnement.

La société africaine, devenue individualiste, rancunière, hypocrite, agressive et discriminative, est rendue très vulnérable en face des multiples actes posés en partie par sa population jeune. Aujourd'hui en Afrique les parents s'habituent à laisser faire leurs enfants, ces derniers ne tiennent plus compte des paroles des aînés ou des parents, les maîtres faiblissent devant l'agressivité des élèves. Les jeunes méprisent les lois puis menacent leurs responsables et les autorités, ils ne respectent personne, c'est la faillite du système éducatif en général ; la jeunesse « androïde » aime le luxe, mais pas le travail, elle préfère la facilité. Cette jeunesse est pleutre et parfois incapable de coder quoi que ce soit de ses dix doigts. Ces jeunes ne se lèvent plus lorsqu'un adulte entre dans la pièce où ils se trouvent. Ils contredisent avec arrogance leurs parents, se hâtent à table d'engloutir les desserts et les plus gros morceaux, croisent les jambes et tyrannisent leurs maîtres, ils s'habillent de manière indécente ; ils n'accordent plus de l'importance aux traditions et à leur culture : c'est une société très mal partie, il faut rapidement retrouver les valeurs africaines du passé.

Le principal problème de l'Afrique est d'abord l'échec du leadership. La plupart des dirigeants africains passés et présents ont lamentablement fait échouer leurs pays. Leur obsession de rester au pouvoir a rendu très difficile, voire impossible leur remplacement. Plus de 85 % des élections en Afrique ne sont pas libres, justes et crédibles. Seuls le Ghana, le Sénégal, l'Afrique du Sud et quelques rares pays peuvent se vanter d'élections relativement libres et équitables. Il n'y a pas très longtemps, l'on a observé des chefs d'État ayant perdu les élections refuser de céder le pouvoir aux gagnants. Les dirigeants africains détournent des millions et des milliards de dollars de fonds publics pour les investir dans les économies européennes. Combien de dirigeants d'autres continents pillent les fonds publics pour les investir en Afrique ?

L'autre problème de l'Afrique est l'incapacité de ses citoyens à se reconnaître mutuellement comme des frères naturels, du fait qu'ils sont tous des êtres humains. Il est même difficile de trouver un seul pays africain exempt de crises religieuse et ethnique. Chaque année, des milliers de vies et de propriétés sont perdues en Afrique au nom des différences religieuse et ethnique. Il y a quelques années, au Rwanda, on estimait à plus de 800 000 les personnes tuées juste du fait de leur appartenance ethnique. Le Burundi est passé par là, en République centrafricaine, les hommes sont massacrés par centaines en raison de leurs croyances. Selon Wikipedia, entre 1,2 à 2,4 millions d'Africains sont morts au cours de la traite négrière sur une période d'environ 360 ans. Selon nos estimations, le nombre de morts à la suite de crises ethniques et religieuses en Afrique entre 1980 et 2010 a dépassé ce chiffre. Les personnes décédées durant les 34 mois de la guerre civile nigériane équivalent à elles seules à la totalité du nombre d'Africains qui sont morts dans les 360 ans de traite négrière.

Quand nous observons les très rares pays africains qui prétendent améliorer leur taux de croissance économique, nous constatons que leurs citoyens demeurent dans la souffrance profonde, comme si l'augmentation de la croissance économique nationale était proportionnelle à celle de la pauvreté et de la souffrance. Le développement de ces pays africains est ironique dans le sens où il s'agit d'une évolution qui accroît la souffrance du peuple, qui rend les pauvres plus pauvres et les riches plus riches.

En dépit de ces problèmes et de ces ennuis, l'Afrique a encore une chance de se développer. Les ressources naturelles, la main-d'œuvre et tous les autres atouts sont bien présents. Il manque la volonté et la détermination des peuples. Que tous les Africains mettent la main à la pâte pour s'assurer que leur continent sort de ce pétrin et trouve sa véritable place sur la carte de développement mondiale en 2035. Ceci ne sera possible que si le continent accepte de quitter son statut de victime pour passer enfin à l'action.

Depuis quelques décennies, une nouvelle forme de la traite négrière s'est créé par les voies aériennes, terrestre et maritime, de milliers d'Africains quittent leurs pays et émigrent vers l'Europe, l'Amérique, l'Asie et même l'Australie, très souvent au péril de leur vie. Et si après ce parcours périlleux, ils parviennent à destination, ils courent le risque de se voir renvoyer. Parfois, ils atterrissent entre les mains des groupes de proxénètes et subissent des humiliations et des traitements inhumains de la part de ces bourreaux. Et malgré tout ceci, chaque année dans les villages les candidats à l'émigration se comptent par milliers ; les familles sacrifient leurs économies entières pour organiser le départ de leurs enfants vers une aventure presque sans issue. Ici, on ne parle plus de commerce forcé des nègres, tout au contraire les migrants sont d'abord volontaires avec les bénédictions des parents et grands-parents ; parfois sur ce chemin sans retour, on note l'enthousiasme, la motivation, l'engagement et la détermination des clandestins prêts à braver tout obstacle naturel. En effet, la misère s'est répandue partout en Afrique, ce continent perd ainsi ses talents, sa jeunesse énergique s'exporte ; et ceci pose de véritables problèmes sociopolitiques, économiques puis culturels. Il s'agit d'un grand malheur et surtout d'un drame humain qui frappent les Africains, car beaucoup de ses enfants ne retourneront plus jamais en Afrique. Ainsi, lorsque les parents décèdent quelques années après, ces jeunes sont dans l'impossibilité d'assister à l'inhumation comme le recommandent les coutumes dans ces régions. Du décès en chemin de certains, d'autres arrivent à perdre leur nationalité d'origine ; leurs progénitures ne connaîtront plus les terres de leurs ancêtres : c'est-à-dire des enfants coupés de leurs racines. Des structures et organisations de facilitation à l'immigration naissent et prospèrent chaque jour en Afrique, le nombre des passeurs augmente du jour au lendemain, cette activité nourrit grandement son homme.

Jadis, ces types de mouvement des hommes se faisaient ici avec les acteurs clés comme les colons, les chefs traditionnels ; dans un échange de troc où le sel et les vêtements permettaient de livrer de braves hommes. Phénomène tant décrié pendant des décennies, mais vu le degré de misère qui sévit ici de nos jours, est-ce que les fils de ces esclaves peuvent regretter cette déportation ? Tout se passe comme si les parents dans un dernier sursaut préféraient mourir seuls en sauvant leurs propres enfants ; comparé au commerce des esclaves qui était mieux organisé autrefois, il y a plus de morts en chemin de nos jours. Ce « brain drain » entraîne une perte énorme pour le continent, c'est d'ailleurs un fléau qui va s'aggravant au regard des programmes d'immigration choisie qui se développent ailleurs. Jadis, l'Afrique était privée de ses bras les plus forts, aujourd'hui c'est de ses têtes les mieux faites qu'elle se laisse dépouiller. Elle doit se donner les moyens, sur le plan régional et continental, d'enrayer cette nouvelle hémorragie.

Pourtant, l'Afrique est souvent qualifiée de scandales géologiques de par ses ressources naturelles qu'elle regorge, ce qui constitue un paradoxe total. Lorsque nous regardons l'énergie, le courage et la détermination des Africains pour affronter les dangers de l'émigration et ensuite pour accepter n'importe quel emploi ailleurs, il vient à l'esprit que ces personnes ne sont ni des peureux ou des tire -au- flanc ; les dirigeants de ce monde se doivent de rechercher les solutions aux problèmes comme la guerre, le chômage et la pauvreté.

Ici, l'espérance de vie a certes évolué, mais reste en dessous de la moyenne mondiale, près de 70 % de la population active est au chômage, le sous-emploi caractérise ces États ; les diplômés sans emploi se comptent par milliers ; le niveau d'endettement des états se situe en moyenne à plus de 60 % : sur les 27 Pays pauvres très endettés déclarés dans le monde, 25 étaient des pays africains. De véritables réformes sont nécessaires pour sortir de cette situation. Aujourd'hui, l'Afrique ne représente que 1 % du commerce mondial, mais comment comprendre la signature des accords de partenariat économique et le libre échange des états africains avec ceux des autres parties du monde ? L'Afrique est un grand consommateur des produits extérieurs, elle ne produit presque pas ; elle ne produit pas ce qu'elle consomme et ne consomme pas ce qu'elle produit. Puisqu'elle est de plus en plus pauvre, elle est donc obligée de s'endetter de plus en plus pour pouvoir survivre, même si cet endettement hypothèque son avenir et celui de ses enfants. C'est un lourd fardeau qui pèsera encore très longtemps sur les épaules des peuples. Elle se trouve ainsi en permanence dans le cercle vicieux de la pauvreté et de l'endettement. C'est ce qu'on pourrait appeler un drame économique qui tue plus d'Africains en 1 mois que les drames naturels en 5 ans.

L'Afrique ne pourra sortir de sa misère que si elle valorise ses matières premières par la transformation industrielle sur place ; et les bénéfices dégagés et bien gérés permettront de financer son développement en créant des emplois. Les gouvernements devraient encourager les consommations locales et trouver suffisamment des contraintes sur les importations. Le monde est géré depuis longtemps par de très grands groupes des multinationales, des lobbies et grandes chambres ; cet ordre étant établi fait que les grandes décisions stratégiques du monde et surtout de l'Afrique sont prises à l'intérieur de ce regroupement sans l'avis et le consentement des Africains. Toutefois, le peuple peut décider et prendre son destin en main ; c'est pourquoi nous pensons que le peuple est responsable de ce qui lui arrive : si les dirigeants africains décident d'aller à l'encontre de cet ordre mondial, c'est-à-dire qu'ils agissent dans l'intérêt de leurs peuples, qu'ils ne travaillent plus pour ces multinationales, c'est au sein de la population africaine que ceux-ci trouveront des individus pour les renverser. Patrice Émery Lumumba, Thomas Sankara et bien d'autres dont le dernier en date est le Guide Libyen Kadhafi sont là des exemples éteints sans la moindre réaction du peuple. Ainsi, ces dirigeants sont obligés de travailler plus pour la métropole que leurs peuples, c'est la seule manière politique de garantir leurs postes de dirigeants. La conséquence de tout ceci est que prolifèrent dans les États africains la mauvaise gouvernance, la corruption, le manque de volonté politique, l'établissement des mauvais systèmes politiques ; il s'agit des systèmes qui bloquent naturellement toute velléité d'investissement industriel qui favorise le développement économique. Dans ce microcosme, les dirigeants et certaines élites n'ont pour véritables ambitions qu'amasser pour eux-mêmes la richesse pendant leurs années en fonction et les protéger dans les comptes occidentaux.

En regardant profondément les causes du retard du développement économique de l'Afrique, nous découvrons un gaspillage énorme des ressources et des fonds. Par exemple, le coût international du mètre carré du bitume ou des pavées est connu, mais en Afrique ce coût est multiplié par dix parfois dans la réalisation des projets des infrastructures ; ainsi pour un pont qu'on aurait réalisé à 20 millions d'euros, on se retrouve finalement à dépenser pour le même pont près du double. Les différentes études du projet, les réunions, les multiples commissions, les missions, et bien d'autres constituent des poches des dépenses importantes du projet.

Alors qu'un bon système agricole, socle du développement économique, aurait absorbé près de 60 % de la main-d'œuvre africaine, les trois cinquièmes des agriculteurs africains pratiquent encore une agriculture de subsistance ; les efforts mis en œuvre par de nombreux États africains pour améliorer leur production agricole ne suffisent pas à garantir leur sécurité alimentaire. L'agriculture de l'Afrique n'a pas encore atteint le niveau de mécanisation, elle dépend toujours des pluies, ce qui la rend vulnérable aux conditions météorologiques, notamment celles provoquées par les changements climatiques. L'insécurité alimentaire du continent a été aggravée par la menace d'une augmentation des prix alimentaires, due à la hausse des revenus dans des pays comme la Chine, l'Inde ou le Brésil, à l'utilisation accrue des terres pour la production de biocarburants et aux subventions des pays riches à leurs propres agriculteurs. Ainsi, aussi longtemps que les gouvernements des pays africains ne concentreront pas pendant cinq années successives près de 15 % de leur budget à l'agriculture, il leur sera difficile de développer leurs États.

L'industrie manufacturière, minière et celle du bâtiment restent encore très sous-développées ; elle n'emploie que 15 % de la main-d'œuvre africaine et sa plus-value dans les exportations du continent est faible, elle tourne autour de 40 %. Les secteurs de production à forte demande de main-d'œuvre comme le textile, l'agroalimentaire, les métaux de transformation, les vêtements et les cuirs demeurent très faibles, car avoisinant près de 20 %. Des pays comme l'Afrique du Sud, l'Égypte, le Maroc et la Tunisie font une petite différence. Il serait temps que les dirigeants africains mettent sur pied leur propre industrie automobile, les dépenses ou les consommations de l'élite africaine sont orientées vers cette production : des grosses cylindrées, des véhicules d'occasions de plus de 25 ans d'âge, des motocycles et vélos, sans oublier les pièces de rechange, voilà comment les devises africaines alimentent plutôt les économies extérieures.

L'Afrique est touchée par la sécheresse à la suite du phénomène de changement climatique, c'est le deuxième continent le plus sec derrière l'Australie ; près de 340 millions d'Africains n'ont pas accès à l'eau potable, soit 40 % du nombre mondial de personnes se trouvant dans cette situation ; ceci n'est pas admissible au vu de son importance, l'un des problèmes majeurs de sous-développement du continent est lié à l'inégalité de la distribution de l'eau : 48 % des ressources en eau se trouvent en Afrique centrale et seulement 1,25 % en Afrique du Nord. Les infrastructures de distribution d'eau potable sont aussi inégalement réparties : 90 % de la population d'Afrique du Nord a accès à l'eau potable, contre seulement 61 % en Afrique subsaharienne ; la Gambie et le Cap-Vert font exception, avec un taux de 80 %.

D'un constat général, les infrastructures et aménagements fonciers en Afrique sont insuffisants relativement à la croissance des zones urbaines, dont le rythme atteint 3,5 % par an et dont l'un des effets est d'augmenter les rejets de déchets dans l'eau et dans les zones qui échappent parfois à la réglementation ; à cet égard, bien que de nombreux pays africains aient respecté les engagements pris dans le cadre de la Déclaration de Dakar sur l'interdiction de l'essence au plomb à la fin de 2005, l'Agence internationale de l'énergie atomique aide également certains pays à gérer en sécurité leurs déchets radioactifs, en particulier dans les régions où se trouvent de nouveaux gisements d'uranium. La Gambie, le Nigéria et le Sénégal, entre autres, ont commencé à appliquer le Système général harmonisé d'étiquetage des matières dangereuses pour tenter de standardiser le maniement des produits chimiques. L'amélioration des infrastructures et mobiliers du continent en qualité et en quantité s'avère très nécessaire.

Le changement climatique retarde à suffisance les progrès en matière de développement durable en Afrique en contribuant à la réduction des précipitations, à la hausse des températures, aux inondations et à la propagation des maladies d'origine hydrique comme le choléra ; l'Afrique ne produit que de 2 à 3 % des émissions mondiales de dioxyde de carbone, dont 80 % proviennent des cinq pays que sont la République sud-africaine, l'Algérie, l'Égypte, la Libye et le Nigéria. Malgré que le continent contribue peu aux émissions de gaz à effet de serre, les températures en Afrique pourraient cependant augmenter de 4 à 5 degrés Celsius d'ici le vingt-deuxième siècle, une évolution qui serait désastreuse ; la Corne de l'Afrique connaît de nos jours la pire sécheresse des soixante dernières années.

Après une étude, nous avons constaté que sur 1,4 milliard de personnes dans le monde qui n'ont pas accès à l'énergie, 40 % vivent en Afrique subsaharienne ; le développement du secteur énergétique du continent est en retard par rapport à la croissance de sa population et à ses besoins socioéconomiques. Avec 13 % de la population mondiale, l'Afrique produit 7 % de l'énergie commerciale mondiale, mais n'en consomme que 3 %. La principale problématique vient du fait que près de 60 % de cette énergie commerciale est plutôt consommée ailleurs que sur le continent ; c'est dire que le niveau de son industrialisation, qui aurait demandé plus d'énergie est faible. En Afrique subsaharienne, les combustibles traditionnels comme le bois de chauffage représentent deux tiers de la consommation d'énergie ; les dirigeants africains doivent penser à développer l'énergie nucléaire qui leur permettrait de faire un boom énergétique et économique.

La valeur ajoutée du secteur touristique dans l'économie mondiale a été importante ces dernières années. La plupart des gouvernements africains ont intégré le tourisme parmi les aspects de développement ; que ce soit en matière de marketing, de recherche et développement, ou de code de conduite dans leurs stratégies de développement. Le nombre de touristes en Afrique a atteint la moyenne de 9 %, avec des pays comme Le Maroc, l'Angola, le Cap-Vert, Madagascar, l'Égypte et l'Afrique du Sud qui enregistrent tous des taux à deux chiffres, puis la Tanzanie et l'île Maurice qui se démarquent. Mais du fait des instabilités politiques et de multiples conflits, le tourisme africain n'atteint toujours pas son réel potentiel.

L'éducation est un pilier du développement, certains pays à l'instar du Burundi, Éthiopie, Ghana, Kenya, Mozambique et Tanzanie ont aboli les frais scolaires à l'école primaire. Pourtant, 30 millions d'enfants africains, principalement des filles, n'ont toujours pas accès à l'éducation et les enseignants dûment formés manquent cruellement. Au niveau du supérieur, les inscriptions stagnent à 6 % et près de 40 % des postes universitaires restent vacants.

Le faible niveau des politiques de santé constitue un frein au développement du continent, dans de nombreux pays africains, la prévalence du paludisme, du VIH/sida et des maladies non transmissibles comme le cancer, le diabète et les maladies cardiovasculaires reste élevée. La moitié de près de 8,8 millions de décès d'enfants enregistrés souvent dans le monde se produit en Afrique. La mortalité des moins de cinq ans demeure encore à 22 % en Afrique subsaharienne ; 25 % des enfants d'un an restent non immunisés contre la rougeole, on observe toujours un taux de mortalité infantile de 30 % dans la plupart des pays. Les infrastructures sanitaires et plateaux techniques nécessitent qu'on les améliore de façon urgente.

L'Afrique perd en moyenne quatre millions d'hectares de forêts par an, soit deux fois plus que la moyenne mondiale. Si la déforestation peut permettre d'augmenter les surfaces arables, la productivité qui en résulte n'est pas durable, du fait de l'épuisement des sols qui perdent leurs substances nutritives. D'après le PNUE, dans environ la moitié des régions écologiques d'Afrique, 50 % des terres ont été dégradées, converties en zones cultivées ou urbanisées ; l'Afrique dispose encore de deux millions de kilomètres carrés de régions protégées, mais les zones côtières restent confrontées à des problèmes liés à l'extraction minière et pétrolière, à une pêche incontrôlée, à une mauvaise gestion des mangroves et au développement des côtes. Les arbres des forêts sont détruits pour construire des habitations ou produire du charbon de bois, réduisant d'autant l'habitat de nombreuses espèces ; l'exploitation brute des essences forestières ne profite pas aux populations riveraines et l'absence de leur transformation locale fait perdre énormément à l'économie africaine.

Depuis la fin de la colonisation, presque tous les pays africains ont été dirigés par une élite sans vision politique à moyen ou long terme ; cette élite, qui s'est substituée aux anciens colonisateurs, a été incapable d'ambition et s'est davantage préoccupée d'elle-même que des peuples dont elle prétend défendre les intérêts. En résultante, le système colonial a été purement et simplement perpétué sous une autre forme dans les domaines politique, économique et culturel au fil des années ; à cela, il faut ajouter l'insécurité de l'environnement économique qui ne favorise pas les investissements, et le règne de l'informel.

L'indépendance est donc devenue une véritable dépendance vis-à-vis des puissances étrangères, faute de réflexions endogènes ou prospectives et de volonté politique en vue d'amorcer un changement par une synergie d'actions, les politiques actuelles sont une navigation à vue. On n'observe nulle part de véritables intentions, motivations et ambitions de transformation des États. Dans le monde entier, il n'y a pas meilleur marché de consommation que l'Afrique ; elle est donc considérée comme un receveur universel. Comment peut-on se développer quand on consomme tout ce qui vient de l'extérieur sans distinction et qu'on ne produit presque rien ?

Le malheur, c'est que beaucoup d'Africains ont le complexe suranné de la préférence étrangère ; même lorsque ce qui est produit localement est de bien meilleure qualité que ce qui est importé, l'extraversion est non seulement un phénomène économique, mais aussi culturel. Et cette tendance doit être inversée par la création et la recherche de qualité, afin que les produits africains puissent être concurrentiels à l'échelle internationale.

Il n'est pas normal que l'Afrique demeure uniquement un marché de consommateur, bien au contraire, elle a tout intérêt à se lancer dans la production tous azimuts ; en effet, les Africains doivent encore prouver et exprimer leur génie, ils doivent mettre leur force physique et leur intelligence pour produire en quantité et qualité.

Le secteur agricole a toujours été relégué au dernier rang des activités humaines en Afrique, le paysan est souvent considéré à tort comme un citoyen de seconde zone, un moins que rien. La plupart des Africains veulent être des commis de l'État, aussi paradoxal que cela puisse paraître, tous les pays africains font de l'agriculture la base de leur développement, mais ils ne font rien pourtant pour développer cette agriculture ; et ce n'est qu'un euphémisme.

Il faut bien le dire, depuis l'époque de la pierre, l'Afrique n'a remplacé l'outil agricole que par le fer ; rien de plus. Ce n'est pas avec la houe et la daba que l'Afrique peut se rendre autosuffisante sur le plan alimentaire avant de parler de développer à des fins de commercialisation ou de transformation ; comme les résultats d'investissements dans ce secteur ne s'obtiennent qu'à moyen ou long terme, cela intéresse peu les investisseurs étrangers et les États eux-mêmes.

Pourtant, cela concerne la presque totalité de la population du continent ; avec une démographie galopante et un changement climatique qui s'accentue d'année en année, les moyens agricoles traditionnels ne peuvent plus satisfaire les nombreuses bouches du continent tant qu'ils n'évolueront pas. Et un homme qui a faim est un homme qui ne pense pas, il ne pense qu'à sa propre satisfaction, et par conséquent ne se donne pas les moyens de son développement.

Plus de cinquante années après les indépendances de la plupart des pays d'Afrique, le système éducatif ne s'est toujours pas adapté aux réalités du monde actuel et à l'évolution des sociétés africaines ; l'enseignement élémentaire reste encore un luxe pour la majorité. Et l'enseignement supérieur ne forme en grande partie que des diplômés sans emploi, incapables d'entreprendre ou de s'insérer dans la vie active dès qu'ils terminent leur formation.

Malheureusement, dans un tel contexte, l'enseignement technique et professionnel qui devrait être privilégié demeure le parent pauvre du système éducatif africain ; c'est une des questions essentielles du développement de l'Afrique à laquelle il convient absolument d'apporter une solution adéquate.

On peut compter sur les doigts d'une seule main les pays africains qui peuvent se targuer d'avoir connu une longue stabilité sociopolitique.

Or, celle-ci est une condition sine qua non du développement ; l'Afrique souffre de la faiblesse de son organisation sociale et politique. Tant et si bien que la conjugaison des conflits internes et des appétits voraces externes que suscitent ses richesses ne sont pas pour la prémunir de crises plus ou moins graves.

L'une des raisons à cette instabilité chronique et récurrente est la difficulté à s'approprier les principes de la démocratie ; qu'ils accèdent au pouvoir, au pire par un coup d'État ou succession dynastique, au mieux par des élections démocratiques de forme, les chefs d'État africains finissent la plupart du temps par succomber à la tentation de la dictature. Grâce à l'absence d'armées républicaines, à la corruption, à l'analphabétisme d'une grande partie des peuples, au clientélisme, au culte de la personnalité et tutti quanti ; toutes choses qui engendrent des conflits sociopolitiques. De manière inconsciente ou non, les peuples africains sont eux-mêmes des usines à dictateurs.

La corruption est un véritable fléau en Afrique, qui touche particulièrement les élites. En l'absence d'initiatives individuelles ou collectives de production de richesses, l'État reste la seule vache à lait ; la politique est ainsi le plus grand pourvoyeur d'emplois et le seul moyen de s'enrichir de façon licite ou illicite sans travailler. Cet état de fait inhibe toute initiative et transforme certains agents de l'État, mais surtout ceux qui sont au pouvoir, en de véritables sangsues ; les économies en sont du coup gangrénées.

Si l'argent qui part en fumée au moyen de la corruption était effectivement investi en faveur des populations, l'Afrique aurait fait un grand bond en avant sur la voie du développement. Mais qui refuserait de gagner de l'argent sans travailler ? Ils ne sont pas légion, ces agents de l'État ou hommes politiques en Afrique ; de nos jours, ils sont malheureusement comme des espèces humaines en voie de disparition.

La bonne gouvernance n'est pas le fort des dirigeants africains ; bien au contraire, c'est ce qui leur permet de rester au pouvoir en organisant des élections truquées d'avance par l'achat de conscience non seulement des électeurs en majorité analphabètes, mais aussi de ceux qui organisent les élections. Quand ils ne sont pas purement et simplement des dignes représentants de groupements économiques et politiques étrangers qui font feu de tout bois à cet effet.

La famille africaine a cessé d'être large pour se réduire au père, la mère et les enfants ; l'enfant de votre frère ou de votre sœur ne se reconnaît plus comme le vôtre, les enfants n'accordent plus du respect aux autres parents du quartier, du canton, du village, etc. Ce lien jadis très important dans la société africaine a disparu complètement, nous devons combattre nos égoïsmes et reprendre avec notre esprit de solidarité, notre attitude d'hospitalité légendaire, le souci du bien-être de l'autre, et partant le développement de notre nation.

En prenant comme repère l'année 2020, les États africains doivent revoir à la hausse leurs ambitions des stratégies énergétiques avec comme objectif de multiplier par cinq leur production énergétique en 2025, en posant les jalons d'un futur pauvre en carbone, ils doivent augmenter les dépenses publiques consacrées à l'énergie à l'ordre de 3 % du PIB ; pour ce faire, ils doivent inverser le squelette budgétaire en prévoyant 60 % pour le fonctionnement et 40 % pour les investissements pendant les cinq années, ils devraient éviter de tomber dans le piège des emprunts obligataires qui pourraient créer une saturation d'endettement et empêcher les investissements forts ; à partir des impôts et autres revenus des États, ils devraient pouvoir ressortir un bon plan de croissance à court terme pour arriver à développer ce secteur énergétique.

Ces États doivent renforcer le choix du marché des énergies à faible émission de carbone et efficace à l'aide des accords des exploitations prévisibles, ils doivent cesser de pratiquer les subventions qui ne profitent qu'à la consommation de 20 % des riches, ils doivent renforcer et améliorer les réformes efficaces en matière de gouvernance énergétique. La subvention a pour effet global de fausser la tarification de l'énergie, d'encourager la surconsommation, de décourager l'investissement dans les énergies renouvelables, de générer des coûts fiscaux insoutenables et de contraindre les ménages et les systèmes énergétiques à utiliser des produits pétroliers inefficaces qui alimentent la crise énergétique sous-jacente.

La plupart des pays africains pratiquent chaque année budgétaire des subventions sur certains produits pétroliers et agricoles dans l'ordre de près de 200 à 500 milliards, en effet cette action profite plus aux riches qu'aux pauvres qui représentent près de 80 % des populations ; cette subvention cumulée sur une période de cinq années représente un pouvoir financier important devant servir à la construction d'une centrale nucléaire d'une capacité de 4500 MW, les infrastructures modernes de transport et de distribution de cette énergie. Ainsi, nous constatons par cette équation qu'il est possible en cinq années de déclencher la croissance en Afrique ; alors si cette formule est pratiquée dans 20 pays africains entre 2020 et 2025, ceux-ci constitueront de véritables vecteurs de développement pour d'autres États de ce continent.

Chaque jour, les migrants africains meurent dans l'océan Pacifique, des entreprises de terrorisme trouvent fertiles les terres africaines, tout ceci est parfois la résultante du mal-être, du mal-vivre quotidien, de grandes humiliations, de la pauvreté aggravante ; cette situation a entraîné les colères et l'agressivité des peuples ; les dangers et les menaces sont présents partout, pour décrisper ce climat, il faut proposer rapidement des solutions de développement, il faut déclencher l'industrialisation de l'Afrique.

Plongés pendant plusieurs décennies dans le sous-développement, les États africains ont impérativement besoin de nos jours de nouvelles réformes et stratégies énergétiques permettant de stimuler leur croissance et réduire le déficit énergétique, tout en basculant vers une économie pauvre en carbone avec un accent sur les investissements des énergies renouvelables, propres et efficaces.

En l'absence d'accès universel à des services énergétiques de qualité et en quantité suffisante, les pays africains ne peuvent pas assurer une croissance durable et dynamique, renforcer l'intégration sociale, ni accélérer les progrès en vue de l'éradication de la pauvreté ; l'exploitation de l'énergie à des fins industrielles et commerciales est particulièrement importante pour la croissance économique et la création d'emplois ; les services énergétiques ont un impact direct sur les revenus, la pauvreté et d'autres aspects du développement humain, notamment la santé et l'éducation. L'élargissement de l'offre énergétique s'accompagne d'une hausse des revenus, d'un allongement de l'espérance de vie et d'une amélioration du bien-être social.

Au vu du constat général, le développement économique des pays africains est à la traîne après des décennies d'indépendance ; pourtant, les gouvernements ont parfois appliqué des modèles et idéologies de développement. La question est de savoir si cette situation que vit l'Afrique est un problème d'inadaptation de ces modèles et idéologies au contexte propre du continent ou si c'est plutôt ailleurs qu'il faut chercher les vraies raisons des échecs ; la réponse à cette problématique du développement de l'Afrique n'est pas aisée compte tenu de la complexité du processus de développement. L'importance de bien cerner la source de la misère africaine est alors très indiquée, dans l'approche de la meilleure solution.

En effet, nous pensons que l'Afrique souffre d'une crise intellectuelle, démographique et spirituelle ; l'Afrique s'enlise non seulement à cause des mauvaises gestions et gouvernances de ses dirigeants, mais aussi à cause des actions diaboliques sur ce continent. Depuis la famille jusqu'au sommet de l'État, l'Africain a encore de grands défis à relever ; beaucoup d'Africains ont peur de réfléchir ou ne veulent pas réfléchir ; plusieurs ont peur d'agir ou ne veulent pas le faire ; la majorité possède la connaissance, mais n'a ni la volonté ni le pouvoir de l'exploiter. Au-delà de tout, plusieurs intellectuels sont bloqués ; lorsqu'on imagine que quelqu'un veut sortir du lot, on l'élimine ou on le rejette. Les hommes compétents ne sont pas respectés ; les cerveaux sont ainsi peu promus et peu écoutés.

Quels sont ces États qui prétendent à l'émergence en n'honorant pas toujours leurs héros ; en n'impliquant pas directement leurs fils intelligents et compétents dans les différents projets de développement économique ; puis en restant très indifférents devant les phénomènes de fuites de ces meilleurs cerveaux vers l'occident : cela est inadmissible.

Plusieurs Africains ne veulent plus contribuer au succès des actions positives de masse, sauf si elles vont à leur crédit. Plus grave encore, pendant que les plus compétents chôment, les incompétents sont promus par leurs proches à des postes très importants et sensibles. Au même moment, les frais de mission, commissions et autres de ces incompétents ont dévalisé l'Afrique du peu de moyens disponibles, au détriment des pauvres paysans qui meurent sous le poids de la misère. De connivence avec les puissances étrangères et les politiciens, les cadres africains ont mis l'Afrique à genoux. En outre, dans plusieurs systèmes éducatifs du continent, les diplômes ne sont toujours pas le symbole d'une dose de connaissance pouvant enclencher des actions positives en matière de développement.

L'Afrique produit chaque année des milliers de diplômés, la majorité est constituée des théoriciens qui ne parviennent jamais à appliquer, peu productifs et incapables d'agir sur les matières premières pour leur ajouter de la valeur ; ceux qui font exception à la règle sont peu, entre temps, la procréation anarchique des lits des pauvres accentue la misère et les autres problèmes de sous-développement à des vitesses qui dépassent les efforts de résolution de ceux déjà existants. Non seulement la polygamie et la gestion du sexe paraissent une des causes du sous-développement de l'Afrique, mais aussi elles constituent une vraie culture de la misère africaine.

En outre, l'intellectuel africain est sous l'influence de beaucoup de facteurs spirituels qui biaisent le résultat de ces efforts vers le développement ; malheureusement, les débats classiques sur le sous-développement de l'Afrique ont toujours ignoré la dimension spirituelle du problème. Sans doute, les pays développés ont eu des atouts qui les avaient lancés ; mais ces pays ont eu leur siècle des Lumières, de grands savants avaient pensé et contribué à mettre ces nations sur le bon chemin. Aujourd'hui, en Afrique, les cerveaux pensants ont même peur d'y rester ; il se pose en Afrique un vrai problème de détection des intelligences, de coordination, de conscientisation, de responsabilisation, d'application intelligible et rationnelle des stratégies de développement par rapport aux besoins, atouts et contraintes des nations africaines.

Le lendemain des indépendances en Afrique est marqué par une irruption des conflits internes très violents. Le continent africain est considéré comme un patchwork d'États-nations aux frontières tracées depuis les métropoles. De nos jours, ces territoires sont en proie à l'instabilité, la corruption, la violence et les régimes autoritaires. Il a été enregistré par exemple trente-cinq conflits armés en Afrique Subsaharienne lors des quatre dernières décennies, coûtant la vie à plus de dix millions de personnes. De même lors du printemps de l'année 1994, il a fallu dix mois de luttes génocidaires pour engendrer les épidémies parmi les réfugiés et la mort de près d'un million de citoyens rwandais ; les séquelles sur la République Démocratique du Congo ont conduit à plusieurs millions de morts additionnels.

Dévastés par la guerre, la sécheresse et la famine, les réfugiés du continent avoisinent trente millions de personnes aujourd'hui, et si nous mettons dans un seul panier les guerres et les atrocités, les conditions sociales et économiques indigentes dans la grande majorité de l'Afrique, nous comprenons alors les véritables motifs de sa misère actuelle.

En somme, il est clair et évident que le continent africain a été conditionné pour être totalement dépendant de l'occident : dépendances énergétique, alimentaire, monétaire, sanitaire, vestimentaire, religieuse, industrielle, économique, technologique et civilisationnelle. Le discours sur la promotion de l'éolien et du solaire ne permet pas à l'Afrique de sortir rapidement de cette dépendance, mais plutôt de consommer les technologies occidentales et développer leur économie ; la solution de l'énergie nucléaire est bien là pour inverser la tendance.

Avec une consommation alimentaire dépendante à plus de 50 % de l'extérieur (céréales, huiles, poissons, viandes, vins, conserves, etc.), des systèmes monétaires dépendants à plus de 75 % de l'occident, les systèmes pharmaceutiques et des traitements dépendants à plus de 80 % de l'extérieur, les préférences vestimentaires dépendantes à plus de 80 % des autres continents, la pratique des religions originaires à plus de 90 % de l'extérieur, le système industriel et économique dépendant à plus de 90 % de la métropole (automobiles, machines, télécommunications, etc.) ; nous disons qu'il est pratiquement impossible dans ces conditions de prétendre à l'émergence des États africains à horizon lointain.

Pour que ces transformations soient possibles, les dirigeants politiques des États africains doivent nécessairement mettre du sérieux dans leur mode de gestion. Les peuples doivent s'approprier les notions et valeurs de patriotisme, d'honnêteté, d'intégrité et de spiritualité ; ils doivent prendre eux-mêmes leur destin en main en choisissant ou en sanctionnant en masse leurs dirigeants. Pour devenir émergents, certains États de l'Asie se sont débarrassés de l'excès de la bureaucratie, ils ont mieux encadré leur secteur privé ; les nations africaines devraient passer par ces décisions tout en améliorant suffisamment l'environnement des affaires.

Le président français Jacques Chirac, homme de paix notoire, qui a dit non à la guerre en Irak et à l'assassinat du président Saddam Hussein par les Américains ; qui a été plus technocrate que politique a passé pratiquement plus de la moitié de sa vie à travailler pour la France, à redorer l'image des Français partout dans le monde ; il a été le président le plus populaire et aimé non seulement des Français, mais surtout du monde entier ces cinquante dernières années ; monsieur Chirac reconnaît que depuis sa création, le F CFA dans la France Afrique a profité plus à la France qu'à l'Afrique ; les mécanismes de devises, de changes et de réserves ont été faits pour rapporter uniquement à la métropole. En ces termes, il déclare :

« On oublie une chose : c'est qu'une grande partie de l'argent qui est dans notre porte-monnaie vient précisément de l'exploitation depuis des siècles de l'Afrique. Pas uniquement, mais beaucoup vient de l'exploitation de l'Afrique. Alors, il faut avoir un petit peu de bon sens. Je ne dis pas de générosité, mais de bon sens, de justice pour rendre aux Africains ce qu'on leur a pris. D'autant que c'est nécessaire si l'on veut éviter les pires convulsions ou les difficultés avec les conséquences politiques que cela comporte dans le proche avenir ».

Venant d'un grand homme politique de renommée mondiale, ce ne sont pas les Africains qui ne comprendront pas la nécessité et l'urgence de créer non seulement une monnaie africaine, mais aussi leur Fonds monétaire africain.

III. La RCA entre pillage des ressources minières, conflits internes et pauvreté

La présence des ressources minières (or, diamant, etc.) dans les sols et sous-sols de certains états africains constitue paradoxalement la principale cause de l'instabilité politique et des multiples conflits ; c'est ainsi que depuis plusieurs décennies, un véritable drame organisé se déroule sur le territoire de la République centrafricaine sous le regard presque complice de la communauté internationale. De nombreux mouvements rebelles bien encadrés par les multinationales naissent et prospèrent chaque année dans ce pays ; des crimes sauvages et des viols, des exactions extrêmement graves et violations des droits de l'homme, les pillages organisés des ressources minières sont observés au quotidien ; et tout ceci plonge le pays dans une extrême pauvreté légendaire[21].

La République centrafricaine est localisée au centre du continent africain entre les latitudes 2° et 11° nord, et les longitudes 15° et 27° est ; elle s'étend sur une superficie de 623 000 km2 ; le pays est entièrement enclavé, à l'est on a les deux Soudan, au nord le Tchad, à l'ouest le Cameroun, et au sud les deux Congo.

D'un point de vue géologique, ce pays est situé sur la bordure septentrionale du craton du Congo ; C'est un territoire constitué d'un socle granito-gneissique archéen (> 2,5 Ga) et de sa couverture méta sédimentaire protérozoïque, recouvert par une nappe métamorphique de près de 1000 km de long, charrié vers le Sud au cours de l'orogenèse panafricaine vers 620 Ma.

La grande nappe centrafricaine, celle des Gbayas et de Yalinga appartient à la chaîne panafricaine des Oubanguides, cette chaîne se prolonge vers l'Ouest au Cameroun et vers l'Est au Soudan ; la chaîne des Oubanguides se raccorde à la province de Borborema et à la chaîne du Sergipano au Brésil.

Un important réseau de fractures minéralisées en or traverse toute l'étendue du territoire, deux grands bassins crétacés réputés diamantifères surmontent les formations précambriennes (bassins de Carnot et Mouka Oudda) ; des dépôts quaternaires au nord masquent les bassins pétrolifères crétacés de Birao (Dosseo et Salamat). La République centrafricaine a répertorié environ 470 indices miniers répartis sur l'ensemble du territoire[22].

---

[21] FIDH ; République centrafricaine : un Pays aux mains des criminels de guerre de la Séléka ; Rapport FIDH 2013 ; pp. 22-33.

[22] Ken Matthysen and Iain Clarkson ; L'or et les diamants de la République centrafricaine. Le secteur minier et les problèmes sociaux, économiques et environnementaux y afférents ; Editions Published 2013 ; pp. 21-25.

Ce territoire se trouve dans le corridor des rebellions africaines qui part de l'Angola, traverse l'Ouganda et la République Démocratique du Congo en empruntant le Rwanda et le Burundi, passe par la République Centrafricaine avec quelques ramifications dans les pays du Soudan, du Tchad et du Cameroun, continue dans les territoires du Niger et Nigéria pour déboucher au Mali avec des connexions en Sierra Leone, au Libéria, au Burkina Faso et en Côte d'Ivoire.

Lorsque nous regardons le nombre élevé des rebellions et mouvements terroristes qui ont vu le jour et prospèrent dans le corridor des rebellions africaines depuis ces trois dernières décennies, on est en droit de se poser des questions sur le mobile profond, les opportunités, les origines des financements, armes, véhicules et autres moyens logistiques ; jamais dans aucune région du monde l'on n'a dénombré un tel nombre de mouvements de revendication et de déstabilisation des états. En effet, on dénombre plus de deux cents mouvements rebelles et terroristes dans le corridor des rébellions africaines dont les plus importants sont :

En République démocratique du Congo

L'Alliance des forces démocratiques pour la libération du Congo (AFDL)
L'Alliance des patriotes pour un Congo libre et souverain (APCLS)
L'Armée populaire de libération nationale congolaise-Lumumba (APLNC-Lumumba)
L'Union des forces révolutionnaires du Congo (UFRC)
L'Union des patriotes congolais pour la paix (UPCP)
L'Union des patriotes congolais pour la paix (UPCP/FPC)
L'Union pour la réhabilitation de la démocratie au Congo (URDC - Maï Maï Hilaire)
La Coalition des groupes armés de l'Ituri (COGAI/MRPC)
La Nduma Defence of Congo (NDC)
La Nduma Defence of Congo- Maï Maï Sheka (NDC /Maï Maï Sheka)
La Rébellion Kata Katanga
La Rébellion M18
Le Congrès national pour la défense du peuple (CNDP)
Le Front de défense du Congo (FDC)
Le Mouvement d'action pour le changement (MAC)
Le Mouvement de libération du Congo (MLC)
Le Mouvement du 23 mars (M23)
Le Mouvement du 26 octobre 2012 (M26)

Le Mouvement populaire d'autodéfense (MPA)
Le Rassemblement congolais pour la démocratie (RCD)
Le Rassemblement congolais pour la démocratie-Goma (RCD-Goma)
Les Forces de défense des intérêts du peuple congolais (FDIPC)
Les Forces de défense locale Busumba (FDL)
Les Forces de défense nationale (FDN)
Les Forces de résistance patriotiques en Ituri (FRPI)
Les Forces démocratiques alliées (ADF-Nalu)
Les Forces nationales de libération (FNL)
Les Forces populaires congolaises (FPC)
Les Miliciens Maï Maï Kifuafua
Les Miliciens Maï Maï Morgan
Les Miliciens Maï Maï Nyatura
Les Miliciens Maï Maï Simba
Les Miliciens Maï Maï Yakutumba
Les Miliciens Maï-Maï
Les Miliciens Raïa Mutumboki

En Ouganda

L'Alliance des forces démocratiques (ADF)
L'Armée de résistance du Seigneur (LRA)
L'Armée démocrate-chrétienne unie d'Ouganda (UCDA)
Le Mouvement du Saint-Esprit (HSM)
Les Forces démocratiques alliées (AFD)

En République Centrafrique

L'Alliance pour la renaissance et la refondation (A2R)
L'Armée populaire pour la restauration de la démocratie (APRD)
L'Union des forces armées centrafricaines pour la restauration de la démocratie (UFACRD)
L'Union des forces démocratiques pour le rassemblement (UFDR)
L'Union des forces républicaines (UFR)
L'Union des forces républicaines fondamentales (UFR-Fondamentale)
La Coalition des forces rebelles opposées au président centrafricain François Bozizé (Seleka)
La Convention des patriotes pour la justice et la paix (CPJP)
La Convention des patriotes pour la justice et la paix fondamentale (CPJP-fondamentale)
La Convention patriotique du salut du Kodro (CPSK)
La Milice anti-Balaka

La Milice Karako
La Milice Sarawi
La Révolution justice (RJ)
Le Front démocratique du peuple centrafricain (FDPC)
Le Front populaire pour la renaissance de la Centrafrique (FPRC)
Le Front populaire pour le redressement (FPR)
Le Front pour l'annulation et la reprise des élections de 2011 (FARE 2011)
Le Groupe d'action patriotique pour la libération de Centrafrique (GAPLC)
Le Mouvement des libérateurs centrafricains pour la justice (MLCJ)
Le Mouvement patriotique africain (MPA)
Le Mouvement pour la renaissance et la refondation/Mouvement politique alternatif en RCA (M2R-MPA)
Les Coupeurs de route Zaraguinas
Les Forces armées centrafricaines (FACA)
Les Miliciens anti-machettes

En République du Tchad

L'Union des forces de la résistance (UFR)
Le Front de libération nationale du Tchad (FROLINAT)
Le Front de l'opposition nouvelle pour l'alternance et le changement (FONAC)
Le Front uni pour le changement (FUC)
Le Groupe terroriste Boko Haram
Le Mouvement patriotique du salut (MPS)
Les Forces armées du nord (FAN)

Au Cameroun

Le Groupe terroriste Boko Haram
Le Southern Cameroun National Council (SCNC)

Au Nigéria

Le Groupe terroriste Boko Haram

Au Niger

L'Alliance démocratique du 23 mai pour le changement (ADC)
L'Alliance touareg Niger-Mali (ATNM)
L'Armée populaire de libération du Nord (APLN)
L'Organisation de la résistance armée (ORA)

L'Union des forces de la résistance armée (UFRA)
L'Union pour la démocratie et le progrès social (UDPS)
La Coordination de la résistance armée (CRA)
La Force armée révolutionnaire (FAR)
La Rébellion touarègue au Niger
Le Comité de vigilance de Tassara (CVT)
Le Front de libération de l'Aïr et de l'Azawak (FLAA)
Le Front de libération Temoust (FLT)
Le Front démocratique révolutionnaire (FDR)
Le Front populaire de libération du Nord (FPLN)
Le Groupe salafiste pour la prédication et le combat (GSPC)
Le Groupe terroriste Boko Haram
Le Mouvement des jeunes républicains (MJR)
Le Mouvement des Nigériens pour la justice (MNJ)
Le Mouvement des Nigériens pour la justice (MNJ)
Le Mouvement national pour une société de développement (MNSD)
Les Forces armées révolutionnaires du Sahara (FARS)

Au Mali

Al-Qaïda au Maghreb islamique (AQMI)
L'Alliance touareg Niger-Mali (ATNM)
La Milice loyaliste Songhaï Ganda-Izo
La Rébellion touarègue au Mali
L'Armée révolutionnaire de libération de l'Azawad (ARLA)
Le Front de libération du Macina
Le Front de libération nationale de l'Azawad (FLNA)
Le Front islamique arabe de l'Azawad (FIAA)
Le Front populaire de libération de l'Azawad (FPLA)
Le Groupe armé salafiste djihadiste (Ansar Dine)
Le Groupe autodéfense touareg *Imghad* et alliés (GATIA)
Le Groupe islamiste armé (GIA)
Le Groupe salafiste pour la prédication et le combat (GSPC)
Le Haut conseil de l'Azawad (HCA)
Le Haut conseil pour l'unité de l'Azawad (HCUA)
Le Jamaat Nosrat al-Islam wal-Mouslimin
Le Mouvement arabe de l'Azawad
Le Mouvement arabe de l'Azawad (MAA)
Le Mouvement d'Al-Mourabitoune
Le Mouvement islamique de l'Azawad (MIA)
Le Mouvement national de l'Azawad (MNA)

Le Mouvement national pour la libération de l'Azawad (MNLA)
Le Mouvement populaire de l'Azawad (MPA)
Le Mouvement populaire pour la libération de l'Azawad (MPLA)
Le Mouvement populaire pour le salut de l'Azawad (MPSA)
Le Mouvement pour l'unicité et le Jihad en Afrique de l'Ouest (MUJAO)
Les Mouvements et fronts unifiés de l'Azawad (MFUA)
Les Rebelles Imghads

Au Libéria/Sierra Leone

Le Front national patriotique du Libéria (NPFL)
Le Front révolutionnaire uni (RFU)
Le Liberians United for Reconciliation and Democracy (LURD)
Le National Provisional Ruling Council (NPRC)
Le Revolutionary United Front (RUF)

En Côte d'Ivoire

Le Mouvement patriotique et populaire de Côte d'Ivoire (MPCI)
Le Mouvement populaire ivoirien du Grand Ouest (MPIGO)
Le Mouvement pour la justice et la paix *(*MJP)
Les Forces nouvelles
Les Forces républicaines de Côte d'Ivoire (Frci)

Au Soudan

La Rébellion sud-soudanaise
Le Mouvement populaire de libération du *Soudan*
Le Mouvement pour la justice et l'égalité (MJE)
Les Milices Janjawids

Au Rwanda

Les Forces démocratiques de libération du Rwanda (FDLR)

Au Burundi

Les Forces nationales de libération du Burundi (FNL)
Les Forces républicaines du Burundi *(*Forebu)

En Angola

L'Union nationale pour l'indépendance totale de l'Angola (UNITA)
Le Front de libération de l'enclave de Cabinda (FLEC)
Le Front national de libération de l'Angola (FNLA)
Le Mouvement populaire de libération de l'Angola (MPLA)

Au Burkina Faso

Les Milices Koglweogo
Les Milices anti-Koglweogo
Les Déserteurs et ex-soldats du régiment de sécurité présidentielle
Le Groupe Ansarul Islam

Ainsi, il apparaît de manière évidente que les plus grands nombres des mouvements de rébellions et groupes terroristes en Afrique se trouvent dans trois pays ; la République démocratique du Congo, la République centrafricaine et le Mali. Ce n'est sans doute pas un fait du hasard que ce soit dans ces trois États que prospèrent autant de rébellions ; au vu de la quantité et de la qualité des ressources minières présentes dans les sols et sous-sols de ces pays, on comprend aisément ce qui peut justifier cette situation[23].

Gisement minier de la RDC.

Minerais	Localités	Usages	Réserves prouvées
amblygonite	Maniema, Nord Kivu, Province Orientale	Médecine, industrie chimique	
argent	Maniema, Sud Kivu, Province Orientale	Orfèvrerie, Joaillerie, Industrie, électronique, électricité, Médecine	
argiles	Bandundu, Bas-Congo, Équateur, Kasaï Occidental, Kasaï Oriental, Katanga, Kinshasa, Maniema, Nord Kivu, Sud Kivu, Province Orientale	Construction, ustensiles de cuisine, fabrication des matériaux réfractaires, alimentation du bétail	
barytine	Bas Congo	Industrie pétrolière, papiers, plastiques, peinture, vernis, boue de forage pétrolier, lavements baryté	
bastnaésites	Maniema, Nord Kivu, Province Orientale	Joaillerie, Médecine	
bauxite	Bas Congo	Industrie, aluminium	
béryl (émeraude)	Katanga, Maniema, Nord Kivu, Province orientale	utilisée dans la technologie des réacteurs et dans l'industrie nucléaire	
bismuth	Katanga, Maniema, Province orientale	Médecine, Industrie chimique	
cadmium	Katanga	Énergie, électronique, électrique, électrochimie,	
calcaire	Bas Congo, Équateur	Cimenterie, plâtres, craie, engrais, peinture, chaux, briques de ciment, plastique, papier	

[23] Philippe *Hugon ;* Le rôle des ressources naturelles dans les conflits armés africains ; *Éditions* Complexe 2009 ; PP29-34

cassitérite	Katanga, Maniema, Nord Kivu, Province orientale	Orfèvrerie, Joaillerie	750 mille tonnes
charbon	Katanga, Nord Kivu	Énergie, Industrie métallurgique	
chrome	Kasaï Occidental, Kasaï Oriental	Sidérurgie, fabrication des réfractaires, industrie chimique	
cobalt	Kasaï Occidental, Kasaï Oriental, Katanga	Sidérurgie colorant, catalyseur pour fabrication des essences alliages	10,5 millions de tonnes
colombo tantalite	Katanga, Nord Kivu, Sud Kivu, Province orientale	Industrie aéronautique, armement, électronique, téléphones portables	
cuivre	Bas Congo, Équateur, Kasaï Occidental, Kasaï Oriental, Nord Kivu, Sud Kivu	Industrie chimique, électricité, joaillerie	110 millions de tonnes
diamants	Bandundu, Bas Congo, Équateur, Kasaï Occidental, Kasaï Oriental, Maniema, Nord Kivu, Sud Kivu	Joaillerie, Industrie, Bijouterie, trépan de foreuse, poudre de polissage, scie	730 millions de tonnes de carats
diatomite	Maniema	Abrasif, filtre, absorbant	
fer	Bas Congo, Équateur, Kasaï Occidental, Kasaï Oriental, Katanga, Nord Kivu, Sud Kivu	Industrie métallurgique	15 millions de tonnes
gaz méthane	Muanda, Lac Kivu,	Industrie, énergie	40 milliards de m3
germanium	Katanga	Hautes fréquences, diode, optoélectroniques	
granite	Bas Congo, Équateur, Katanga, Nord Kivu	Construction, ameublement, sculpture	
grès arkosique	Kinshasa	Travaux publics, construction	
gypse	Katanga	Médecine, cimenterie, agriculture	
kaolin	Bandundu, Bas-Congo, Équateur, Kasaï Occidental, Kasaï Oriental, Katanga, Kinshasa, Nord Kivu, Sud Kivu	Céramique, médecine esthétique, matières plastiques, papier	
lithium	Katanga	Médecine, industrie chimique, piles alcalines, batteries, verres, céramiques, médicaments antidépresseurs	175 500 tonnes
manganèse	Bas Congo, Katanga, Nord Kivu	Sidérurgie, industrie chimique	20 milliards de tonnes
marbre	Bas Congo	Bâtiment, construction, industrie	
monazite	Maniema, Nord Kivu, Province orientale	Médecine, industrie pharmaceutique	
nickel	Kasaï Occidental, Kasaï Oriental	Sidérurgie, industrie automobile	
niobium	Équateur, Maniema, Nord Kivu, Province Orientale	Construction des avions, fusées, turbines	150 millions de tonnes
ocre	Équateur, Sud Kivu	Médecine, ponctuations, peinture	
or	Bas Congo, Équateur, Kasaï Occidental, Kasaï Oriental, Katanga, Maniema, Nord	Joaillerie, médecine, frappe de monnaie, thésaurisation, Bijouterie	40 millions de tonnes

	Kivu, Sud Kivu, Province Orientale		
pétrole	Parc de Virunga, Muanda, Cuvette centrale de l'Équateur, lac Albert, lac Édouard	Industrie, énergie	
phosphate	Bas Congo	Médecine, industrie chimique	
platine	Kasaï Occidental, Nord Kivu	Industrie, armement	
plomb	Bas Congo, Kasaï Occidental, Nord Kivu	Bâtiment, armement, électricité, électronique, industrie chimique, imprimerie	
pyrite	Bas Congo	Récepteur-radio, acide sulfurique	
quartzite	Bas Congo	Construction, verre, carbure de silicium, circuit électronique, cellules solaires photovoltaïques	
sable de verrerie	Kinshasa	Verrerie, construction, industrie	
sables asphaltites	Bas Congo	Génie civil, bitume, travaux publics	
salines	Katanga	Électricité, alimentation	
saphir	Katanga	Verrerie des smartphones, montres, lentille de caméra	
schiste bitumineux	Sud Kivu	Industrie pétrolière	
sel gemme	Bas Congo	Alimentation	
silice	Bas Congo, Kinshasa	Verrerie, électricité, industrie alimentaire	
talc	Bas Congo, Kasaï Oriental, Katanga, Nord Kivu, Sud Kivu	produits cosmétiques, pharmaceutiques, rouge à lèvres, talc pour bébé	
uranium	Katanga	Énergie nucléaire, armement	
vanadium	Bas Congo	Industrie métallurgique, énergie électrique	
wolframite	Katanga, Maniema, Nord Kivu, Province orientale	Industrie métallurgique	
zinc	Bas Congo, Katanga	Alliage, industrie chimique	20 millions de tonnes

Gisement minier du Mali.

Minerais	Localités	Usages	Réserves prouvées
argiles	le lac Faguibine et les bassins sédimentaires	Construction, ustensiles de cuisine, fabrication des matériaux réfractaires, alimentation du bétail	
bauxite	à l'Est et au Sud-Ouest, Tamaguilelt	Industrie, aluminium	1 200 milliards de tonnes
calcaire	Bafoulabe et à Hombori	Cimenterie, plâtres, craie, engrais, peinture, chaux, briques de ciment, plastique, papier	122 millions de tonnes
cuivre	Nioro, Kadiolo et au nord de Tessalit	Industrie chimique, électricité, joaillerie	
diamants	Keniéba, dans la région de Kayes	Joaillerie, Industrie, Bijouterie, trépan de foreuse, poudre de polissage, scie	
étain	le lac Faguibine et les bassins sédimentaires	Industrie métallurgique, électricité	
fer	Kita et Narena	Industrie métallurgique	1 360 milliards de tonnes
gaz méthane	le lac Faguibine et les bassins sédimentaires, Bourakèbougou	Industrie, énergie	
grenats	le lac Faguibine et les bassins sédimentaires	Joaillerie, bijouterie, papier sablé	
gypse	Nioro, Kadiolo et au nord de Tessalit	Médecine, cimenterie, agriculture	
kaolin	le lac Faguibine et les bassins sédimentaires	Céramique, médecine esthétique, matières plastiques, papier	
lithium	le lac Faguibine et les bassins sédimentaires	Médecine, industrie chimique, piles alcalines, batteries, verres, céramiques, comprimés antidépresseurs	
manganèse		Sidérurgie, industrie chimique	20 millions de tonnes
marbre	au nord de Bafoulabe	Bâtiment, construction, industrie	10,6 millions de tonnes
nickel	Nioro, Kadiolo et au nord de Tessalit	Sidérurgie, industrie automobile	
or	Sadiola, Yatela, Morila, Kofi,	Joaillerie, médecine, frappe de monnaie, thésaurisation, Bijouterie	20 millions de tonnes
pétrole	le lac Faguibine et les bassins sédimentaires	Industrie, énergie	
phosphate	Tamaguilelt	Médecine, industrie chimique	20 millions de tonnes
pierres ornementales	le lac Faguibine et les bassins sédimentaires	Bâtiment, construction, industrie	
platine	Nioro, Kadiolo et au nord de Tessalit	Industrie, armement	
plomb	Tessalit et Tamanrasset	Bâtiment, armement, électricité, électronique industrie chimique, imprimerie	1,7 million de tonnes
sable de verrerie	le lac Faguibine et les bassins sédimentaires	Verrerie, construction, industrie	

Gisement minier de la RCA.

Minerais	Localités	Usages
ardoise	Ouaka, Ouham	Didactique
argiles	Ombella-Mpoko, Lobaye	Construction, ustensiles de cuisine, fabrication des matériaux réfractaires, alimentation du bétail
Ampélite	Ouham	Cosmétique, outil de dessin, vigne
calcaire	Mabere-Kadei, Lobaye, Ombella-Mpoko, Kemo	Cimenterie, plâtres, craie, engrais, peinture, chaux, briques de ciment, plastique, papier
chrome	Ouaka, Lobaye, Mbomou, Nana-Gribizi, Ouham	Sidérurgie, fabrication des réfractaires, industrie chimique
cobalt	Haute-Kotto, Mbomou	Sidérurgie colorant, catalyseur pour fabrication des essences alliages
colombo-tantalite	massif granitique de Yadé, Ouham-Pende	Industrie aéronautique, armement, électronique, téléphones portables
cuivre	Vakaga, Mbomou, Lobaye, Ouham-Pende, Ouaka, Ombella-Mpoko	Industrie chimique, électricité, joaillerie
diamant	Mambéré Kadei, Lobaye, Nana-Mambéré, Bamingui Bangoran, Sanga Mbaere, Ouham-Pende, Ouaka, Basse-Kotto, Ouham, Mbomou, Haute-Kotto, Ombella-Mpoko	Joaillerie, Industrie, Bijouterie, trépan de foreuse, poudre de polissage, scie
disthène	Nord-est de Bianga, Ouaka	Médecine, énergie
dolomie	Kemo	peintures et enduits, élastomères, papiers et revêtements de sol, agriculture, boulettes de concentrés de fer, fondant en sidérurgie, briques réfractaires, verre
eau thermale	Mbomou, Nana-Gribizi, Vakaga, Kemo	Médecine, énergie, cuisine
étain	Nana-Mambéré, Ouaka, Ouham, Mbomou, Haute-Kotto	Industrie métallurgique, électricité
fer	Mbomou, Nana-Gribizi, Haut-Mbomou, Ouaka, Haute-Kotto, Vakaga, Ouham, Kemo	Industrie métallurgique
granite	Ombella-Mpoko, Nana-Mambéré, Ouaka, Nana Gribizi, Ouham-Pende, Kemo, Basse-Kotto, Ouham, Lobaye, Vakaga	Construction, ameublement, sculpture
graphite	Nana-Mambéré, Mambéré-Kadei, Ombella-Mpoko, Kemo, Ouaka	Mine de crayon, ornement, ustensiles de cuisine, piles alcalines, batterie
ilménite, rutile	alluvions de l'Ouham en aval de Bandakota	Industrie chimique, santé, pigment blanc pour la peinture, pigment pour l'encre, pigment pour le plastique, crèmes solaires, prothèses de hanche et de genou
kaolin	Lobaye, Basse-Kotto, Basse-Kotto	Céramique, médecine esthétique, matières plastiques, papier
latérite	Nana Mambéré, Basse-Kotto, Lobaye, Haute-Kotto	Briques, tuiles, revêtement, culture, ciment
lignite	Mbomou	Source d'énergie
manganèse	Ombella-Mpoko, Nana-Mambéré, Haute Kotto	Sidérurgie, industrie chimique

marbre	Kemo	Céramique, construction, sculpture, ameublement
nickel	Ouaka, Lobaye	Sidérurgie, industrie automobile
or	Mambéré-Kadei, Haute-Kotto, Nana-Mambéré, Mbomou, Basse-Kotto, Haut Mbomou, Lobaye, Ouham, Ouham-Pende, Bamingui Bangoran, Sanga Mbaere, Nana Gribizi, Kemo, Ouaka, Ombella-Mpoko	Joaillerie, médecine, frappe de monnaie, thésaurisation, Bijouterie
pétrole	Vakaga, Birao à l'extrême nord, le nord de Ndélé	Industrie, énergie
plomb	Haut-Mbomou, Mbomou	Bâtiment, armement, électricité, électronique, industrie chimique, imprimerie
pyrite	Haute-Kotto, Ombella-Mpoko	Industrie métallurgique, pierre à feu, récepteur-radio
quartz	Ombella-Mpoko, Ouaka, Bamingui Bangoran, Nana Gribizi, Haute-Kotto	Verrerie, construction, horlogerie, joaillerie
quartzite	Ombella-Mpoko, Ouham, Lobaye, Vakaga	Construction, verre, carbure de silicium, circuit électronique, cellules solaires photovoltaïques
sables	Bamingui Bangoran, Ouham, Lobaye	Construction, industrie
sel gemme	Haut-Mbomou	Alimentation
thorium	Ouaka, Ouham-Pende	Armement, énergie nucléaire
titane	Ouaka, Ombella-Mpoko, Haute Kotto, Haut-Mbomou, Ouham	Médecine, industrie, sidérurgie, céramique et peinture
tourmaline	Bamingui Bangoran	Joaillerie, électricité statique
uranium	Mbomou, Kemo,	Énergie nucléaire, armement
zinc	Mbomou	Alliage, industrie chimique
zirconium	Haut-Mbomou, Ouham-Pende	Énergie nucléaire, industrie des réfractaires abrasifs et céramique

En analysant scrupuleusement les modes opératoires des organisations criminelles, on est également tenté de dire que la présence de plusieurs mouvements rebelles sur le territoire centrafricain est souhaitée et encouragée non seulement par certains pays voisins, mais surtout par la communauté internationale. En effet, c'est une situation qui favorise le pillage du pétrole et différentes ressources minières telles que l'or, le diamant, l'uranium dans son sol et sous-sol.

Chaque jour, plusieurs millions de carats de diamants et or traversent les frontières voisines. L'exploitation pétrolière dans les pays frontaliers ayant la même nappe avec la République centrafricaine se fait unilatéralement avec l'aval des États occidentaux ou finit parfois cette ressource ; les contrats d'exploitation des ressources minières comme l'uranium stipulent que 93 % des bénéfices appartiennent aux multinationales contre 7 % pour l'État centrafricain : il s'agit d'un déséquilibre inacceptable que l'on devrait rapidement modifier et ajuster au minimum à 75 % contre 25 % pour les États propriétaires des ressources.

Dans certains aéroports africains, on traque de nos jours plusieurs trafiquants possédant des millions de carats de diamant et d'or en provenance de la RCA ; devant cette situation préoccupante, on ne peut ne pas se poser la question de savoir à quoi servent les organismes internationaux comme l'ITIE, le processus de Kimberley, et bien d'autres.

La RCA est ainsi maintenue dans un état d'enclavement poussé, de misère accrue des populations, d'insécurité élevée ; les seigneurs de guerre dictent leurs lois, ils trafiquent avec les multinationales ou États qui leur apportent en échange des moyens logistiques importants, ils commettent les crimes les plus graves sans être inquiétés. Ils violent les femmes et sèment la mort sur leur passage. L'armée nationale est presque inexistante, les différents pouvoirs politiques n'ont pas assez d'autorité pour gérer le pays ; il est pratiquement impossible de mettre sur pied un véritable État.

La qualité des multiples propriétés énergétiques des minerais présents dans les sols et sous-sols des États africains, à l'instar des énergies par unité de masse ou volume, des énergies dégagées sous forme de chaleur par la combustion complète d'une unité des combustibles, justifie pourquoi le peuple Centrafricain est pris en otage par les différents groupes armés : la richesse énergétique des différentes ressources présentes dans ce pays suscite des envies profondes.

Propriétés énergétiques de quelques minerais d'Afrique

Minerais	**Pouvoir calorifique inférieur**	**Électro-négativité**	**Chaleur massique**	**Conductivité électrique**	**Conductivité thermique**
argent		1,93	234 J·kg^{-1}·K^{-1} (0 °C)	63×10^{6} S·m^{-1}	429 W·m^{-1}·K^{-1}
bismuth		2,02	122 J·kg^{-1}·K^{-1} (20 °C)	0,867×10^{6} S·m^{-1}	7,87 W·m^{-1}·K^{-1}
cadmium		1,69	233 J·kg^{-1}·K^{-1}	13,8×10^{6} S·m^{-1}	96,8 W·m^{-1}·K^{-1}
charbon	33,3 MJ/kg				
chrome		1,66	450 J·kg^{-1}·K^{-1}	7,74×^{106} S·m^{-1}	93,7 W·m^{-1}·K^{-1}
cobalt		1,88	420 J·kg^{-1}·K^{-1}	17,2×^{106} S·m^{-1}	^{100} W·m^{-1}·K^{-1}
cuivre		1,9	380 J·kg^{-1}·K^{-1}	59,6×^{106} S·m^{-1}	401 W·m^{-1}·K^{-1}

étain		1,96	228 J·kg^{-1}·K^{-1}	9,17×10^{106} S·m^{-1}	66,6 W·m^{-1}·K^{-1}
fer		1,83	440 J·kg^{-1}·K^{-1}	9,93×10^{106} S·m^{-1}	80,2 W·m^{-1}·K^{-1}
gaz méthane	50,1 MJ/kg				
germanium		2,01	320 J·kg^{-1}·K^{-1}	1,45 S·m^{-1}	59,9 W·m^{-1}·K^{-1}
lignite	20 MJ/kg				
lithium		0,98	3 582 J·kg^{-1}·K^{-1}	10,8×10^{6} S·m^{-1}	84,7 W·m^{-1}·K^{-1}
manganèse		1,55	480 J·kg^{-1}·K^{-1}	0,695×10^{6} S·m^{-1}	7,82 W·m^{-1}·K^{-1}
nickel		1,91	440 J·kg^{-1}·K-1 à 20° C[3]	14,3×10^{6} S·m^{-1}	90,7 W·m^{-1}·K^{-1}
niobium		1,6	265 J·kg^{-1}·K^{-1}	6,93×10^{6} S·m^{-1}	53,7 W·m^{-1}·K^{-1}
or		2,54	128 J·kg^{-1}·K^{-1}	45,2×10^{6} S·m^{-1}	317 W·m^{-1}·K^{-1}
pétrole	42 MJ/kg				
platine		2,28	130 J·kg^{-1}·K^{-1}	9,66×10^{6} S·m^{-1}	71,6 W·m^{-1}·K^{-1}
plomb		2,33	129 J·kg^{-1}·K^{-1}	4,81×10^{6} S·m^{-1}	35,3 W·m^{-1}·K^{-1}
thorium		1,3	120 J·kg^{-1}·K^{-1}	6,53×10^{6} S·m^{-1}	54 W·m^{-1}·K^{-1}
titane		1,54	520 J·kg^{-1}·K^{-1}	2,34×10^{6} S·m^{-1}	21,9 W·m^{-1}·K^{-1}
uranium	72 600 GJ/kg	1,7	120 J·kg^{-1}·K^{-1}	3,8×10^{6} S·m^{-1}	27,6 W·m^{-1}·K^{-1}
vanadium		1,63	490 J·kg^{-1}·K^{-1}	4,89×10^{6} S·m^{-1}	30,7 W·m^{-1}·K^{-1}
zinc		1,65	390 J·kg^{-1}·K^{-1}	16,6×10^{6} S·m^{-1}	116 W·m^{-1}·K^{-1}
zirconium		1,33	25,36 J·mol^{-1}·K^{-1} (25 °C)	2,36×10^{6} S·m^{-1}	22,7 W·m^{-1}·K^{-1}

Densités énergétiques de quelques minerais d'Afrique

Matières	**Type d'énergie**	**Densité d'énergie**	**Usages**
Deutérium-Tritium	Nucléaire	330 000 000 MJ/Kg	Production d'électricité
Uranium 235	Nucléaire	79 500 000 MJ/Kg	Production d'électricité
Charbon	Chimique	24 MJ/Kg	Production d'électricité, chauffage domestique
Bois	Chimique	16,2 MJ/Kg	Chauffage, cuisson
Accumulateur lithium-air	Électrochimique	9 MJ/Kg	Appareils électroniques portables, véhicules électriques

Trinithium (TNT)	Chimique	4,6 MJ/Kg	Explosifs
Poudre noire	Chimique	3 MJ/Kg	Explosifs
Accumulateur lithium	Électrochimique	1,8 MJ/Kg	Appareils électroniques portables, lampes de poche
Pile alcaline	Électrochimique	0,59 MJ/Kg	Appareils électroniques portables, lampes de poche
Accumulateur nickel – hydrure métallique	Électrochimique	0,288 MJ/Kg	Appareils électroniques portables, lampes de poche
Batterie au plomb	Électrochimique	0,1 MJ/Kg	Démarrage de moteurs de véhicules

En 2010, la République centrafricaine comptait une population de 4 505 900, avec un taux de croissance de 1,8 % ; ceci dit, cet État aurait compté une population de 4 587 006,2 en 2011 ; 4 669 572,32 en 2012 ; 4 753 624,62 en 2013 ; 4 839 189,86 en 2014 ; 4 926 295,28 en 2015 ; 5 014 968,6 en 2016.

Pourtant en 2016 la RCA n'a compté que 4 595 000 de population ; c'est-à-dire en six années, les multiples conflits enregistrés ont tué près de 420 000 personnes dans ce pays.

Dans la plupart des rébellions présentes sur le territoire centrafricain, l'effectif est constitué à près de 80 % d'enfants, dont 40 % de jeunes filles ; l'intérêt manifesté des États comme la Russie, la Chine ou l'Afrique du Sud pour les ressources naturelles de la RCA a toujours provoqué la colère de la France.

Malgré des gisements très importants des ressources minières comme le cuivre, l'or, le diamant, l'uranium, le pétrole et bien d'autres, ce pays demeure encore extrêmement enclavé et pauvre ; le pillage et l'exploitation frauduleuse de la plupart de ces minerais ont toujours échappé au contrôle de l'État à Bangui. Si le géant nucléaire français Areva se trouve en bonne position pour l'exploitation de l'uranium après le désistement de la société canadienne Uramin, les autres ressources naturelles prouvées ou potentielles aiguisent toujours plusieurs appétits ; les potentialités pétrolières du pays ont attisé les convoitises ces dernières années du géant américain Conoco, de la compagnie américaine Grynberg au Nord-Ouest ; la China National Petroleum Corporation (CNPC) est intéressée par l'exploration pétrolière à Gordil et Boromata, dans la région de la Vakaga, frontalière du Tchad et du Soudan.

Ce qui se passe en RCA justifie bien la thèse du paradoxe : « ressources naturelles, sources des conflits en Afrique ». Ainsi, l'on pourrait avoir l'impression que c'est un État oublié par la communauté internationale ; et pourtant le maintien de ce pays dans cette forme conflictuelle et une pauvreté sans précédent profite et favorise le pillage de ses richesses naturelles par les multinationales[24].

Depuis plusieurs décennies en République centrafricaine, les ressources naturelles constituent le principal moyen de financement des différentes rébellions ; avec une défaillance permanente et continue d'un véritable État fort, les ressources naturelles du sous-sol centrafricain ont toujours été contrôlées par les mouvements rebelles. Les exploitations artisanales de diamant, or, bois, hydrocarbures et autres en direction des pays voisins financent l'acquisition des armes, des munitions, des tenues militaires, des vivres, des médicaments, des véhicules, du matériel des télécommunications et payent la solde des combattants dans les rebellions.

Aujourd'hui plus qu'avant, le peuple centrafricain vit un grand drame qui mérite d'être dénoncé avec la plus grande énergie ; l'implication et le rôle trouble de certains États voisins comme le Tchad, le Soudan et le Congo dans les différents conflits en République centrafricaine s'avèrent très incompréhensibles.

Plusieurs maisons sont incendiées dans la plupart des villages et des villes, créant ainsi plus de 450 000 réfugiés vers le Cameroun, au Tchad, en République Démocratique du Congo et au Congo ; de même, on compte de nos jours plus de 1 415 000 personnes déplacées à

[24] Philippe *Hugon ;* Le rôle des ressources naturelles dans les conflits armés africains ; *Éditions* Complexe 2009 ; pp. 13-17

l'intérieur du pays, et près de 500 000 disparus : où sont passés Armistice international, Human Rights, Reporters sans frontières ?

De Bangui à Bouar, de Bossangoa à Ndélé, de Birao à Bria, de Bangassou à Bambari, les stigmates de la guerre sont visibles, le désenclavement est plus avancé, la grande pauvreté et la misère sont perceptibles, la peur règne dans les cœurs des populations ; sur près de 5 000 Kilomètres de routes nationales qui desservent les différentes localités de la République centrafricaine, environ 650 Kilomètres sont bitumés ; représentant seulement 13 %.

Plus de trois quarts des populations des zones rurales et urbaines n'ont pas accès aux services énergétiques modernes : l'eau et l'électricité. Le déficit des infrastructures matérielles est élevé ; avec l'insuffisance des hôpitaux et centres de santé, la vie humaine est exposée à des risques graves de décès à tout moment.

La corrélation entre les ressources naturelles et les conflits internes en RCA est triviale lorsqu'on évoque les ressources ou les moyens logistiques et transports des mouvements rebelles, les différents pillages observés ; nous observons de manière évidente que les États africains ayant une réserve de ressources naturelles dans leurs sous-sols, réserve très inférieure à celle des États comme la RDC, la RCA ou le Mali n'ont pas autant des mouvements rebelles et de revendications sur leur territoire : les ressources naturelles fournissent des moyens pour financer les rebellions en République Centrafricaine.

Depuis très longtemps, les États impérialistes attisent leurs envies de contrôler ces ressources du fait de leur abondance et de leur qualité par les appuis multiformes aux différents mouvements rebelles ; ainsi, l'économie politique des différents conflits internes dans le territoire centrafricain établit clairement le rôle prépondérant des ressources naturelles dans le déclenchement et le maintien des conflits internes de cet État : que se serait-il passé si ce pays n'avait pas autant des richesses naturelles ?

Lorsqu'on observe les intensités, les violences et les atrocités, la durée et la généralisation des conflits internes à l'intérieur du territoire centrafricain, l'on comprend aisément qu'il y a le soutien de certains pays voisins et impérialistes. La provenance d'un nombre important des armes artisanales et modernes entre les mains de plusieurs enfants-soldats dans un pays très pauvre indique le rôle nécessaire des richesses naturelles en RCA.

Distinguons l'économie des conflits dans ce pays, c'est-à-dire les différents liens entre les ressources naturelles, les armes, les moyens logistiques, les transports, les rebelles ; puis les économies pendant les conflits qui se succèdent comme le développement des marchés noirs, la contrebande, la contrefaçon, les trafics mafieux et la circulation de drogues, sans compter le pillage organisé et les impôts forcés ; quel qu'en soit leur degré, chaque conflit a un coût de financement. Ces conflits s'auto-entretiennent. Les différentes rentes du pillage des richesses naturelles permettent le recrutement des rebelles et l'achat de leurs armes ; c'est pourquoi les groupes rebelles doivent contrôler des territoires dont les sols et sous-sols sont économiquement lucratifs : leur survie dépend ainsi du contrôle de ces ressources naturelles.

Le diamant, l'or et les autres ressources minières sont faciles à transporter à des prix élevés pour de petits volumes et faibles poids dans le marché noir ; leurs valeurs dépendent de leur taille, carat, poids et couleur : ce sont ces filières qui financent les conflits internes en RCA.

À travers le processus de Kimberley, on estime que les diamants des conflits correspondaient à 4 % de la production mondiale et entre 10 et 15 % des diamants de qualité. Étant donné que près soixante pour cent des diamants proviennent des États d'Afrique ; pendant très longtemps, plusieurs firmes internationales comme la compagnie « De Beers » faisaient partie de la filière des diamants de la guerre avec près de deux tiers du commerce (5,2 milliards de dollars comme chiffre d'affaires en 2000). Elle a perdu une partie de son monopole avec l'arrivée des entreprises russes et israéliennes. L'économie du pillage était assurée par un consortium d'hommes d'affaires, de vendeurs d'armes, de mercenaires, de compagnies de sécurité devant la défaillance des États.

De même, le consortium diamantifère ORYX Natural Resources, installé dans les îles Caïmans, est en liaison à la fois avec des entreprises zimbabwéennes et des militaires de ce même pays à travers (Operation Sovereign Legitimacy), qui est la branche économique de l'armée zimbabwéenne ou liée à Petra Diamonds. Ainsi, les prédateurs de ces richesses sont Africains et étrangers ; les ressources naturelles ont été et demeurent une source importante du maintien des conflits internes en République centrafricaine.

IV. La position de l'Afrique après Tchernobyl et Fukushima

Après Tchernobyl et Fukushima, beaucoup de pays en Europe et dans le monde débattent sur les questions du maintien ou du démantèlement des centrales nucléaires ; certains décident de s'en passer comme l'Allemagne et retomber dans les modes de production très polluantes, d'autres s'en accommodent à l'instar de la Suède quand certains pensent à évoluer vers les centrales nucléaires de troisième génération ; c'est le cas de la Grande-Bretagne.

En France, après des hésitations, le gouvernement maintient sa politique nucléaire ; la raison de ce véritable débat est sans doute à chercher dans l'omniprésence du nucléaire en l'Hexagone : ici, il représente plus des trois quarts de la production d'électricité, contre 15 % à 40 % dans les autres pays très nucléarisés (38 % par exemple en Suède, l'un des pays les plus dépendants de l'atome). Pour les tenants du nucléaire en Europe, accepter les critiques, c'est donc prendre le risque d'une remise en cause complète et forcément délicate du système électrique actuel. Et pour ses opposants, le pragmatisme est moins de mise que les travers exacerbés qu'ils imputent à l'atome.

L'industrie nucléaire est un secteur de pointe de l'économie française. Le pays dispose, dans le domaine de la production d'électricité d'origine nucléaire, de la maîtrise complète des différentes opérations nécessaires à ce processus : traitement et enrichissement de l'uranium, fabrication des éléments combustibles, production d'électricité dans les centrales, retraitement ou recyclage des combustibles usés, gestion des déchets. Plusieurs pays à travers le monde ont décidé de multiplier leurs investissements dans la construction des centrales nucléaires de quatrième génération, c'est le cas de la Chine.

L'Afrique doit de toute urgence intégrer ses économies, l'approche en solitaire qui marqua ses efforts de développement depuis l'indépendance s'est soldée par un échec total ; les pays d'Afrique doivent se rendre à l'évidence que leur survie et leur développement ne peuvent se réaliser que par leur rassemblement en des entités politiques viables. L'atteinte de cet objectif passe par des concessions d'intégration et de libres échanges économiques vers un regroupement du continent en cinq grands blocs économiques que sont l'Afrique Australe, l'Afrique Centrale, l'Afrique de l'Ouest, l'Afrique de l'Est et l'Afrique du Nord avec des objectifs communs.

L'Afrique doit et peut passer de la pauvreté au redressement économique, elle doit également franchir la phase de redressement pour parvenir à la prospérité économique ; il est temps que la vieille garde soit relevée de ses responsabilités dysfonctionnelles ; il est temps que la nouvelle génération d'Afrique prenne ses responsabilités et guide son continent vers une existence où la contribution prend le pas sur la dépendance.

La pauvreté en Afrique n'est pas une fatalité, il est possible dans un délai relativement court que la misère des peuples soit éradiquée, que le bien-être des pauvres soit relevé, qu'on atteigne un accès complet aux biens et services de première nécessité, pour la survie et le bien-être des personnes ; des services tels que l'éducation, la couverture maladie et les transports peuvent être plus accessibles et disponibles ; un affaiblissement de la dépendance envers les biens et services importés peut être décidé.

Les cinq véritables grands groupes économiques que nous proposons peuvent également assurer les garanties fondamentales et la sécurité que tout État se doit d'offrir à ses citoyens ; à défaut de cette configuration, de nombreux pays soi-disant souverains ne peuvent même pas à l'heure actuelle protéger leurs populations des multiples petits groupes rebelles et terroristes. Depuis quelques années, il est établi que seuls les grands ensembles économiques régionaux gagneront la grande bataille pour le développement économique de leur pays respectif. C'est dans cet esprit que seront construits physiquement de grands marchés communs africains, de grands tribunaux sous-régionaux pour juger les criminels, des réseaux sous régionaux de transports et télécommunications, les grands centres régionaux de recherche scientifique. De même, il sera important de développer les meilleures politiques sous-régionales en matière de lutte contre la pauvreté, des structures sous régionales des protections aux violations de la constitution ; la levée des blocages sur la libre circulation des personnes et des biens.

Désormais, nous devons apprendre à regarder le monde et à en comprendre les différentes transformations ; nous constatons que ce qui anime de nos jours les peuples et les nations c'est la nécessité du respect d'autrui, le besoin de la paix, les revendications contre les injustices, la soif de sortir du chômage et la pauvreté, la fin des colonisations ; il n'est plus possible de fermer les yeux sur les multiples blessures du monde, l'Afrique doit travailler pour participer à la construction d'un nouvel ordre mondial plus stable et juste. Des revendications identitaires dans cette mondialisation justifient l'échec de la vision néoconservatrice du monde. Il existe des possibilités qui nécessitent de la patience, la compréhension, l'imagination et la volonté ; pour oublier les périodes des esclavages, colonisations, des guerres et coups d'État, le continent africain a besoin de remettre en cause les multiples accords de partenariats secrets et tous les traités qui l'ont usé ; les Africains doivent réconcilier leurs multiples identités blessées et séparées, puis les converger toutes vers la création d'une véritable monnaie africaine.

Enfin, les États africains devraient envisager entre 2020 et 2025 la construction de cinq centrales nucléaires d'une capacité de 5000 MW chacune, dans les cinq régions décentralisées que nous proposons afin de résorber définitivement le déficit énergétique observé, puis redynamiser l'économie générale de l'Afrique. L'énergie nucléaire demeure une composante indispensable, elle permettra au monde de lutter efficacement contre l'accroissement de l'effet de serre ; elle apportera une contribution non négligeable à l'emploi qualifié dans les différents pays.

Les Africains ne peuvent plus conserver les accords de coopération qui datent de plus de cinquante années et qui déstabilisent, puis déséquilibrent leur système économique ; car ils font encore des ex-colonies des chasses gardées des ex-puissances coloniales, du moins dans certains secteurs économiques et politiques sensibles. Tout se passe comme si les ressources naturelles africaines étaient réservées à certaines puissances qui l'exploitent en reversant uniquement 10 % à 20 % des bénéfices de ces ressources aux États africains. En conservant près de 80 % de ces bénéfices, ils asphyxient toute l'économie du continent. Il en est de même des accords de coopération politique, militaire, économique, monétaire et financière entre les États qui composent la France-Afrique et la France. Ceux-ci demeurent encore dans l'esprit de 1960. Ces accords doivent être, pour certains, dénoncés comme des accords ou traités inégaux, comme le firent jadis les Chinois, et pour d'autres, rééquilibrés afin de garantir les intérêts des deux parties. Pour atteindre ce dernier objectif, les États doivent tous mener des actions collectives dans un élan d'unité réelle, en mettant de côté la division qui les caractérise habituellement.

Il n'est pas normal que l'Afrique détienne les matières premières, mais que leurs prix soient fixés ailleurs, sans eux et contre eux ; le tort revient en grande partie aux États africains eux-mêmes qui peinent à construire un front commun pour peser sur les prix. Ils doivent impérativement s'y mettre, à l'instar des pays producteurs de pétrole qui, à travers l'OPEP, pèsent aujourd'hui de manière significative sur les cours du pétrole. Mais pour y parvenir de manière efficace, les États africains doivent davantage diversifier leurs productions et les orienter vers leurs propres marchés, de manière à réduire leur dépendance vis-à-vis des autres marchés. C'est de cette manière, c'est-à-dire l'unité politique et la diversification de la production en direction du marché intérieur, que l'Afrique pourra, en attendant de pouvoir les transformer elle-même, et à défaut de pouvoir directement en fixer les prix, renégocier en position de force les termes et modalités d'échange de ses matières premières.

L'Afrique doit créer un véritable marché à l'intérieur du continent, en levant les barrières douanières et commerciales, en écartant les obstacles à la mobilité des personnes et des capitaux ; ce qui permettra de réduire la fraction des inégalités et des exclusions. Les États africains doivent prendre des mesures administratives, fiscales et économiques en vue de favoriser l'émergence et le développement d'un secteur privé fort et d'acteurs économiques locaux ; puis les protéger contre les concurrences inégales des multinationales et les acteurs économiques des autres continents.

Les gouvernements doivent garantir une gestion économique saine et transparente, de manière à assurer une redistribution équitable des fruits de la croissance ; cette transparence est notamment requise dans la gouvernance des ressources naturelles. Cette politique passe par la prise des décisions crédibles de lutte contre la gabegie, la corruption, les détournements de fonds et autres maux de même nature qui minent la gouvernance économique et le développement du continent ; la maîtrise de la dépense publique doit être inscrite parmi ces mesures d'assainissement économique.

La diversification des économies africaines et leur réorientation partielle vers les productions destinées au marché intérieur s'avèrent indispensables, le développement équitable des trois secteurs industriels que sont le primaire, le secondaire et le tertiaire permettra de prévenir la survie de ces économies. Chaque État africain devrait mieux encadrer et canaliser le potentiel économique de sa diaspora en l'impliquant dans plusieurs projets de développement ; il s'agit de créer des cadres et des mécanismes d'accompagnement qui permettent à ces Africains de trouver des bonnes raisons et intérêts d'investir dans leur pays d'origine.

Devant la domination du libéralisme, les pays africains ne sauraient prendre le risque d'une ouverture totale et sans condition de leurs marchés aux économies plus fortes, dont les produits à la consommation et à l'exportation sont subventionnés ; ainsi, ces États devront s'imposer comme ultime régulateur de l'activité économique, et comme garant d'une redistribution équitable des richesses.

Certains États africains sont pluriethniques et multiculturels, d'autres sont également bilingues, à cet effet ils sont tous exposés au risque de tribalisme ou d'ethnisme, dont la dérive extrême est le génocide. Tous ces maux étant un inconvénient redoutable au développement, il importe que chaque pays combatte activement ce fléau et tout ce dont il se nourrit à savoir, la confiscation du pouvoir et des richesses par une ethnie ou un clan, la discrimination de certaines ethnies ou minorités, le délaissement économique de certaines régions, etc. Il n'est pas question de nier le fait ethnique ou tribal, mais il s'agit de mieux le considérer pour promouvoir la citoyenneté comme seul vecteur et socle d'une convivialité sociale qui transcende les appartenances ethniques. Parce qu'elle définit l'appartenance à un même État, la citoyenneté confère des droits et des devoirs égaux à tous (liberté, égalité, respect de la dignité, intégrité, etc.). Toutes choses qui ont vocation à contenir ou à combattre les tendances centrifuges et parfois meurtrières de l'ethnisme.

L'Afrique doit créer sa propre Cour Pénale africaine (CPA), pour éviter l'humiliation que connaît aujourd'hui ce continent à travers les poursuites sélectives de la Cour pénale internationale (CPI) ; l'Afrique devrait ainsi s'accorder sur le plan judiciaire pour refuser toute extradition de ses ressortissants en dehors du continent. Ce sera en outre une belle manière de se sortir du « piège » de la CPI qui, statutairement, n'a qu'un rôle subsidiaire par rapport aux juridictions nationales.

La plupart des pays africains n'ont pas d'armée, ils ne résistent même pas à des groupes de rébellion ou de terroriste qui sont parfois entretenus par certaines puissances étrangères pour déstabiliser ces pays. On ne parle pas de l'émergence sans la paix, d'où la nécessité de former une véritable force africaine crédible et capable d'assurer la paix sur tout le continent ; la maîtrise de la paix en Afrique est ainsi une nécessité économique et surtout une condition primordiale au développement de ces états.

CONCLUSION

Au cours de ce siècle, nous aurons à lutter contre des menaces bien plus graves que sont les troubles sociaux et géopolitiques liés à l'énergie fossile que celles liées aux déchets ou à la possibilité infime d'un accident majeur d'une centrale nucléaire.

Refuser toute idée de nucléaire civil semble désormais relever d'un choix idéologique et non découler d'un raisonnement. C'est priver le monde d'un atout essentiel, source de bénéfices non seulement pour les industries, mais aussi pour tous les citoyens du monde.

Les installations nucléaires, qu'elles soient militaires ou civiles, ont dans un premier temps une histoire tristement jalonnée d'accidents et d'incidents, de dissimulations de faits et de désinformation. Les fuites radioactives dans l'environnement ont entraîné la contamination des sols, de l'air, des rivières et des océans, une contamination à l'origine de plusieurs maladies humaines.

D'autre part, les centrales nucléaires apparaissent au XXIe siècle comme une solution incontournable de lutte contre les phénomènes de changement climatique, un vecteur essentiel de développement du secteur industriel, une source alternative efficace de réduction à l'exploitation des ressources naturelles non renouvelables.

Il est temps que les États africains adhèrent tous à une vision cohérente et totale du développement et de l'édification de leur nation, l'Afrique doit accélérer la croissance et le développement, et éradiquer la pauvreté, qui est non seulement largement répandue, mais aussi extrême dans certains pays. De nos jours, la pauvreté demeure le problème le plus pressant de l'Afrique et la croissance économique est la condition sine qua non de son éradication. Les pays africains doivent donc réaliser aussi vite que possible une croissance soutenue et rapide ; et ceci passe sans doute par le développement accéléré du secteur énergétique. Avec les centrales nucléaires, l'Afrique atteindra l'objectif de l'émergence dans un délai relativement court.

Dans un élan de diversification des partenaires économiques ou de développement, en dehors des relations traditionnelles avec leurs différentes métropoles, les États africains ont aujourd'hui une pléthore de pays et organismes internationaux pouvant les accompagner à construire des centrales électronucléaires dans un partenariat très bénéfique ; c'est un atout indéniable qui ne reste qu'à exploiter, ces partenaires qui restent très disposés ont atteint une maîtrise de la technologie de l'atome au point ou personne ne peut le leur contester : nous avons par exemple la Fédération de Russie, la République populaire de Chine, l'Inde, le Brésil, etc. Avec l'appui de ces nouveaux partenaires, l'Afrique pourra améliorer très significativement son parc énergétique, ce qui va enclencher véritablement son développement et sa croissance, de même les investisseurs économiques trouveront dès lors un espace favorable à l'implantation de leurs entreprises. Nous avons coutume de dire que la paix et la sécurité conditionnent le développement dans un État, nous y ajoutons qu'un bon développement forcé, bien géré et redistribué peut imposer également une certaine paix et la sécurité ; dirigeants africains et de ce monde, vous pouvez donner la possibilité et la chance aux peuples africains de connaître aussi et enfin le bien-être.

Peuples africains, nous devons lever et dégager dans nos esprits tous les objecteurs et paradigmes qui nous font croire que l'énergie électronucléaire est interdite, que sa mise en œuvre et son développement sont très difficiles, que son exploitation possède les plus grands dangers et risques à l'existence humaine ; sachons que désormais avec la grande maîtrise de sa technologie, cette forme d'énergie apparaît comme plus propre, très puissante et efficace. L'Afrique ne peut se priver d'une source avec de tels avantages. Elle doit l'exploiter et la considérer comme son vecteur de développement.

Enfin, nous pensons que cette publication pourra aider les gouvernants africains à exercer leurs responsabilités et les autres lecteurs à mieux comprendre les réalités qui caractérisent l'une des technologies les plus impressionnantes des soixante dernières années, une technologie qui repose sur une puissance énergétique invisible, ces forces internes qui relient entre eux les plus petits éléments constitutifs de la matière, les atomes. En outre, l'énergie nucléaire est maintenant presque maîtrisée, nous souhaitons faire comprendre que sa contribution au développement économique et durable des sociétés africaines est à l'ordre du jour.

Au terme de cette étude, notre ambition n'était pas de minimiser les risques des accidents nucléaires, les dangers liés aux déchets nucléaires ou les risques liés aux expositions des substances radioactives ; par contre, nous pensons avoir présenté une solution efficace, une opportunité de développement en vue de permettre l'émergence des États africains.

Ainsi, en tenant compte des désagréments et conséquences de la pollution et des phénomènes du changement climatique, de l'épuisement des ressources énergétiques non renouvelables, de l'efficacité de sa puissance énergétique, nous disons que l'énergie nucléaire a encore du chemin à parcourir durant ce XXIe siècle.

Parvenir à susciter auprès des jeunes Africains de ce siècle un grand intérêt sur la connaissance de l'atome sans complexe et sans peur, éclairer surtout les dirigeants africains de l'opportunité unique qu'offre la puissance atomique justifie notre mobile profond à développer cette étude.

ANNEXES

I. Les connaissances essentielles sur l'atome

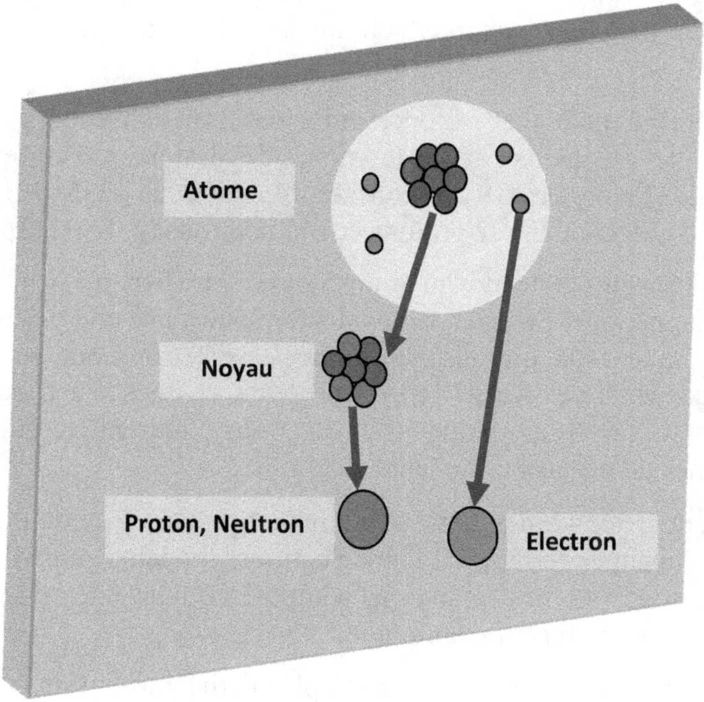

Schéma présentant la constitution d'un atome

Un atome est constitué d'un noyau qui est situé en son centre et des électrons qui tournent autour du noyau.

Le noyau est constitué des nucléons, c'est-à-dire des protons et des neutrons.

Les électrons ont une charge électrique négative. Les protons ont une charge électrique positive, de même valeur que celle de l'électron. Les neutrons n'ont pas de charge électrique, ils sont neutres. Il y a exactement le même nombre d'électrons et de protons dans un atome, un atome est donc électriquement neutre. Le nombre d'électrons (ou de protons) dans un atome détermine ses propriétés physiques et chimiques, c'est le nombre atomique. Par exemple, un atome d'hydrogène a 1 électron et 1 proton, le nombre atomique d'un atome de carbone est 6, celui d'un atome d'oxygène 8, d'un atome de fer 26, d'un atome d'uranium 92, etc.

Le nombre de neutrons dans un atome est variable, en général il est proche du nombre de protons. Deux atomes de même nombre atomique, mais ayant un nombre de neutrons différents sont des isotopes : leurs propriétés chimiques sont identiques, mais leurs propriétés physiques sont différentes (par exemple, certains isotopes d'atomes stables sont radioactifs).

Pour différencier les isotopes entre eux, on donne en général le nombre de nucléons avec le nom de l'atome. Par exemple, l'uranium 235 contient 92 protons et 143 neutrons (235=92+143) et l'uranium 238 contient 92 protons et 146 neutrons (238=92+146).

Les électrons et le noyau d'un atome sont liés par l'interaction électromagnétique. En effet, le noyau atomique a une charge électrique positive, grâce aux protons, alors que les électrons ont une charge électrique négative. Ainsi, parce que leurs charges électriques sont opposées, le noyau atomique et les électrons s'attirent, ce qui permet aux atomes de ne pas perdre leurs électrons.

Lorsque deux atomes sont suffisamment proches l'un de l'autre, ils peuvent échanger certains de leurs électrons, cet échange permet alors de lier ces deux atomes en un objet composite qui est une molécule. Ce processus est une réaction chimique.

Un atome est considéré comme la plus petite partie d'un corps pur, les atomes ne sont pas indivisibles, on peut leur arracher des électrons et fissionner leur noyau.

Une molécule est un ensemble d'atomes (au moins deux) identiques ou non, unis les uns aux autres par le biais de liaisons chimiques.

Un ion est un atome ou une molécule dont on a enlevé ou ajouté un ou plusieurs électrons. Ainsi, un atome ou une molécule étant toujours électriquement neutre, un ion est soit positif soit négatif. Un ion a donc des propriétés physicochimiques différentes de la molécule dont il provient. Un ion positif est appelé un cation et un ion négatif est appelé un anion.

L'ionisation de la matière consiste à arracher des électrons aux atomes. La grande majorité des systèmes de détection des particules est basée sur l'ionisation. Un atome a une taille de l'ordre de 10^{-10}m, soit un dixième de millionième de millimètre. La taille d'un noyau d'atome est de l'ordre de 10^{-15} m, soit cent mille fois plus petit que l'atome lui-même.

Un électron est théoriquement une particule ponctuelle, elle ne doit donc pas avoir de taille ; en tout cas, si l'électron a une taille, elle est inférieure à 10^{-18}m, soit au moins cent millions de fois plus petit que l'atome. Un atome est donc très petit : il y a onze milliards de milliards d'atomes de fer dans un milligramme de fer.

La masse d'un nucléon est de 1,7 10^{-27} kg, soit moins de deux millièmes de milliardième de milliardième de milligramme : les protons et les neutrons ont presque la même masse. La masse d'un électron est de 9,1 10^{-31} kg, soit 1 836 fois moins qu'un nucléon. Ainsi, 99,97 % de la masse d'un atome est dans son noyau ; comme le noyau est très petit, la masse d'un atome est donc très concentrée. Ainsi, si l'on supprimait le vide qu'il y a autour des noyaux des atomes, la Terre pourrait tenir dans une sphère de seulement 150 m de rayon.

Si l'on grossit mille milliards de fois un atome d'hydrogène :

- Le noyau est constitué d'un seul proton, il a une taille d'un millimètre et une masse de 1,7 million de tonnes.
- L'unique électron a une taille inférieure à 1 micron (un millième de millimètre) et a une masse de 900 tonnes.
- Cet électron gravite autour du noyau dans un volume d'environ 100 m de diamètre, c'est la taille de cet atome d'hydrogène, tout le reste est vide.

Le volume du noyau est un million de milliards de fois plus petit que celui de l'atome. Le volume de l'atome est donc défini comme le volume dans lequel on a une chance non négligeable de trouver un des électrons de cet atome.

Le volume de l'atome est donc constitué d'au moins 99,999 % de vide.

En théorie, les particules qui forment les protons et les neutrons (les quarks) sont, tout comme l'électron, des particules ponctuelles, c'est-à-dire des particules sans volume.

Un nucléon est le constituant du noyau atomique. Il y a deux sortes de nucléons : les protons qui ont une charge électrique positive, et les neutrons qui n'ont pas de charge électrique (ils sont électriquement neutres).

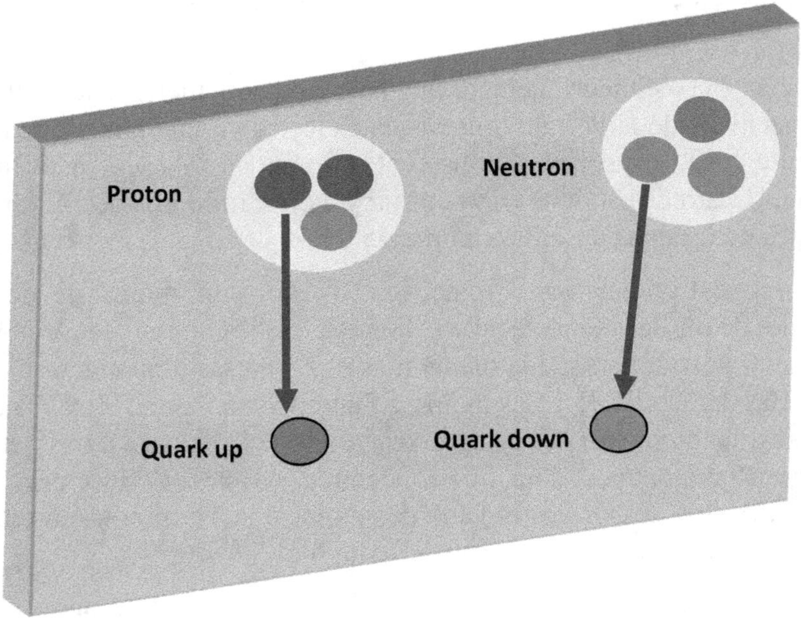

Un nucléon de l'atome.

Un nucléon est un objet composite très complexe. Dans la vision la plus simple, on peut dire que les nucléons sont constitués de différents quarks :

- Les quarks up (notés u), de charge électrique +2/3 de la charge d'un électron ;
- Les quarks down (notés d), de charge électrique -1/3 de la charge d'un électron.

Ainsi, le proton est constitué de deux quarks up et d'un quark down (uud), sa charge électrique est donc +1 (=+2/3+2/3-1/3). Le neutron est constitué d'un quark up et de deux quarks down (udd), sa charge électrique est donc 0 (=+2/3-1/3-1/3).

Les quarks d'un proton ou d'un neutron sont liés par l'interaction forte ; cette interaction, en plus de lier les quarks entre eux au sein d'un nucléon, permet aussi aux nucléons de s'attirer pour former un noyau atomique. En effet, les protons ayant tous la même charge électrique, ils se repoussent par l'interaction électromagnétique. Heureusement, cette dernière est beaucoup plus faible que l'interaction forte, qui attire les nucléons entre eux, et permet donc aux noyaux atomiques de rester stables. De plus, les neutrons étant totalement insensibles à l'interaction électromagnétique (leur charge électrique est nulle), ils ne peuvent être liés à l'atome que par l'interaction forte.

La taille d'un nucléon est d'environ 10^{-15} m, soit un millionième de millionième de millimètre. Un quark est théoriquement une particule ponctuelle, elle ne doit donc pas avoir de taille... En tout cas, si les quarks ont une taille, elle est inférieure à 10^{-18} m, soit au moins mille fois plus petit que le nucléon.

La masse d'un nucléon est environ de $1{,}7\ 10^{-27}$ kg, soit moins de deux millièmes de milliardième de milliardième de milligramme.

Les protons et les neutrons ont sensiblement la même masse : celle du proton est de $1{,}673\ 10^{-27}$ kg, celle du neutron est de $1{,}675\ 10^{-27}$ kg.

Bien que leur masse soit très petite, les nucléons constituent 99,97 % de la masse de la matière.

Un fermion élémentaire est une particule qui forme la matière, comme les électrons ou les quarks. Les fermions élémentaires sont séparés en deux catégories : les leptons et les quarks.

Un fermion est une particule de spin demi-entier. En pratique, tous les fermions élémentaires ont un spin 1/2 (le spin est une propriété quantique de la matière assez étrange). Les fermions ont la propriété suivante : si l'on prend une boîte et qu'on y met des fermions, il arrivera un moment où elle sera pleine et il ne sera alors plus possible d'en ajouter ; la matière ne peut donc pas être comprimée à l'infini (alors qu'il y aurait toujours de la place dans la boîte pour des bosons, qui sont les particules de spin entier).

Une particule élémentaire est une particule qui ne contient aucune sous-structure : elle ne peut pas être divisée. Expérimentalement, la taille d'un fermion élémentaire n'a jamais pu être mesurée, en tout cas elle doit être inférieure à 10^{-18} m, soit inférieure à un millionième de milliardième de millimètre. Théoriquement, un fermion élémentaire est une particule ponctuelle, c'est-à-dire une particule sans volume donc sans taille.

Les fermions élémentaires sont séparés en deux catégories : les leptons (comme l'électron ou le neutrino) et les quarks.

Un lepton est un fermion élémentaire qui n'est pas sensible à l'interaction forte, il n'est donc sensible qu'à l'interaction faible et éventuellement l'interaction électromagnétique.

Les deux leptons les plus connus sont l'électron et le neutrino.

Comme le neutrino est électriquement neutre, il n'est sensible qu'à l'interaction faible. Ainsi, les neutrinos interagissent extrêmement peu avec la matière, ils sont donc très difficiles à détecter. Les neutrinos peuvent facilement traverser la terre sans subir le moindre choc.

Les êtres humains sont traversés par environ 400 000 milliards de neutrinos par seconde (qui viennent presque tous du soleil), sans que cela ait le moindre effet sur eux.

Un quark est un fermion élémentaire qui est sensible à toutes les interactions : l'interaction électromagnétique, l'interaction faible et aussi l'interaction forte.

Les quarks sont les constituants des nucléons, qui constituent le noyau atomique.

La matière ordinaire, c'est-à-dire celle qu'on trouve sur Terre et qui constitue la majorité de la matière visible de l'univers, est formée de seulement quatre fermions élémentaires différents :

- Les quarks up et down permettent de former les nucléons et donc les noyaux des atomes ;
- L'électron permet, avec les noyaux atomiques, de former les atomes ;
- Le neutrino électronique est créé dans la radioactivité bêta et est en grande quantité dans l'univers.

L'interaction gravitationnelle, l'interaction électromagnétique, l'interaction forte et l'interaction faible sont à la base de tous les processus physiques, chimiques ou biologiques connus. Elles sont appelées les quatre forces fondamentales.

Tous les processus physiques, chimiques ou biologiques connus peuvent être expliqués à l'aide de quatre interactions fondamentales :

- L'interaction gravitationnelle, responsable de la pesanteur, du phénomène des marées ou encore des phénomènes astronomiques ;

- L'interaction électromagnétique, responsable de l'électricité, du magnétisme, de la lumière ou encore des réactions chimiques et biologiques ;
- L'interaction forte, responsable de la cohésion des noyaux atomiques ;
- L'interaction faible, responsable de la radioactivité bêta, qui permet au soleil de briller.

L'interaction gravitationnelle est une force toujours attractive qui agit sur toute forme d'énergie, mais avec une intensité extrêmement faible (c'est l'interaction la plus faible des quatre interactions fondamentales). Ainsi, ses effets ne sont perceptibles que lorsque des objets très massifs (la masse est une forme d'énergie) sont en jeu, c'est le cas pour les objets astronomiques.

L'énorme masse des étoiles, des planètes ou des galaxies les rend donc très sensibles à la gravitation et c'est la seule interaction en jeu pour expliquer les mouvements de ces objets.

De même, l'énorme masse de la Terre ($6{,}102^{4}$ kg, soit six mille milliards de milliards de tonnes) la rend très attractive pour des objets moins massifs. Ainsi, la pesanteur et donc le poids des objets sur Terre sont le résultat de l'attraction gravitationnelle de la Terre sur ces objets. C'est pourquoi le poids d'un objet est plus faible sur la Lune que sur Terre, puisque la masse de la Lune est plus faible que celle de la Terre.

L'énorme masse des étoiles, des planètes ou des galaxies les rend très sensibles à la gravitation.

Enfin, c'est l'attraction gravitationnelle de la Lune sur l'eau des océans (dont la masse totale est importante) qui permet d'expliquer le phénomène des marées.

L'interaction électromagnétique est une force répulsive ou attractive qui agit sur les objets ayant une charge électrique. Deux objets de charges électriques de mêmes signes se repoussent alors que deux objets de charges électriques de signes opposés s'attirent. Comme les atomes sont électriquement neutres, il y a peu d'effet de cette interaction à grande échelle.

L'interaction électromagnétique peut créer de la lumière ou des rayons X.

L'interaction électromagnétique est bien sûr à l'origine de tous les phénomènes électriques et magnétiques. L'interaction électromagnétique permet aussi la cohésion des atomes en liant les électrons (charge électrique négative) et le noyau des atomes (charge électrique positive). Cette même liaison permet de combiner les atomes en molécules et l'interaction électromagnétique est donc responsable des réactions chimiques. Enfin, la chimie de certaines classes de molécules permet d'expliquer la biologie.

Cette interaction peut dans certaines conditions, créer des ondes électromagnétiques parmi lesquelles on distingue la lumière, les ondes radio, les ondes radar, les rayons X.

En conclusion, l'interaction électromagnétique permet d'expliquer presque tous les phénomènes de la vie quotidienne (mise à part la pesanteur).

L'interaction forte est une force qui agit sur les quarks et par extension sur les hadrons. Les leptons y sont totalement insensibles.

L'interaction forte permet la cohésion des noyaux atomiques en liant les protons et les neutrons entre eux au sein de ce noyau. Si cette interaction n'existait pas, les noyaux ne pourraient pas être stables et seraient dissociés sous l'effet de la répulsion électrostatique des protons entre eux.

L'interaction forte est surtout responsable des réactions nucléaires, source d'énergie des étoiles et donc du Soleil.

L'interaction faible est une force qui agit sur toutes les particules. En particulier, c'est la seule force à laquelle sont sensibles les neutrinos.

L'interaction faible est responsable de la radioactivité bêta qui permet les réactions nucléaires qui sont la source d'énergie du Soleil. La radioactivité naturelle est probablement aussi une source d'énergie importante pour maintenir le magma en fusion sous la croûte terrestre.

Les interactions sont expliquées en physique des particules comme l'échange entre particules de matière et particules de rayonnement.

Certains atomes sont radioactifs, c'est-à-dire qu'ils émettent un rayonnement. En fait, c'est le noyau de ces atomes qui émet ce rayonnement, car ce noyau est instable. Contrairement à ce que beaucoup de gens croient, la radioactivité est un phénomène tout à fait naturel. On distingue trois types de radioactivité d'origines différentes :

les radioactivités alpha, bêta et gamma. Parmi les réactions nucléaires possibles se trouvent la fission nucléaire et la fusion nucléaire.

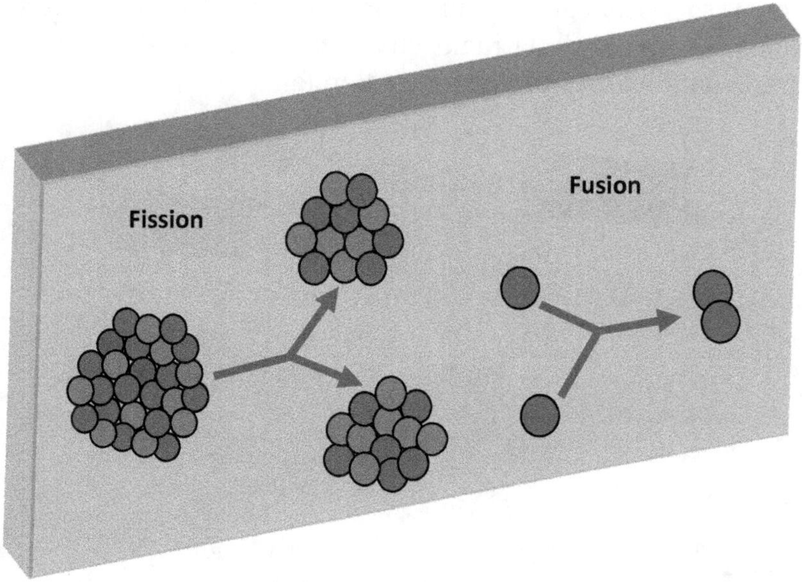

Réactions de fission et de fusion

Un atome radioactif alpha émet une particule alpha, c'est-à-dire un noyau d'hélium en fait deux protons et deux neutrons. Ainsi, le noyau, en perdant deux protons, change de nature. Par exemple, un atome de polonium 210 (84 protons et 126 neutrons) devient, par la radioactivité alpha, un atome de plomb 206 (82 protons et 124 neutrons). L'origine de la radioactivité alpha est une instabilité globale du noyau de l'atome qui se stabilise en éjectant ces deux protons et deux neutrons.

La radioactivité bêta existe sous deux formes : bêta+ et bêta-.

Un atome radioactif bêta- émet un électron et un antineutrino électronique.

Un atome radioactif bêta+ émet un antiélectron (ou positron) et un neutrino électronique.

En plus de cette émission de particules, la nature des nucléons de ce noyau est modifiée. Ainsi, dans le cas d'une désintégration bêta-, un neutron se change en proton. Dans le cas d'une désintégration bêta+, c'est un proton qui se change en neutron. Le noyau change donc de nature.

Par exemple, un atome de potassium 40 (19 protons et 21 neutrons) devient, par radioactivité bêta-, un atome de calcium 40 (20 protons et 20 neutrons). De même, un atome de carbone 14 (6 protons et 8 neutrons) se désintègre en un atome d'azote 14 (7 protons et 7 neutrons). L'origine de la radioactivité bêta est une désintégration d'un proton ou d'un neutron par interaction faible.

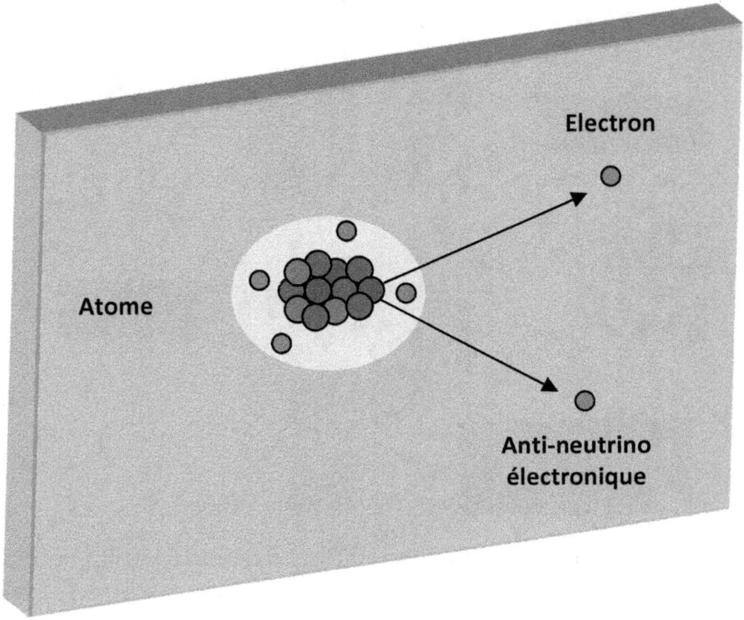

La radioactivité bêta.

Plus précisément, c'est un des quarks du nucléon qui se désintègre. Ainsi, dans le cas de la radioactivité bêta-, un quark down du neutron se désintègre en un quark up, un électron et un antineutrino électronique. Il reste donc dans le nucléon deux quarks up et un quark down, le neutron devient donc un proton. Dans le cas de la désintégration bêta+, un quark up du proton se désintègre en un quark down, un positron et un neutrino électronique, le proton devient donc un neutron.

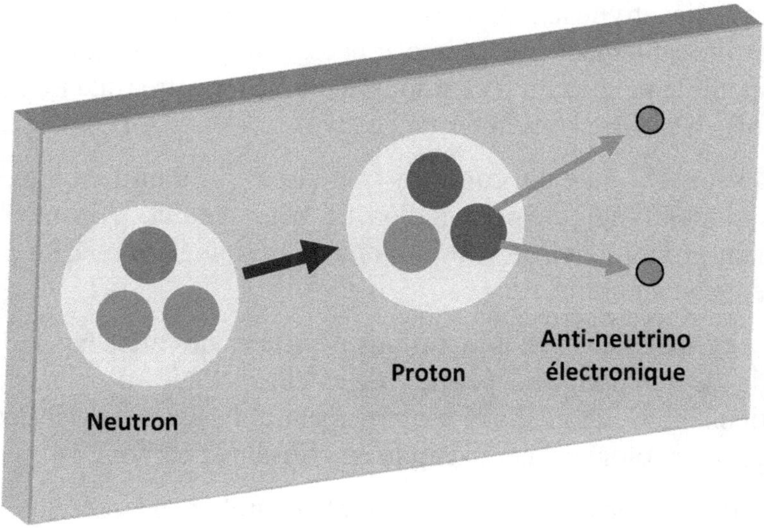

Le neutron devient proton.

Un atome radioactif gamma émet un photon (aussi appelé gamma). L'origine de cette radioactivité est une excitation globale du noyau qui se désexcite en émettant ce photon (donc en perdant de l'énergie). Cette excitation initiale du noyau est souvent due à une première désintégration par radioactivité alpha ou bêta et la radioactivité gamma accompagne donc souvent ces deux premières.

La radioactivité gamma ne change pas la nature de l'atome qui la subit, puisque le nombre de nucléons ne change pas dans le noyau.

Un élément radioactif alpha ou bêta change de nature au fur et à mesure que ses atomes se désintègrent. Ainsi, si l'on a une quantité d'un élément radioactif, après un certain temps une partie de cet élément aura été transformée en un autre élément, la quantité d'éléments de départ aura diminué. Au bout d'un moment, il ne restera plus que la moitié de l'élément de départ, ce temps est la période de cet élément.

Par exemple, si l'on a 10 grammes de polonium 210 au départ, il faudra attendre environ 138 jours pour n'en avoir plus que 5 grammes, on aura alors aussi environ 5 grammes de plomb 206. La période du polonium 210 est donc de 138 jours. Autre exemple, si l'on a 10 grammes de potassium 40 au départ, il faudra attendre 1,3 milliard d'années pour n'en avoir plus que 5 grammes. Enfin, la période du carbone 14 est de 5 600 ans. On peut donc voir que les périodes peuvent être très différentes pour différents éléments.

La radioactivité naturelle est très importante, mais assez mal connue. C'est probablement une source d'énergie importante qui contribue à maintenir le magma en fusion sous la croûte terrestre (que l'on aperçoit parfois en surface sous la forme de lave).

Un corps humain contient environ 20 milligrammes de potassium 40, un élément radioactif bêta naturel. Ainsi, un corps humain produit environ 340 millions de désintégrations bêta par jour, et de façon naturelle.

La connaissance des proportions naturelles des éléments radioactifs et de leurs périodes permet de calculer l'âge d'objets qui les contiennent. Cette méthode est largement utilisée pour dater des objets par les archéologues, par exemple en utilisant le carbone 14.

Certains éléments radioactifs sont naturellement présents dans la nature : par exemple le carbone 14 ou le potassium 40. Cependant, on peut également créer artificiellement des éléments radioactifs qui ne se trouvent pas dans la nature, c'est la radioactivité artificielle. Pour cela, il faut bombarder des atomes naturels avec des protons ou des neutrons (ou des noyaux d'hélium, les particules alpha). De cette manière, les noyaux des atomes de départ sont modifiés, c'est donc une réaction nucléaire.

La fission d'un atome correspond à la séparation en deux morceaux du noyau de cet atome, avec en plus quelques neutrons. Les deux atomes restants sont en général radioactifs.

Un atome peut fissionner soit de manière spontanée si son noyau est trop lourd, soit parce qu'il a été heurté par un neutron. Ainsi, les neutrons émis lors de la fission vont engendrer d'autres fissions, ce qui se traduit par une réaction en chaîne. C'est ce processus qui est utilisé dans les réacteurs nucléaires et les bombes A, car la fission s'accompagne de libération d'énergie.

La fusion de deux atomes apparaît lorsque les noyaux de ces deux atomes sont suffisamment proches l'un de l'autre pour fusionner, c'est-à-dire pour former un unique noyau.

Comme les noyaux ont une charge électrique positive, ils se repoussent mutuellement, ce qui les empêche de fusionner. Si ces atomes sont dans un milieu très chaud, ils auront des vitesses suffisamment élevées pour pouvoir fusionner avant d'être séparés par la répulsion électromagnétique. C'est pourquoi on parle souvent de fusion thermonucléaire. Au cœur du Soleil, la température est suffisamment élevée pour que des réactions de fusion nucléaire aient lieu : c'est ce qui fait briller le Soleil, car ces réactions s'accompagnent de libération d'énergie.

II. Les connaissances essentielles de la matière.

- Une antiparticule possède la même masse que la particule correspondante, mais ses nombres quantiques sont opposés, en particulier la charge électrique.
- Une particule subatomique est un composant de la matière, elle a une taille inférieure à celle d'un atome. On distingue les particules élémentaires et les particules composites.
- Tout corps à l'état solide, liquide, gazeux ou plasma possédant une masse est considéré comme une matière ; la matière ordinaire ou baryonique qui entoure le globe est constituée des baryons. Les bosons fondamentaux qui transportent les quatre forces fondamentales ne font pas partir des matières baryoniques.
- Une molécule est considérée comme étant un assemblage chimique électriquement neutre d'au moins deux atomes, différents ou non, qui peut exister à l'état libre, et qui représente la plus petite quantité de matière possédant les propriétés caractéristiques de la substance considérée. Les molécules constituent des agrégats atomiques liés par des forces de valence et elles conservent leur individualité physique.
- Un atome est la plus petite partie d'un corps pur. Il est formé d'électrons et de nucléons. Le mot atome est d'origine grecque et il veut dire insécable. Maintenant, l'on sait que les atomes sont divisibles, mais le nom est resté.
- Un baryon est un hadron composé de trois quarks, comme les nucléons.
- Un boson est une particule de spin entier, il obéit à la statistique de Bose-Einstein. Les photons, les gluons, les W, le Z0 et le Higgs sont des bosons.
- La théorie électrofaible est une unification de QED et des interactions faibles à la base du modèle standard. La théorie électrofaible explique l'interaction faible comme une interaction

entre fermions et W et prédit l'existence d'une interaction faible par courant neutre avec une interaction entre fermions et Z^0.

- Un électron est un lepton. C'est un des constituants de l'atome, avec les nucléons. Il a une charge électrique négative de -1,6 10^{-19} C, qui est la charge électrique élémentaire ; sa charge est -1, sa masse est de 9,1 10^{-31} kg, soit 0,511 MeV.

- L'électronvolt (eV) est l'unité d'énergie utilisée en physique des particules : c'est l'énergie acquise par un électron soumis à un potentiel électrique de 1 V. Ainsi, l'on a 1 eV=1,6 10^{-19} J, c'est donc une unité très faible. Les multiples sont le KeV=10^3 eV, le MeV=10^6 eV, le GeV=10^9eV. Par la relation de la relativité restreinte $E=mC^2$ avec (C=299 792,458 km/s est la vitesse de la lumière dans le vide), on peut donc exprimer la masse en unités d'énergie. Ainsi, la masse de l'électron de 9,1 10^{-31} kg correspond à une énergie de 0,511 MeV.

- Un fermion est une particule de spin demi-entier, il obéit à la statistique de Fermi-Dirac. Les leptons et les quarks sont des fermions.

- Un gluon est un boson, c'est la particule qui transmet l'interaction forte. Le nom gluon vient de (glue), car il permet de coller les quarks entre eux par l'interaction forte qui, comme son nom l'indique, est beaucoup plus forte que les autres interactions.

- Un hadron est une particule composite formée de quarks. Il y a deux sortes d'hadrons : les baryons et les mésons. Le nom hadron vient du grec et signifié (fort). En effet, les hadrons sont les particules qui sont sensibles à l'interaction forte, contrairement aux leptons.

- Le boson de Higgs est la particule du modèle standard qui permet de donner une masse à toutes les autres particules. Il n'a pour l'instant pas été découvert.

- Un lepton est un fermion élémentaire insensible à l'interaction forte. Il existe six sortes de leptons : l'électron, le muon, le tau et les neutrinos électroniques, muonique et tau. Le nom lepton vient du grec et signifié (léger). En effet, dans les années 1950, les trois catégories de particules connues étaient les leptons, les mésons et les baryons, correspondant aux mots grecs (léger) (moyen) et (lourd). De nos jours, on connaît un lepton plus lourd que certains baryons, mais le nom est resté.

- Un méson est un hadron composé d'un quark et d'un antiquark. Le nom méson vient du grec et signifié (moyen). En effet, dans les années 1950, les trois catégories de particules connues étaient les leptons, les mésons et les baryons, correspondant aux mots grecs (léger) (moyen) et (lourd). Maintenant, on connaît un lepton plus lourd que certains baryons, mais le nom est resté.
- Un muon est un lepton. C'est la réplique de l'électron de la deuxième famille.
- Un neutrino est un lepton. Il existe trois sortes de neutrinos : le neutrino électronique, le neutrino muonique et le neutrino tau. Le nom neutrino signifie (petit neutre) par opposition au neutron dont la masse est élevée alors que le neutrino semble ne pas avoir de masse.
- Un neutron est un nucléon, il forme le noyau de l'atome avec les protons. Sa charge électrique est nulle.
- Un nucléon est un baryon. C'est un des composants de l'atome avec les électrons (il forme le noyau atomique). Il y a deux sortes de nucléons : les protons et les neutrons.
- Un photon est un boson, c'est la particule qui transmet l'interaction électromagnétique. Il est souvent noté gamma. Le nom photon vient du grec et signifié (lumière). En effet, le photon transmet l'interaction électromagnétique, la lumière étant un exemple d'onde électromagnétique.
- Un proton est un nucléon, il forme le noyau de l'atome avec les neutrons. Sa charge électrique est +1, l'inverse de celle de l'électron. Le nom proton vient du grec et signifié (le premier), c'est en effet une des premières particules à avoir été identifiée.
- La QCD (Quantum Chromo Dynamics ou chromodynamique quantique) est la théorie des interactions fortes dans le modèle standard. La QCD explique l'interaction forte comme une interaction entre les quarks et les gluons.
- La QED (Quantum Electro Dynamics ou électrodynamique quantique) est la théorie des interactions électromagnétiques, elle est incluse dans le modèle standard. La QED explique

l'interaction électromagnétique comme une interaction entre les particules électriquement chargées et les photons.

- Un quark est une particule élémentaire et un constituant de la matière observable. Les quarks se combinent entre eux pour former des hadrons, particules composites dont les protons et les neutrons sont des exemples connus, parmi bien d'autres ; c'est également un fermion élémentaire sensible à l'interaction forte, il forme les hadrons. Il existe six sortes de quarks : le quark up (u), le quark down (d), le quark étrange (s), le quark charmé (c), le quark beau (b) et le quark top (t). Le nom quark a été donné à ces particules par Gell-Mann.
- Le spin d'une particule est son moment angulaire intrinsèque. Le spin est une propriété quantique, il ne peut prendre que des valeurs entières ou demi-entières. Une particule de spin demi-entier est un fermion, une particule de spin entier est un boson.
- Un tau est un lepton. C'est la réplique de l'électron de la troisième famille.
- Un W est un boson, c'est la particule qui transmet l'interaction faible. Le nom W vient de l'anglais et signifie faible (weak), car il transmet l'interaction faible qui, comme son nom l'indique, est beaucoup plus faible que les autres interactions.
- Un Z^0 est un boson, c'est la particule qui transmet l'interaction faible par courant neutre. Le nom Z vient de (zéro), car sa charge électrique est nulle.
- Un combustible est une matière qui, en présence d'oxygène et d'énergie, peut se combiner à l'oxygène (qui sert de comburant) dans une réaction chimique générant de la chaleur : la combustion.

Pour mieux comprendre les réactions nucléaires, il est bon de savoir ce que sont les atomes (spécialement les noyaux atomiques), et d'avoir quelques notions sur les particules élémentaires. La notion de réaction est bien mieux connue dans le domaine de la chimie que dans le domaine nucléaire. Pourtant il est intéressant d'établir une nette différence entre les deux domaines.

Une réaction chimique consiste à prendre deux molécules (associations d'atomes), à en extraire les constituants, et à les recoller différemment. Par exemple, NaOH (une molécule de soude caustique, constituée d'un atome de sodium Na, un atome d'oxygène O, et un atome d'hydrogène H) et HCl (une molécule d'acide chlorhydrique constituée d'un atome d'hydrogène H et d'un atome de chlore Cl) vont donner NaCl (une molécule de sel de cuisine, ou chlorure de sodium, constituée d'un atome de sodium Na et d'un atome de chlore Cl) et H_2O (une molécule d'eau, constituée d'un atome d'oxygène O et de deux atomes d'hydrogène H). On écrit plus simplement :

$$\mathbf{NaOH + HCl \rightarrow NaCl + H_2O}$$

On remarque que le nombre d'atomes de chaque espèce est le même avant et après la réaction (à gauche et à droite de la flèche). Ils sont conservés. On dit que la réaction est équilibrée.

Puisque ce sont les électrons qui collent les atomes dans une molécule, le nombre d'électrons de chaque atome détermine sa capacité plus ou moins grande à participer à ces réactions, c'est-à-dire ses propriétés chimiques. Il assure aussi la neutralité électrique de l'atome, donc il est identique au nombre de protons du noyau. En conclusion, c'est donc le nombre de protons d'un noyau qui détermine, indirectement, ses propriétés chimiques.

Pour définir un noyau, on donne le nombre de protons qu'il contient, on le note Z, et on le nomme numéro atomique. Deux éléments chimiques différents ont des numéros atomiques différents ; deux isotopes d'un même élément possèdent le même numéro atomique. Pour préciser l'isotope considéré, il faut donner le nombre de neutrons. Mais très souvent, l'on donne plutôt la masse atomique, c'est-à-dire le nombre de nucléons (protons + neutrons), A.

Par exemple, pour le carbone 14, on a $Z = 6$, $A = 14$. Le nombre de neutrons est $N = A - Z = 8$. On note A et Z à gauche du symbole, en haut pour A et en bas pour Z.

Le carbone 14 est le plus célèbre des isotopes du carbone, et sert à dater les résidus organiques anciens. En effet, un morceau de carbone est constitué d'un mélange d'atomes, dont la plupart possèdent 6 protons et 6 neutrons, mais quelques-uns ont 7 ou 8 neutrons.

On les nomme carbone 12 **12.6C**, carbone 13 **13.6C**, et carbone 14 **14.6C**.

Un autre exemple célèbre est l'eau lourde, dont les molécules sont constituées avec des atomes d'hydrogène lourd ou deutérium : un proton et un neutron **2.1H**. La masse d'un tel atome est à peu près le double de celle de l'hydrogène normal. Il existe aussi un hydrogène super lourd, avec deux neutrons, nommé tritium **3.1H**.

L'eau lourde se trouve dans les eaux des océans avec un faible pourcentage. On y rencontre également quelque pourcentage d'eau lourde dans les bouteilles d'eau minérale.

Retenons bien que les réactions chimiques portent sur les nuages électroniques, sans jamais toucher aux noyaux ; la chimie est produite par l'interaction électromagnétique. C'est pour cette raison qu'un atome de plomb restera toujours, quelle que soit la réaction chimique qu'il subit, un vulgaire atome de plomb.

Il faut dire que si l'on s'était arrêté au niveau des réactions chimiques, le rêve de l'alchimiste ne se serait pas réalisé de cette façon. Mais avec la physique nucléaire, nous avons compris qu'on est capable de transformer un noyau de plomb en noyau d'or, à condition de payer le prix en énergie, ce qui ruinera tout espoir dans ce domaine. Car on sait le faire, mais ça coûte cher. C'est peut-être bien mieux ainsi ; la **Pierre philosophale** est un accélérateur de particules.

Les réactions qui nous intéressent maintenant portent sur les noyaux (c'est à dire nucleus en latin), c'est pourquoi on les nomme **réactions nucléaires**. C'est l'interaction forte qui en est responsable.

De la même manière qu'une réaction chimique, une réaction nucléaire consiste à prendre certains composants, et à les remplacer par d'autres. Elle s'écrit donc de la même manière, avec un groupe d'éléments à gauche, une flèche au centre, et un autre groupe à droite. Les constituants sont des noyaux atomiques (constitués de protons et neutrons), et la réaction les réarrange en deux nouveaux noyaux, en conservant le nombre de nucléons. Par exemple, un atome de **13.6C** (carbone 13, 6 protons et 7 neutrons) et un atome d'hydrogène **1.1H** (1 proton) vont donner un atome de **14.7N** (azote 14, 7 protons et 7 neutrons). Ce qui s'écrit :

13.6C + 1.1H $\rightarrow$ 14.7N + γ

Dans cette réaction le γ (gamma) représente un photon qui est émis, et qui emporte de l'énergie.

L'énergie qui gouverne une réaction nucléaire est des centaines de millions de fois plus élevée que celle qui gère les réactions chimiques ; de même, dans les conditions qui permettent les réactions nucléaires, les électrons des atomes ont été arrachés depuis longtemps, ce qui justifie qu'on les ignore. Les réactions chimiques et les réactions nucléaires se produisent dans les domaines d'énergie très différents.

Remarquons que dans la réaction nucléaire, l'équilibre chimique est rompu : il y a un atome de carbone à gauche, et il n'y en a pas à droite. Par contre, le bilan de neutrons et protons est respecté : **(6p + 7n) + 1 p = 7p + 7n**. Il s'agit d'une réaction nucléaire à proprement parler. Il est normal que l'équilibre chimique ne soit pas respecté, puisqu'il concerne l'interaction électromagnétique, alors que les réactions nucléaires dont on s'occupe concernent l'interaction forte.

Il existe d'autres réactions, dans lesquelles le nombre de nucléons est conservé, mais pas leur genre. Un proton peut se changer en neutron, et réciproquement. La responsable de ces changements est **l'interaction faible**, et des électrons sont concernés par ces transformations. Une réaction bêta change un proton en neutron, ou l'inverse, ce qui fait que le noyau qui la subit n'est plus de la même espèce chimique. C'est ce qui permet certaines transmutations comme la fusion ou la fission.

Les réactions nucléaires sont de plusieurs types, selon les transformations produites. On distingue tout d'abord les réactions de **fusion**, et les réactions de **fission**. Dans les premières réactions, **on ajoute** des composants pour former des noyaux plus lourds, dans les secondes réactions au contraire, **on casse** un gros noyau pour en produire de plus petits.

Voici deux exemples de telles réactions :

fusion	**2.1H + 1.1H → 3.2He + γ**
fission	**226,88Ra → 222.86Rn + 4.2He**

L'hydrogène fusionne pour donner de l'hélium (4 noyaux d'hydrogène donnent un noyau d'hélium), mais l'hélium lui-même peut fusionner pour donner des éléments plus lourds encore, carbone (3 noyaux d'hélium donnent un noyau de carbone), oxygène, azote. Dans ce genre de réactions, il faut comme précédemment faire le bilan énergétique. Toutes les réactions de fusion produisent de l'énergie. Mais on s'aperçoit que l'énergie qu'elles dégagent est de plus en plus faible à mesure que l'on considère la fusion d'éléments plus lourds. Lorsqu'on arrive à synthétiser du fer, la différence s'annule. Le bilan énergétique devient défavorable, à partir du fer, la réaction consomme de l'énergie au lieu d'en produire. On peut dire cela autrement : pour $A < 56$, la réaction est **exothermique** (c'est-à-dire productrice d'énergie), au-dessus, elle devient **endothermique** (c'est-à-dire consommatrice d'énergie).

Certaines particules sont stables, d'autres se désintègrent spontanément. On a tenté de mesurer la durée de vie du proton, sans succès. Il semble vraiment très stable, au point que sa durée de vie est supérieure à 10^{31} ans. L'âge actuel de l'Univers est de l'ordre de 10 milliards d'années, c'est-à-dire 10^{10} ans. Le proton doit donc vivre au moins 10^{21} fois l'âge de l'Univers ; par contre, le neutron est instable, mais seulement dans son état libre. Sa durée de vie est de 10,6 minutes. Dans l'état lié, il est stable, fort heureusement, sinon les atomes n'existeraient pas.

La fission n'intervient pas dans les étoiles, qui tirent leur énergie de la fusion des éléments jusqu'au fer. Mais elle se produit dans certaines circonstances très particulières, par exemple le maintien de l'éclat d'une supernova, après l'explosion. Pendant la phase explosive elle-même, la température et la densité sont assez élevées pour synthétiser des éléments plus lourds que le fer, parce qu'il y a énormément d'énergie disponible, produite en un temps très bref. Cette énergie ne demande qu'à être utilisée, alors que dans les étoiles, elle doit servir à maintenir l'équilibre. Parmi les éléments produits dans l'explosion, certains sont radioactifs, avec des périodes diverses. La courbe de lumière montre bien la décroissance radioactive des éléments à courte période concernés.

La **fission** est la rupture spontanée d'un noyau lourd, trop massif pour être stable, en noyaux plus légers. C'est ce qui se produit s'il possède trop de nucléons, car l'interaction forte s'affaiblit très vite avec la distance. Lorsque le noyau contient un grand nombre de nucléons, la distance entre deux nucléons augmente, et donc l'interaction forte diminue rapidement. Mais la répulsion électrostatique entre les protons diminue bien moins vite, et finit par devenir prépondérante. Alors, le noyau perd sa cohésion, et va à la rupture.

Mais les désintégrations ont aussi un usage très important en astronomie, car ce sont elles qui permettent de donner des dates ; on utilise pour cela une propriété fondamentale : le taux de désintégration est constant, et ne dépend pas des conditions physiques dans lesquelles se trouvent les atomes. On peut mesurer ces taux en laboratoire, et ensuite, la proportion d'atomes radioactifs que l'on trouve dans un échantillon permet de déduire son âge.

La désintégration radioactive obéit à un double principe. Dans le temps (infinitésimal) dt :

- le nombre de désintégrations est proportionnel au nombre total N d'atomes disponibles ;
- il est aussi proportionnel à dt.

On a donc $dN = -kNdt$, où k est une constante. C'est une équation différentielle à variables séparées $dN/N = -kdt$, qui s'intègre immédiatement en $\log N = -k\,t + \alpha$, α étant une constante d'intégration. Prenant l'exponentielle de chaque membre, il vient :

$N = \exp(-k\,t + \alpha) = \beta \exp(-k\,t)$ ($\beta = \exp(\alpha)$). Lorsque $t = 0$, on a $N = N_0$, ce qui permet de fixer la constante β : $N = N_0 \exp(-k\,t)$. Enfin, soit T le temps au bout duquel il reste $N_0/2$ atomes (la moitié). Il est donné par : $N_0/2\ N_0 = \exp(-k\,T)$, soit $1/2 = \exp(-k\,T)$. Prenant le logarithme : $\log(1/2) = -k\,T = -\log(2)$. On en tire $k = \log(2)/T$, que l'on reporte dans l'équation précédente : $\mathbf{N = N_0 \exp(-t \log(2)/T)}$.

Ceci implique que le nombre N d'atomes restant à l'instant t après la formation des atomes est : $\mathbf{N = N_0\, e^{-\log 2\ t/T}}$

Au bout du temps T, il reste la moitié des atomes initiaux. Au bout de 2 périodes (2 T), il en reste le quart. Au bout de 3 périodes, il n'en reste plus que le huitième.

Supposons qu'on ait un échantillon contenant N atomes, dont p sont radioactifs, et les N - p autres proviennent de la désintégration. Au moment de la formation de l'échantillon, tous les atomes étaient radioactifs, il y en avait donc N. puisqu'il y en reste maintenant p de radioactif, on peut écrire :

$$p = N\, e^{-(\log 2)\, t/T}$$

La période T est connue, et l'on mesure p. On peut donc calculer t :

$$p/N = e^{-(\log 2)\, t/T}$$

$\log(p/N) = -(\log 2)\ t / T$

$t = -\log(p/N)/(T \log 2)$

On obtient donc t en fonction de N. Il suffit de connaître N pour avoir la valeur de t.

Le carbone 14 est produit par l'interaction des rayons cosmiques avec le carbone 12 du gaz carbonique ; une faible proportion de carbone 14 est donc maintenue en permanence dans notre atmosphère, et l'on peut l'extrapoler pour un passé pas trop lointain.

Les arbres utilisent le gaz carbonique de l'atmosphère pour produire le bois, qui contient donc cette proportion de C 14. À la mort de l'arbre, ce C 14 commence à se désintégrer. Si l'on mesure la proportion qu'il reste aujourd'hui, on peut en déduire depuis combien de temps l'arbre est mort.

Cette méthode de datation s'adapte aux périodes peu anciennes qui concernent l'archéologie, car la période du carbone 14 n'est que de 5,734 ans. Au bout de 7 périodes, il ne reste que $1/2^7 = 1/128^e$ de la quantité initiale. La méthode permet donc de dater jusqu'à 40 000 ans à peu près.

Avec des éléments de période plus longue, on peut dater des échantillons bien plus anciens. La méthode Potassium Argon (le Potassium 40 se désintègre en Argon 40) est adaptée à des durées beaucoup plus longues, sa période étant de 1,25 milliard d'années.

En astronomie, on utilise d'autres atomes instables pour dater par exemple les météorites.

RÉFÉRENCES BIBLIOGRAPHIQUES

[1]Uranium 2007 - Ressources, Production et demande de l'uranium : un bilan de quarante ans. Éditions de l'OCDE 2007 ; OCDE/NEA no 6097 : P33.(P14)

[2]Jean Louis Basdevant, James Rich et Michel Spiro : Énergie nucléaire ; Éditions de l'École Polytechnique – Janvier2002. P15 (P15)

[3]Yves Chelet ; La radioactivité : manuel d'initiation, Édition Nucléon 2006, P115(P21)

[4]Maurice Pinta ; Spectrométrie d'absorption atomique Tome I, Édition ERREUR PERIMES Masson ORSTOM 1971, P74 (P25)

[5]AEN-AIEA ; Uranium 2016 : ressources, production et demande. Éditions de l'OCDE 2016 ; AEN no 7301 : P16.(P26)

[6]Marcel Roubault - Géologie de l'uranium, Édition Paris Masson 1958 : P178(P28)

[7]Gabrielle Hecht ; Uranium africain, une histoire globale ; Éditeur : Le Seuil 2016 ; PP181-187.(P28)

[8]AEN/OCDE-AIEA-FAO-OIT-OMS-OPS : Normes fondamentales internationales de protection contre les rayonnements ionisants et de sûreté des sources de rayonnements ; Collection Sécurité n° 115, Imprimé par l'AIEA en septembre 1997 ; PP103-107.(P43)

[9]Marc Ammerich ; La radioactivité sous surveillance : et autres notions en radioprotection. Édition. EDP Sciences 2006 ; PP111-115.(P45)

[10]Jean-Claude AMIARD ; Le risque radioactif : devenir des radionucléides dans l'environnement et impact sur la santé. Édition LAVOISIER/TEC ET DOC 2013 ; PP72-79(P45)

[11]CEA ; De la radiologie à la radioprotection : l'homme et les rayonnements. Commissariat à l'énergie atomique et aux énergies alternatives, Publication 2014 Direction de la communication ; PP18-23.(P50)

[12]CEA ; Mémento sur L'énergie ; Édition CEA 2017 ; P50.(P54)

[13]Frederic P. Miller, Agnes F. Vandome ; Enrichissement de l'uranium : isotope, uranium, fission nucléaire, réacteurs à eau pressurisée, armes atomiques, masse atomique, spectrométrie de masse ; Éditeur : Alphascript Publishing 2010 ; PP42-45(P56)

[14]Paul Reuss ; L'énergie nucléaire : Que sais-je ? Éditeur : Presses Universitaires de France 2012 ; PP53-56.(P58)

[15]Michihiko Hachiya ; Journal d'Hiroshima : 6 août-30 septembre 1945 ; Éditeur : Tallandier 2015 ; PP111-118.(P83)

[16]Claude Valsardieu ; Regard sur l'uranium, de l'uranium en terre à l'électricité ; Éditions Eska 1995. PP37-41.(P105)

[17]Mesmer Tchinang ; L'énergie pour le développement au Cameroun ; Éditions Harmattan 2011 ; PP112-128. (P124)

[18]Sudeshna Ghosh Banerjee, Zayra Romo, Gary McMahon, Perrine Toledano, Peter Robinson et Inés Pérez Arroyo ; Le potentiel transformateur de l'industrie minière : une opportunité pour l'électrification de l'Afrique subsaharienne ; Banque internationale pour la reconstruction et le développement/La Banque Mondiale 2015 ; PP66-71.(P136)

[19]AIEA ; Rapport annuel de l'AIEA 2016 ; édition AIEA 2017 ; PP70-79.(P139)

[20]Mesmer Tchinang ; L'énergie pour le développement au Cameroun ; éditions Harmattan 2011 ; PP151-159. (P140)

[21]FIDH ; République centrafricaine : Un Pays aux mains des criminels de guerre de la Séléka ; Rapport FIDH 2013 ; PP22-33. (P154)

[22]Ken Matthysen and Iain Clarkson ; L'or et les diamants de la République centrafricaine. Le secteur minier et les problèmes sociaux, économiques et environnementaux y afférents ; Éditions Published 2013 ; PP21-25.(P155)

[23]Philippe Hugon ; Le rôle des ressources naturelles dans les conflits armés africains ; Éditions Complexe 2009 ; PP29-34(P159)

[24]Philippe Hugon ; Le rôle des ressources naturelles dans les conflits armés africains ; Éditions Complexe 2009 ; PP13-17(P166)

TABLE DES MATIÈRES

SCIENCES ÉCONOMIQUES
AUX ÉDITIONS L'HARMATTAN

Dernières parutions

DIVIDENDE DÉMOGRAPHIQUE ET DÉVELOPPEMENT DURABLE AU SÉNÉGAL VOL 2

Le développement sous un nouveau prisme

Latif Dramani

Préface de Cécile Zoungrana - Postface d'Adama Diaw

Cet ouvrage propose un changement paradigmatique, après que les nombreuses politiques de développement ont manqué à la promesse de la prospérité partagée dans les pays en développement. Son ambition est d'accompagner efficacement les gouvernants par une simplification des méthodes, en leur proposant des outils adaptés à l'élaboration de politiques multisectorielles.

(Coll. Harmattan Sénégal, 800 p., 40 euros)

ISBN : 978-2-343-16188-4, EAN EBOOK : 9782140114472

DIVIDENDE DÉMOGRAPHIQUE ET DÉVELOPPEMENT DURABLE AU SÉNÉGAL VOL 1

Le développement sous un nouveau prisme

Latif Dramani

Préface de Cécile Zoungrana - Postface d'Adama Diaw

Cet ouvrage propose un changement paradigmatique, après que les nombreuses politiques de développement ont manqué à la promesse de la prospérité partagée dans les pays en développement. Son ambition est d'accompagner efficacement les gouvernants par une simplification des méthodes, en leur proposant des outils adaptés à l'élaboration de politiques multisectorielles.

(Coll. Harmattan Sénégal, 390 p., 39 euros)

ISBN : 978-2-343-16187-7, EAN EBOOK : 9782140114465

LES MARCHÉS ONT TOUJOURS RAISON

Quarante années de révolution silencieuse

Alain Fiorucci

Les marchés sont mal considérés, malgré l'accélération spectaculaire du volume des transactions qui s'y opèrent depuis le début des années 1970. En démontrant la réalité de leur dépendance vis-à-vis de la conjoncture et non l'inverse, l'auteur entend souligner à quel point leur observation dans le court terme peut apporter un côté expérimental à une science économique qui en manque cruellement.

(310 p., 32 euros)

ISBN : 978-2-343-16106-8, EAN EBOOK : 9782140112485

GESTION DES DÉCHETS SOLIDES MÉNAGERS ET SÉGRÉGATION SOCIO-SPATIALE DANS LA VILLE DE CONAKRY

Marie Rose Bangoura

Préface de Laurien Uwizeyimana

Cet ouvrage essaie d'analyser les raisons de l'échec de la gestion des déchets solides ménagers dans la ville de Conakry dans un contexte de ségrégation socio-spatiale. Il tente également de construire une perspective de gestion qui puisse prendre en compte le traitement et la valorisation des déchets dans cette ville.

(Coll. Études africaines, 660 p., 49 euros)

ISBN : 978-2-343-15829-7, EAN EBOOK : 9782140114373

HISTOIRE ÉCONOMIQUE DU MONDE ISLAMIQUE
De l'Arabie préislamique à la dynastie umayyade
Ahmed Danyal Arif
La mémoire collective considère généralement l'Islam comme l'entrave essentielle au progrès économique et social des peuples qui s'en réclament. La plupart du temps sont étudiés les conflits sociaux, les guerres et les manoeuvres politiques. C'est omettre que les périodes du VIIe au XIe siècle ont été celles où le monde arabo-musulman a fait de remarquables avancées dans la compréhension des phénomènes marchands, des mécanismes monétaires ou en matière de finances publiques. L'ouvrage tente de réunir l'ensemble des travaux jusqu'alors entrepris sur le sujet afin de mettre en lumière le versant économique de l'histoire de l'Islam.
(254 p., 25,5 euros)
ISBN : 978-2-343-16696-4, EAN EBOOK : 9782140114496

LES IMPÔTS DU BONHEUR
Pour une révolution fiscale écologique européenne
Etienne Levesque
Nous ne sommes pas sur la bonne trajectoire écologique. Face à cela, Etienne Levesque nous entraîne dans une démarche de politique fiction avec la conviction de la nécessité d'imaginer demain. L'avenir ne se prévoit pas, il se construit. Pour cela, il prône une révolution fiscale écologique européenne. Il étudie les accompagnements nécessaires dans l'agriculture, l'industrie, les mobilités, le logement et l'emploi. Il propose une démarche pour un développement équilibré et harmonieux entre les territoires et les pays de l'Europe. Sûre de ses choix pour elle-même et la planète, l'Union européenne verra son rôle renforcé commercialement et politiquement.
(Coll. Questions contemporaines, 140 p., 15,5 euros)
ISBN : 978-2-343-16810-4, EAN EBOOK : 9782140114083

QUESTIONS D'EUROPE
Quatrième édition augmentée
STEPHANE MADAULE
Les frontières de l'Europe, l'existence d'un peuple européen, son histoire, son mode de construction, les concepts arides de subsidiarité et de majorité qualifiée, le nouveau traité constitutionnel sont les principaux thèmes abordés dans cet ouvrage. Mais il ne suffit pas de vouloir construire l'Europe, il faut lui donner un sens. Libéralisme, libre-échange, non-interventionnisme ont largement guidé ses premiers pas. Aujourd'hui, lui donner un contenu politique, social et démocratique semble indispensable pour son avenir.
(210 p., 20 euros)
ISBN : 978-2-343-16800-5, EAN EBOOK : 9782140113994

GUADELOUPE : LE DÉVELOPPEMENT EN QUESTION(S)
Sous la direction de Georges Combé
Ce numéro spécial d'Etudes Guadeloupéennes a pris le parti d'une approche transversale avec un ensemble de contributions qui mettent en question le développement dans ses multiples dimensions. Elles font des propositions novatrices qui pourraient nourrir le débat nécessaire et inévitable sur le devenir de la Guadeloupe. Comment la situer au regard des critères conventionnels du développement ? Si elle n'est pas un pays développé, à quelles conditions peut-elle l'être?
(218 p., 23,5 euros)
ISBN : 978-2-343-16121-1, EAN EBOOK : 9782140113772

POUR TOUT COMPRENDRE AUX ACCORDS DE LIBRE-ÉCHANGE DE NOUVELLE GÉNÉRATION
JEFTA, MERCOSUR, ALENA, TAFTA, CETA
Danièle Favari
Le très controversé TAFTA n'est pas mort. Il pourrait renaître de ses cendres en un TAFTA 2.0. Car Bruxelles, fidèle à sa politique « business as asual », continue de vouloir signer des accords de libre-échange avec le Canada (CETA/AECG), le Japon (JEFTA/JEEPA), le MERCOSUR mais aussi

l'Australie, la Nouvelle-Zélande, le Mexique, le Vietnam, etc., faisant tomber toutes les barrières douanières du marché intracommunautaire et les barrières non tarifaires pour permettre aux investisseurs étrangers la privatisation des services publics et leur mainmise sur l'éducation, l'eau, l'électricité, etc. Chacun doit prendre connaissance des conditions et conséquences de tels accords.

(270 p., 28 euros)

ISBN : 978-2-343-15447-3, EAN EBOOK : 9782140112218

DE LA RESPONSABILITÉ ET DU DÉVELOPPEMENT DU CENTRAFRIQUE

Pour plus de responsabilisation des centrafricains

Julien Junior Kovockoua

Cinquante-huit ans après son indépendance politique, le Centrafrique n'arrive pas à décoller sur le plan économique. Certains comportements (despotisme, corruption, mauvaise gouvernance, injustice, etc) ont alimenté de nombreuses querelles fratricides plongeant le pays dans une crise interminable. L'auteur mène une réflexion sur la notion de responsabilité et en fait une liaison avec la question du développement de son pays. En stigmatisant l'irresponsabilité au coeur de cette crise, il met en exergue le rôle que chaque Centrafricain doit jouer dans la reconstruction de ce pays.

(Coll. Points de vue, 118 p., 14 euros)

ISBN : 978-2-343-16110-5, EAN EBOOK : 9782140111044

L'ÉCONOMIE DE LA RÉPUBLIQUE DÉMOCRATIQUE DU CONGO

Croissance ou recul ?

Fabien Maombi Mushi

Depuis l'indépendance, l'économie de la République démocratique du Congo connaît une régression croissante. Son immensité et l'abondance de ses richesses naturelles ne donnent pas une image fidèle quand on analyse la misère de sa population. Cet ouvrage constitue un appel au rassemblement pour discuter de l'avenir du Congo, afin de lui trouver une place stable dans l'économie mondiale pour mieux organiser, prévoir les actions à mener dans les prochaines années qui permettraient d'améliorer le quotidien des Congolais d'ici 2040.

Les Impliqués (242 p., 25,5 euros)

ISBN : 978-2-343-13771-1, EAN EBOOK : 9782140110375

SÉNÉGAL. DIAGNOSTIC D'UN PAYS CANDIDAT À L'ÉMERGENCE

Momar Sokhna Diop

L'émergence économique, voilà un concept de plus en plus utilisé en Afrique. Prudent, Momar-Sokhna Diop préfère dire que les pays africains pourraient aller beaucoup mieux. Prenant comme exemple le Sénégal, il démontre clairement que le développement est possible à condition de consolider l'État et la démocratie, de bâtir des politiques économiques et industrielles endogènes, de mettre en place des partenariats permettant un transfert de compétences et de technologies. En effet, la bonne gouvernance est une nécessité et les pays africains sont très éloignés de cette pratique.

(Coll. Sociétés africaines et diaspora, 226 p., 23 euros)

ISBN : 978-2-343-16162-4, EAN EBOOK : 9782140110450

THE GULF COOPERATION COUNCIL PROJECT 1981-2016

The elusive potential for economic gain through regional integration

Kambiz Zare

In this book, the economist Kambiz Zare throws new light on one of the most discussed international economic integration projects of our time - that of the Gulf Cooperation Council. To explain why its success has been uneven, the author examines the feasibility of the GCC project from today's perspective, contrasting the evolving economic and financial circumstances in the six countries with the conditions that are necessary for regional integration to be achieved. By focusing on the GCC's first 35 years, from 1981 to 2016, the book offers a firm groundwork for understanding the ongoing dynamics of the GCC region.

(Coll. Diplomacy and Strategy, 254 p., 26,5 euros)

ISBN : 978-2-343-16448-9, EAN EBOOK : 9782140109515

PRIX ET FISCALITÉ DES PRODUITS PÉTROLIERS AU CAMEROUN

Albert Léonard Dikoume

Préface de Henri-Désiré Modi Koko Bebey

L'auteur analyse dans les détails la formation des prix des produits pétroliers, ainsi que les mécanismes de leur imposition. Mais avant cela, il apporte en introduction générale, les informations nécessaires et indispensables à la compréhension du lecteur sur les différents acteurs qui y interviennent. La délimitation de cette analyse au Cameroun est théorique et découle du fait que les données chiffrées sont uniquement celles de ce pays. Au-delà de ces chiffres, les schémas d'analyse présentés peuvent s'appliquer à de nombreux pays, aussi bien en Afrique qu'en Europe.

(248 p., 25 euros)

ISBN : 978-2-343-16394-9, EAN EBOOK : 9782140109874

BENJAMIN CONSTANT, ÉCONOMISTE

Pour un libéralisme économique qui concilie efficacité et justice

Gérard Minart

Connu pour son roman Adolphe, Benjamin Constant est aussi l'un des grands penseurs politiques de l'école libérale française. Cela dit, il existe un autre Benjamin Constant moins connu : l'économiste. Il lit et rencontre Adam Smith, siège au Tribunat de Bonaparte à côté de Jean-Baptiste Say ou s'entretient longuement avec Necker. Rien de surprenant si dans ses discours parlementaires ou dans son oeuvre politique, il participe à l'élaboration des traits fondamentaux du libéralisme économique. Un libéralisme qui doit concilier l'efficacité dans la production des richesses avec l'égalité et la justice dans leur répartition. Une telle ambition est-elle toujours d'actualité ?

(Coll. L'esprit économique, 278 p., 29 euros)

ISBN : 978-2-343-16386-4, EAN EBOOK : 9782140109539

LA FINANCE INCLUSIVE

Manuel du post-capitalisme financier

Sous la direction de Christophe Jadeau. Préface de Pierre-Yves Gomez

Et si la finance sauvait l'économie ? Un groupe de citoyens engagés par la réflexion et par l'action s'interroge dans cet ouvrage : à force de pointer du doigt les excès de la finance, ne passe-t-on pas à côté d'une partie de la solution ? Dix ans après la faillite de Lehman Brothers, un vaste tour d'horizon révèle que la finance peut certes segmenter et exclure, mais que de nombreuses initiatives se développent pour la rendre plus juste. Bonne nouvelle : il existe des mesures politiques simples qui révolutionnent l'économie en douceur, en encourageant la finance à revenir au service du bien commun.

(Coll. L'esprit économique, 146 p., 16 euros)

ISBN : 978-2-343-14881-6, EAN EBOOK : 9782140109560

LA NOUVELLE ÉCONOMIE MONDIALE

Comparaisons internationales

Sous la direction de Philippe Clerc, Driss Guerraoui, Xavier Richet

Depuis la crise de 2008, l'économie mondiale s'est transformée, avec des impacts majeurs sur les modes de production, de consommation et de répartition de la richesse matérielle, la montée en puissance du capital immatériel, l'exacerbation des déséquilibres environnementaux, financiers, productifs, institutionnels et sociaux. Ces transformations conduisent à des recompositions géoéconomiques et des alliances géostratégiques nouvelles. Cet ouvrage examine l'état de la Nouvelle Economie Mondiale, les réponses des acteurs, les nouveaux risques et les opportunités futures, la place de l'Afrique et l'avenir du Maghreb, le rôle de l'intelligence économique, de la veille stratégique et sécuritaire dans sa régulation et les modèles de gouvernance à promouvoir.

(682 p., 16 euros)

ISBN : 978-2-343-14108-4, EAN EBOOK : 9782140109454

Structures éditoriales du groupe L'Harmattan

L'Harmattan Italie
Via degli Artisti, 15
10124 Torino
harmattan.italia@gmail.com

L'Harmattan Hongrie
Kossuth l. u. 14-16.
1053 Budapest
harmattan@harmattan.hu

L'Harmattan Sénégal
10 VDN en face Mermoz
BP 45034 Dakar-Fann
senharmattan@gmail.com

L'Harmattan Cameroun
TSINGA/FECAFOOT
BP 11486 Yaoundé
inkoukam@gmail.com

L'Harmattan Burkina Faso
Achille Somé – tengnule@hotmail.fr

L'Harmattan Guinée
Almamya, rue KA 028 OKB Agency
BP 3470 Conakry
harmattanguinee@yahoo.fr

L'Harmattan RDC
185, avenue Nyangwe
Commune de Lingwala – Kinshasa
matangilamusadila@yahoo.fr

L'Harmattan Congo
67, boulevard Denis-Sassou-N'Guesso
BP 2874 Brazzaville
harmattan.congo@yahoo.fr

L'Harmattan Mali
Sirakoro-Meguetana V31
Bamako
syllaka@yahoo.fr

L'Harmattan Togo
Djidjole – Lomé
Maison Amela
face EPP BATOME
ddamela@aol.com

L'Harmattan Côte d'Ivoire
Résidence Karl – Cité des Arts
Abidjan-Cocody
03 BP 1588 Abidjan
espace_harmattan.ci@hotmail.fr

L'Harmattan Algérie
22, rue Moulay-Mohamed
31000 Oran
info2@harmattan-algerie.com

L'Harmattan Maroc
5, rue Ferrane-Kouicha, Talaâ-Elkbira
Chrableyine, Fès-Médine
30000 Fès
harmattan.maroc@gmail.com

Nos librairies en France

Librairie internationale
16, rue des Écoles – 75005 Paris
librairie.internationale@harmattan.fr
01 40 46 79 11
www.librairieharmattan.com

Lib. sciences humaines & histoire
21, rue des Écoles – 75005 Paris
librairie.sh@harmattan.fr
01 46 34 13 71
www.librairieharmattansh.com

Librairie l'Espace Harmattan
21 bis, rue des Écoles – 75005 Paris
librairie.espace@harmattan.fr
01 43 29 49 42

Lib. Méditerranée & Moyen-Orient
7, rue des Carmes – 75005 Paris
librairie.mediterranee@harmattan.fr
01 43 29 71 15

Librairie Le Lucernaire
53, rue Notre-Dame-des-Champs – 75006 Paris
librairie@lucernaire.fr
01 42 22 67 13

www.ingramcontent.com/pod-product-compliance
Lightning Source LLC
LaVergne TN
LVHW011304061026
849535LV00005B/1386

* 9 7 8 2 3 4 3 1 7 4 5 5 6 *